한국 현대사 산책 1970년대 편 **1**권

한국 현대사 산책 1970년대 편(전3권)
평화시장에서 궁정동까지 · 1권

ⓒ 강준만, 2002

초판 1쇄 2002년 11월 16일 펴냄
초판 19쇄 2017년 9월 13일 펴냄

지은이 | 강준만
펴낸이 | 강준우
기획 · 편집 | 박상문, 박효주, 김예진, 김환표
디자인 | 최진영, 최원영
마케팅 | 이태준
관리 | 최수향
인쇄 · 제본 | 제일프린테크

펴낸곳 | 인물과사상사
출판등록 | 제17-204호 1998년 3월 11일

주소 | 04037 서울시 마포구 양화로7길 6-16 서교제일빌딩 3층
전화 | 02-325-6364
팩스 | 02-474-1413
www.inmul.co.kr | insa@inmul.co.kr

ISBN 978-89-88410-64-6 04910   ISBN 978-89-88410-63-7(세트)
값 12,000원

평화시장에서 궁정동까지 **1970년대 편 1권**

한국 현대사산책

강준만 저

인물과
시상사

1970년대의 두 얼굴

한국 현대사에서 가장 중요한 10년간을 꼽으라면 1970년대라고 말하는 데에 주저할 사람은 많지 않을 것이다. 70년대를 긍정적으로 평가하건 부정적으로 평가하건 말이다. 그런데 우리는 과연 70년대를 제대로 알고 있는 건가? 70년대를 겪지 않은 젊은 사람들은 말할 것도 없지만, 그 시대를 살았다고 해서 그 시대의 전모를 알 수 있는 건 아니다. 사람들은 각자 자기 위주로 세상을 보기 때문이다.

1970년대를 보는 시각은 크게 두 가지로 나눌 수 있다. 상징으로 표현하자면, '전태일과 경부고속도로'가 될 것이다. 1970년 7월 7일에 개통된 경부고속도로는 전화(戰禍)의 잿더미 속에서 들고일어난 이른바 '한강의 기적'을 상징하며, 그 해 11월 13일에 일어난 노동자 전태일의 분신자살은 그 '기적'의 이면에 숨은 잔인한 인권유린을 상징한다. 전태일과 경부고속도로라고 하는 1970년대의 두 얼굴 가운데 당신은 어느 쪽에 더 주목하는가?

전태일은 가고 없다. 사람들은 전태일을 잊어 버렸다. 남은 건 경부고속도로다. 역사는 스스로 다가와 대중의 눈 앞에서 옷을 벗지는 않는다. 대중의 세상 인식은 물질적이고 파편적일 수밖에 없다. 인간의 이기심과 제한된 영역에서의 개인적 경험은 역사를 채색하고 굴절시킨다. 그들에게 간접적이고 거시적인 차원의 문제는 와 닿지 않는다. 고통과 모욕은 추억으로 박제되고 물질의 역사만이 위풍당당하다.

1970년대는 아직 끝나지 않은 것인지도 모른다. 우리는 1970년대는 끝났으며 2000년대를 살고 있다고 생각하지만, 2000년대의 한국 사회를 움직이는 이른바 '주류 정서'라고 하는 건 1970년대에 대한 거의 맹목적인 긍정이다. 그러한 긍정의 토대 위에서 2000년대의 현안을 논한다는 건 원초적으로 불공정한 게임임에 틀림없다. 그러나 나는 그러한 불공정에 이의를 제기해보고자 한다.

1970년대를 다룬 좋은 책과 논문들이 이미 많이 나와 있다. 그러나 이들은 거의 대부분 정치 · 경제 · 군사 · 사회 · 문화 · 언론 등 여러 영역 가운데 어느 하나만을 다루고 있을 뿐이며, 긍정과 부정 가운데 어느 한쪽만의 관점을 택하고 있다. 그러나 나는 이 책을 통해 모든 영역들을 통합하면서 여러 관점을 다 보여 주고 싶다. 가치 판단은 독자의 몫이다.

나는 가급적 개입을 자제하겠다. 그러나 '가급적' 그렇게 하겠다는 것일 뿐 개입은 피할 수 없는 일이다. 이 책 자체가 이미 개입이 아닌가.

1970년대를 보는 두 가지 시각 가운데 나는 중간에 서 있다. 그래서 나는 박정희를 긍정하는 사람들과 박정희를 부정하는 사람들에게 비판을 동시에 받고 있다. 독자들께서는 박정희에 관한 이념적 담론의 스펙트럼에 있어서의 나의 위상이 좌우 양쪽에서 비판을 받는 위치에 놓여 있다는 걸 미리 알아 두는 게 좋겠다. 나는 가운데에 있으니까 그만큼 공정하지 않겠느냐는 걸 알아 달라는 뜻이 아니다. 이 책은 그 어떤 강한 주장을 하기보다는 있었던 사실을 그대로 기록하고자 하는 데에 가장 큰 무게를 두고 있다는 걸 알아 달라는 뜻이다.

어떤 주제나 테마에 집착해야만 '학술적'이라는 평가를 받게 되지만, 그런 방식은 자신의 논지를 부각시키기 위해 적어도 자료 선택에 있어서 왜곡이 발생할 수 있다. 나는 가급적 그걸 피해 보겠다는 것이다. 이 책의 각주(脚註)가 잘 말해 주듯이, 나는 찬반(贊反) 양쪽을 다 포괄해 모든 자료들을 껴안고자 애를 썼다.

나는 앞으로 한국 현대사를 10년 단위로 다루는 이와 같은 책을 계속 내게 될 것이다. 1970년대를 먼저 다루게 된 것은 1970년대가 가장 중요하다는 이유 이외에도 개인적인 이유도 작용했다. 나는 나 자신이 '70년 대의 산물'이라고 생각하기에 이 시기에 강한 지적 호기심을 갖고 있다. 나는 고교, 대학 시절과 군대 시절을 모두 70년대에 보냈다. 1970년에 고등학교에 입학했고, 1973년에 대학에 입학했다. 대학 2학년을 마치고 입대해 1975년에서 1977년까지는 군에서 보냈다. 1978년에 3학년에 복학해 1980년 2월에 졸업을 했으니, 1970년대가 나의 주된 성장기가 되는 셈이다.

그래서 나는 70년대를 잘 아는가? 그렇진 않다. 앞서 말씀드린 바와 같이, 70년대를 겪은 사람들도 모두 자기 자신의 좁은 삶의 반경에 갇혀서 지냈기 때문에 그들의 70년대에 대한 이해와 평가는 오히려 그 시절을 겪지 않은 사람들의 그것보다 더 편협하거나 왜곡된 것일 수도 있다. 게다가 70년대에 언론은 죽어 있었고 독재 정권의 관제 홍보가 그 기능을 대신했다는 점을 간과해선 안 될 것이다.

누군가는 정치를 '살아 움직이는 생물'이라고 했다지만, 역사 역시 '살아 움직이는 생물'이다. 특히 현대사가 그렇다. 온갖 의문과 의혹과 비밀과 음모로 점철되어 있는 한국의 현대사는 더욱 그렇다. 최근 의문 사진상규명위원회의 활동 결과가 잘 보여 주었듯이, 계속 새로운 사실들이 밝혀지면서 한국의 현대사는 새롭게 쓰여질 것을 요구받고 있다. 이 책은 최근에 밝혀진 새로운 사실들을 모두 다 수록하고자 애를 썼다.

이 책에 자주 등장하는 돈의 액수에 대해 독자들이 실감을 느낄 수 있게끔 70년대의 신문 구독료를 미리 말씀드리는 게 좋겠다. 1970년에 280원 하던 신문의 월 구독료는 1972년 3월 1일 350원으로 인상되었고, 1974년 1월 1일 350원에서 450원으로 인상되었고, 1975년 1월 1일 450원에서 600원, 1977년 1월 1일 600원에서 700원, 1978년 1월 1일 700원에서 900원으로 인상되었다. 신문사들의 규모가 훨씬 더 커졌고 광고 의존도가 더 높아졌으므로 70년대와 지금의 실제 화폐 가치의 차이는 신문 구독료를 잣대로 삼는 것보다는 훨씬 더 크다는 것을 염두에 두는 게 좋겠다.

이제 우리는 이 책을 통해 그 복잡다단한 70년대의 모든 모습을 정치·경제·군사·사회·문화·언론 등 제반 영역에 걸쳐 중요한 사건 중심으로 살펴보게 될 것이다. '사건 중심'의 기술(記述)은 독자들의 읽는 편의를 위한 것일 뿐, 이 책은 에피소드를 모은 책이 아니라 중간에 끊기지 않고 계속 이어지는 흐름을 갖고 있다는 걸 미리 알아 두시기 바란다.

이제부터 가벼운 마음으로 재미있는 '시간 여행'을 즐기시되, 2002년 한국 사회가 70년대의 물려받은 유산에서 자유로울 수 없다는 점에 대해서도 관심을 기울여 주시길 바라 마지않는다.

2002년 10월
강준만 올림

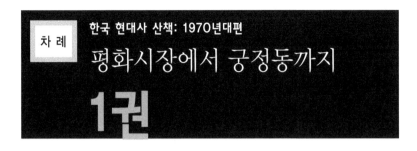

제2장 박정희 1인 체제의 완성 / 1971년

제3장 영구집권을 위한 '10월 유신' / 1972년

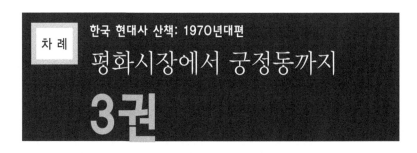

1970년

제1장

도시에 빨려 들어가는 농촌

수출의 국가 종교화

'조국 근대화'를 종교로 삼다

"과거의 극한적인 수단과 투쟁 방식을 지양하고, 건설적인 토론과 경쟁으로 평화적 정권교체를 지향하는 민주 정치의 결실을 보게 하여야 한다."[1]

박정희는 1970년대를 여는 1970년 1월 1일 신년사에서 그렇게 말했다. 박정희는 70년 여름까지만 해도 교련 반대시위를 주도했던 학생 대표들을 청와대로 불러 그들의 주장을 듣기도 했다. 그는 그 자리에서 "학생들이 불의를 보고 일어나는 것은 당연하다"라며 학생들의 기개를 칭찬해 주는 여유를 보이기도 했다.[2]

그러나 권력은 사람을 바꾼다. 권력에 중독되기 시작하면 점점 더 세

---

1) 박봉현, 『실록 제3공화국』(고려출판문화공사, 1993), 360쪽에서 재인용.
2) 특별취재팀, 〈실록 박정희 시대 · 철권통치: "정치는 낭비" 행정 돌파력에 강한 신념〉, 『중앙일보』, 1997년 12월 18일, 10면.

상을 자기 위주로만 보게 된다. 보통 사람들조차 무언가 대단한 일을 하지 않으면 인생의 의미가 없다고 생각하는 이른바 '독수리 5형제 증후군'에 빠지기 십상인데,[3] 산천초목을 떨게 만들 수 있는 권력을 가진 사람의 경우에야 더 말해 무엇하랴. 박정희는 점점 더 자기만이 '조국 근대화'의 비밀을 알고 있으며 그렇기 때문에 그걸 이룰 수 있는 건 자기밖에 없다는 생각을 하게 되었다.

게다가 박정희는 한국인의 민족성에 근본적인 문제가 있다는 일제의 식민통치 선전술을 그대로 신봉한 인물이었다. 그뿐만 아니라 그는 일본 극우 세력의 지지자였다. 그는 쿠데타를 일으키기 전부터 일본 군부의 천황 절대주의와 국수주의를 찬양하였으며, 한국의 독립운동가들을 전부 '엉터리'로 몰아붙이면서 독립운동의 가치를 인정하지 않는 인식을 드러냈다.[4]

박정희는 『국가와 혁명과 나』라는 책에선 "5천 년의 역사는 개신(改新)되어야 한다"라고 외쳤다. 그는 "우리의 반만 년 역사는 한 마디로 말해서 퇴영과 조잡과 침체의 연쇄사"라고 단언했다. 그는 "이 모든 악의 창고 같은 우리의 역사는 차라리 불살라 버려야 옳은 것이다"라는 심판을 내린 후, '국민성을 근본적으로 개조'하는 것만이 '강력한 민족국가 건설'을 이룰 수 있는 유일한 길임을 역설하였다.[5]

박정희는 결코 민족주의자일 수 없는 사람이었다. 5천 년을 전면 부정한 후에 남을 수 있는 '민족'이란 게 과연 무엇일 수 있겠는가? 그는 자신만이 5천 년의 역사를 개신(改新)할 수 있다는 '자기주의자'였다고 보는 것이 옳을 것이다. 그래서 그는 집권 기간 내내 '민족성 개조론' 운동을 펼치면서 그걸 자신의 정권안보의 도구로 활용하게 된다.

---

3) 전원경, 〈놀 줄 모르는 당신 '여가학' 배워라〉, 『주간동아』, 2002년 7월 25일, 59면.
4) 이경남, 〈철혈 대통령 박정희 재평가〉, 『월간중앙』, 1992년 10월, 277-279쪽.
5) 박정희, 『국가와 혁명과 나』(지구촌, 1963, 재발간 1997), 251-256쪽.

박정희는 진심으로 '개조'가 가능하다고 믿진 않았을 것이다. 아예 그의 인간관 자체에 '폭압적 독재'의 코드가 숨겨져 있었던 건지도 모른다. 박정희는 "국민 대부분은 강력한 타율에 지배당하는 습성을 제2의 천성으로 한다"라는 파시스트 인식의 소유자였기 때문이다.[6]

박정희는 점점 더 민주주의를 낭비로 간주하게 되었으며, 이런 생각은 1971년 대선 이후 더욱 심해졌다. 그는 '건설적인 토론과 경쟁' 대신 '억압적인 지시와 응징'이 자신의 종교라 할 '조국 근대화'를 위해 훨씬 더 적합하다는 신념으로 빠져들게 되었다. 그 신념은 이른바 '군사적 성장주의'로 이미 1960년대부터 선을 보이기 시작했던 것이다.

'군사적 성장주의'와 '수출의 전쟁화(戰爭化)'

'군사적 성장주의'는 "일찍이 박정희가 일본의 군사학교에서 온몸으로 익힌 군국주의적 정신을 바탕으로 외형적 결과를 가장 중요한 목표로 추구하는 개발 방식"을 뜻하는 것으로서 '폭압적 근대화'의 한 얼굴이다.[7]

박정희가 '군사적 성장주의'의 방법론으로 택한 전략은 국가가 주도하는 외자 의존적 수출주도형 공업화 정책이었다. 이 정책의 특징은 ① 수출 산업을 위한 제반 특혜, ② 외자(外資)에의 의존, ③ 외국 시장에 대한 의존, ④ 임금통제와 농산물 가격 안정정책 등으로[8] 박정희 특유의 리더십과 결합하여 '수출의 전쟁화'를 낳았다. 구해근은 다음과 같이 말한다.

---

6) 황병주, 〈민중, 희생자인가 공범자인가: 박정희 시대의 국가와 '민중'〉, 『당대비평』, 제12호(2000년 가을), 252-253쪽.
7) 홍성태, 〈'군사적 성장주의'와 성수대교의 붕괴〉, 이병천·이광일 편, 『20세기 한국의 야만 2』(일빛, 2001), 371-378쪽.
8) 한배호, 『한국정치변동론』(법문사, 1994), 181쪽.

"1960년대 말부터 산업전사, 산업의 역군, 수출의 역군, 수출의 기수 같은 새로운 단어들이 산업용어로 등장했다. 분명히 이 용어들은 민족주의적 이데올로기를 이용하여 수출 증진을 위해 노동자들을 동원하려고 만들어졌다. 이 새로운 단어들은 민족주의를 발전주의 및 군대식 수사(修辭)와 결합했고, 산업 노동자들을 국방을 위해서 싸우는 군인들과 동일시했다."[9]

수출은 선택의 문제가 아니었다. 당시 구호가 말해 주듯이, 오직 '수출만이 살길'이었다. 수출 경쟁력은 싼 노동력이었다. 군인이 돈 받고 일하는가? 아니다. 군인은 신성한 국방의 의무를 이행하는 것이다. 군인들과 동일시된 수출 전사들도 마찬가지였다. 그들은 신성한 '조국 근대화'를 위해 희생해야만 했다. 그들은 스스로 희생을 원하지 않았다. 그러나 여기에 강력한 국가폭력이 동원되었다.

수출 전사들이 일하는 기업도 군대 조직처럼 움직였다. 그 조직의 흥망성쇠는 총사령관 마음먹기에 달린 것이었다. 총사령관의 명령에 절대 복종하면서 총사령관의 마음을 기쁘게 해주는 기업은 점점 더 몸집을 키워갈 수 있었다. 박정희는 전선에서 뛰는 말단 수출 전사들은 국가폭력으로 억누르는 한편, 수출 전사들을 통제하면서 지휘하는 각급 지휘관들에겐 특혜를 베풀었다.

박정희가 앞장 서서 수출 전사 지휘관들을 독려했다. 그는 한 달에 한 번씩 자신이 직접 중앙청에서 '수출진흥확대회의'를 주재했다. 그리고 자신의 집무실엔 기업별 수출 현황을 막대그래프로 그려 놓게 했으며, 수출 실적을 매달 체크하면서 관계부처와 기업들의 '고지 점령'을 독려했다.[10]

---

9) 구해근, 신광영 옮김, 『한국 노동계급의 형성』(창작과비평사, 2002), 207쪽.
10) 김창훈, 『한국외교 어제와 오늘』(다락원, 2002), 137-138쪽; 특별취재팀, 〈실록 박정희 시대·수출 제일주의: 수출업자 특대…밀수에 걸려도 "봐줘라"〉, 『중앙일보』, 1997년 9월 8일, 5면.

수출 전사 지휘관들이 받은 특혜는 엄청난 것이었다. 일반 대출 이자율이 25%를 할 때에도 수출 특융 이자율은 6%에 불과했고, 수출용 원자재 수입에는 세금을 전액 면제했고, 수출 소득에 대해서도 소득세를 80%나 감면해 주었다. 그 당시엔 하늘의 별 따기처럼 어려웠던 해외여행도 수출 전사 지휘관들에겐 예외였다. 어디 그뿐인가. 수출 전사 지휘관들은 밀수를 저질러도 그들을 처벌하는 것이 수출에 지장을 줄 것 같으면 박정희는 검찰에 수사 중단 지시를 내리곤 했다. 법은 중요하지 않았다. 수출 전시(戰時) 상황이었기 때문이다.[11]

"그래서 당시에는 '모든 길은 수출로 통한다' 는 말이 유행했다. 수출만 하면 대통령이 뒤를 봐준다는 믿음 때문이었다. 상당수 기업인들이 아직도 박 대통령 시절에 대한 향수를 간직하고 있는 이유가 여기에 있다."[12]

수출은 성전(聖戰)

수출은 전쟁이되, 성전(聖戰)이었다. 수출은 국가 종교였다. 결코 과장이 아니다. 정부가 사실상 주도한 일본인 대상 기생 관광에서 잘 나타났듯이, 젊은 여성들의 육체마저 '수출 상품' 이 되어야만 했고 그들은 달러를 벌어들이는 '애국자' 로 불려지기도 했다. '잘 살아보세' 라는 찬송가가 울려 퍼지는 가운데, 수출을 위해선 그 어떤 모욕과 희생도 감수해야만 했다. 부국강병(富國强兵)이라는 천국(天國)을 위해서 말이다.

군인 출신이라고 해서 죽을 때까지 군인처럼 사는 건 아니다. 그러나 박정희는 죽는 날까지 철저한 군인이었다. 그는 대통령으로서 국정 운영

---

11) 특별취재팀, 〈실록 박정희 시대·수출 제일주의: 수출업자 특대…밀수에 걸려도 "봐줘라"〉, 「중앙일보」, 1997년 9월 8일, 5면.
12) 특별취재팀, 위의 글, 5면.

을 군사작전하듯이 했으며, 사실 그것이 한국의 놀라운 경제발전을 이룬 원동력 가운데 하나였다. 박정희는 자신처럼 군인 정신에 충만한 사람들을 선호했다. 1969년 10월 21일 상공장관으로 부임한 이낙선도 그런 사람들 가운데 하나였다. 이낙선은 "혁명 주체 세력 중의 한 사람으로 마구 밀어붙이는 성격"이었다.[13]

이낙선은 1966년 국세청장에 부임했을 때에도 부임 전인 1965년에 546억 원이었던 국세징수액을 700억 원으로 끌어올린다는 목표를 세우고 그 각오를 다지기 위해 차량 번호도 700번, 가지고 다니는 가방에도 증세 목표 700억 원이라고 크게 써 붙이고 다녔던 사람이다. 그 결과 실제로는 876억 원을 징수했다던가.[14]

이낙선은 상공부 장관이 되자마자 1971년에 달성키로 한 10억 달러 수출 목표를 1970년에 달성한다는 야심적인 안을 내놓았다. 1969년 12월 15일 청와대에서 열린 수출진흥확대회의에서도 1970년의 수출 목표를 1969년의 목표 7억 달러보다 42.9% 증가한 10억 달러로 보고해 버려 이 회의에 참석한 사람들을 모두 놀라게 만들었다. 당시 10억 달러의 수출 목표 책정은 과욕(過慾)으로 여겨졌기 때문이다.[15]

'10억 달러' 고지 점령

그러나 이낙선의 과욕은 바로 박정희의 뜻이었다. 박정희는 그 자리에서 "수출 10억 달러는 우리의 수출 역사상 하나의 전기(轉機)를 이루는 분수령이 될 것"이라면서 모든 사람들이 분발할 것을 강조했다.[16] 총사령관의 명령이 떨어진 이상 모든 용사들이 총력 작전을 전개해야만 했

---

13) 오원철, 『한국형 경제건설 3』(기아경제연구소, 1996), 162쪽.
14) 오원철, 위의 책, 162~164쪽.
15) 오원철, 위의 책, 163쪽.
16) 오원철, 위의 책, 164쪽.

다. 박정희의 경제 브레인이었던 오원철은 수출 증진을 위한 각종 행사에 대해 다음과 같이 말한다.

"1970년 들어 1월 9일에는 수출진흥에 관한 표어 현상 모집이 실시됐다. 모두 10만 2,348편이 응모하는 성황을 이룬 중에 이 중 4개의 가작이 선정돼 각각 3만 원씩의 상금을 받았다. 응모된 표어는 당시의 수출 목표인 10억 달러를 주제로 한 것이 대부분이었다. 가작으로 뽑힌 것 중에 '너도나도 참여하자. 10억 달러 수출대열', '할 일 많은 70년대 10억 불 수출부터' 등이 있었다. 또한 1월 16일에는 수출행진곡 가사 모집이 있었으며 이를 레코드에 수록하여 보급하기도 했다. 이밖에도 '수출진흥 웅변대회', '수출의 날 기념 수출진흥 글짓기 대회', '수출에 관한 영화제작', '수출진흥 노래 모집' 등 갖가지 행사가 연중 계속됐다. 1970년 말에 들어서는 70년도 수출액수 알아맞히기 현상 모집까지도 실시됐다. 수출액수 알아맞히기 현상 모집에는 모두 10만 1,825건의 응모가 있었다. 이 중 1등한 응모작의 수출 예상은 10억 380만 7천 달러로 상공부가 공식 집계한 수출실적(정답)에 불과 1,473달러의 오차밖에 없었다."[17]

수출 목표 10억 달러를 돌파하자 상공부엔 축하 속에서도 경건한 분위기가 흘러 넘쳤다. 당시 상황에 대해 오원철은 다음과 같이 말한다.

"'하면 된다', 그리고 '우리 민족은 위대한 민족이다' 가 메아리쳤다. 모두들 초등학교 학생같이 기뻐했으며 그 중에서도 이낙선 장관이 제일 기뻐했다. 이 장관은 즉시 박 대통령에게 전화로 보고를 하였다. '각하, 지금 10억 불을 돌파했습니다.' 그리고는 잠시 말이 없었다. 박 대통령의 치하가 있었나 보다. 이 장관의 검은테 안경 속의 눈이 젖어 보였다. 내가 차관보 시절일 때였다. 나도 열심히 뛰었으니 기쁘기 한량없었

17) 오원철, 『한국형 경제건설 3』(기아경제연구소, 1996), 165쪽.

다.⋯⋯손 모아 감사의 기도를 드리는 마음이었다."[18]

1964년 1억 달러 수출을 기념해 '수출의 날'을 제정한 지 6년 만인 1970년에 10억 달러 수출 목표를 달성하게 되었으니 감격할 만도 했다. 그 해 11월 30일에 열린 제7회 수출의 날 기념식은 축제 분위기였다.[19] 그 기념식에서 박정희는 10억 달러 돌파를 자찬(自讚)하면서 70년대 중반에는 적어도 30억 달러의 수출을 이룩해야 할 것이라고 새로운 전투 목표를 제시했다. 이에 대해 오원철은 다음과 같이 말한다.

"'밀어붙일 때 밀어붙여라'고 명령하는 것이었다. 70년 수출의 날은 온통 축제 무드였다. 이 날 기념식에서는 대대적인 포상이 이루어졌으며 카드섹션까지 벌이기도 했다."[20]

수출 군사작전의 양면성

그러나 수출이라는 '국가 종교'는 한국 사회의 근본을 뒤흔드는 매우 과격한 혁명이었다. 수출 전사(戰士)들을 농촌에서 징집해야 했기 때문이다. 국가 자원이 집중된 수출 전선에 뛰어들기 위해 수많은 사람들이 농촌에서 도시로 몰려들었다. 연평균 이농(離農) 인구 수는 1960-1966년 사이에 매년 27만 명, 1966-1970년 사이에 59만 명, 1970-1975년 사이에 50만 명, 1975-1980년 사이에 66만 명으로 추산되었다.[21]

그 결과 총인구에서 농가 인구가 차지하는 비율은 1960년 58.3%(1455만/2495만), 1965년 55.1%(1581만/2770만), 1970년

---

18) 오원철, 『한국형 경제건설 3』(기아경제연구소, 1996), 167쪽.
19) 오원철, 『한국형 경제건설 7: 내가 전쟁을 하자는 것도 아니지 않느냐』(한국형경제정책연구소, 1999), 355-356쪽.
20) 오원철, 『한국형 경제건설 3』(기아경제연구소, 1996), 167쪽.
21) 한국기독교교회협의회 인권위원회, 『1970년대 민주화운동 (I)』(한국기독교교회협의회, 1987), 193쪽.

28___한국 현대사 산책 · 1970년대편 ①

44.7%(1442만/3224만), 1975년 37.5%(1324만/3528만), 1980년 28.9%(1082만/3812만)까지 줄게 되었다.[22]

이와 같은 속도의 농촌 인구 감소와 도시화는 세계 어느 나라에서도 유례를 찾기 어려울 정도로 급속한 것이었다. 예를 들어, 1965-1973년 사이에 나타난 연평균 6.5%의 도시 인구 증가율은 도시화가 빠르게 진행되고 있다고 평가되던 브라질의 4.5%, 멕시코의 4.8%를 능가하는 수준이었다. 물론 이 시기의 도시 인구 증가(연평균 6.5%)는 도시 인구의 자연 증가(2.2%)보다도 농촌 인구의 이농(4.3%)이 주된 역할을 한 것이었다.[23]

세계 최고를 자랑하는 그런 급격한 변화는 한국의 축복이었던가? 바로 여기에서 수출이라고 하는 군사작전의 양면성이 잘 드러난다. 군사작전은 전장에서 이기면 그걸로 끝나는 것이지 그 이후를 걱정할 필요는 없는 것이다. 수출 군사작전도 그랬다.

수출에 필요한 노동력을 농촌에서 끌어내는 것까지는 무력을 사용할 필요가 없었지만, 그 노동력이 수출 전선에 투입되어 먹고사는 문제는 그렇게 간단한 것이 아니었다. 당시 한국형 수출의 최대 경쟁력은 싼 임금에 기초한 것이었기 때문이다.

이와 관련, 임혁백은 "1960년대에는 수출지향 산업화가 형식적 민주주의의 틀을 깨지 않고도 추진될 수 있었으나 1960년대 말부터 형식적 민주주의의 틀은 저임에 기초한 수출지향 산업화에 장애 요소로 작용하기 시작했다"라며 다음과 같이 말한다.

"1960년대 말부터 노동집약적 수출의 비약적인 증대로 인해 저임 노동력의 수요가 공급을 초과하게 되었고 그 결과 노동시장에 의해 자동적

22) 박진도, 〈현대사 다시 쓴다 · 이농과 도시화: 급격한 산업화…남부여대(男負女戴) 무작정 서울로〉, 『한국일보』, 1999년 8월 3일, 14면.
23) 박진도, 위의 글, 14면.

으로 임금을 생존선 수준으로 억제하는 것이 불가능하게 되었다. 이제는 시장이 임금을 인상시키는 역할을 수행하기 시작한 것이다. 시장에 의한 임금 인상 압력에 대응하기 위해 지배연합은 과거와는 달리 적극적으로 임금을 억제해야 했다. 그러나 지배연합의 노동통제 전략의 변경은 노동자들의 반발을 불러일으키게 되었다. 반발하는 노동자들은 이제까지 형식적 겉치레에 지나지 않았던 민주적 제도(선거, 의회, 노동법)가 자신들의 이익의 실현을 위한 무기가 될 수 있음을 발견하였다."[24]

박 정권은 노동자들의 무기를 무력화시키기 위해 더욱 수출의 종교적 성격을 강화하게 된다. 박 정권의 무기는 국가안보였다. 최소한의 생계유지를 하게 해달라는 노동자들의 목소리는 무조건 국가안보를 위협하는 '빨갱이'의 음모로 간주되었다. 때마침 국가안보가 위협받을 만한 일들이 벌어지곤 했고, 없으면 고문(拷問)으로 조작을 해서라도 수출의 국가 종교화를 지켜야 한다는 것이 박 정권의 일관된 부국강병 정책이었다.

---

24) 임혁백, 『시장·국가·민주주의: 한국민주화와 정치경제이론』(나남, 1994), 319쪽.

닉슨 독트린과 대미(對美) 외교

박정희의 닉슨 푸대접

1968년 11월 5일 미국 대통령 선거에서 당선된 리처드 닉슨의 영웅은 프랑스의 대통령 샤를 드골이었다. 강력한 리더십을 열망했던 닉슨이 드골을 존경하는 건 당연하다고 볼 수도 있겠지만, 그럴 만한 개인적인 이유도 있었다. 닉슨의 공보보좌관으로 일했던 데이비드 거겐은 그 이유에 대해 다음과 같이 말한다.

"1960년대에 두 번의 선거에서 패배한 닉슨은 고독하고, 겉보기에 망가진 사람처럼 계속해서 세계 여러 나라의 수도를 전전했다. 각국의 각료들은 대부분 그를 만나는 것을 불편하게 생각했고, 그는 서열이 낮은 대표단이나 미국의 외무성 관리들의 접대를 받으며 식사를 하는 정도로 만족해야 했다. 그 당시 드골은 감각이 있는 사람이었다. 그 자신도 망각 속에 묻혔다가 부활했던 터라, 닉슨이 언젠가는 대통령이 될 수 있을 것이라는 계산을 했다. 그를 맞아 정중히 붉은 융단을 펼쳤던 것이다. 아내와 함께 엘리제궁에 초대를 받은 닉슨은 들뜬 기분에 도취되었고, 드골은 그가 언젠가는 미국에서 '최고의 자리'에 오를 것이라고 추켜세웠다. 그 같은 관대함은 우정 이상의 것을 주었다. 닉슨을 남은 여생 동안 헌신적인 추종자로 만들었던 것이다."[25]

당시 닉슨의 기분이 어떠했을지는 짐작하기 어렵지 않다. 1960년 대선에서 패배한 뒤 자신의 고향인 캘리포니아 주지사 선거에서도 패배했으니, 누가 닉슨의 정치적 재기를 예상했겠는가? 모두 다 닉슨을 정치 퇴물로 여길 때에 드골이 그렇게 극진한 환대를 해주었으니 닉슨으로선 어찌 드골을 좋아하지 않을 수 있겠는가.

세계 각국의 수도를 떠돌던 닉슨은 1966년 9월 서울에도 나타났다. 물론 개인 자격의 방문이었다. 닉슨은 서울에 오기 전 동경에서 비교적 환대를 받았기에 서울에서도 그와 같은 대접을 기대했던 건지도 모르겠다. 그러나 박정희의 생각은 달랐다. 닉슨을 만나 줄 필요조차 없다고 생각했다.[26] 주한 미국대사 브라운이 직접 청와대를 접촉했지만 여의치 않자 외무장관을 지낸 이동원의 도움을 요청했다. 이동원은 다음과 같이 말한다.

"브라운 대사에게 떠밀리다시피 청와대로 들어왔지만 사실 나도 속으론 박 대통령이 닉슨을 꼭 만나 주었으면 싶었기에 강력히 닉슨과의 만찬을 종용했다. 그러나 그는 달갑잖은 표정이었다. '그 사람 이미 끝난 사람인데 구태여…….' '그래도 각하…….' 속이 탄 내가 재차 건의했으나 여전히 박 대통령의 얼굴엔 찬 기운이 감돈다. 결국 닉슨은 박 대통령과 점심도 못하고 그저 커피 한 잔 마시는 걸로 끝낸 모양이었다. 그러나 안 되려면 뒤로 자빠져도 코가 깨진다더니 예상외의 예우에 몸이 단 브

---

25) 데이비드 거겐, 서율택 옮김, 『CEO 대통령의 7가지 리더십: 리처드 닉슨에서부터 빌 클린턴까지』(스테디북, 2002), 56쪽.
26) 정진석, 『총성 없는 전선: 격동의 한·미·일 현대 외교 비사』(한국문원, 1999), 23쪽.

라운이 그 날 저녁 급히 장관들과 함께 하는 만찬을 추진했는데 공교롭게도 마침 같은 시간에 박 대통령이 장관들을 청와대로 불러 저녁을 하게 된 것이었다. '하느님 맙소사.' 내 입에선 탄식이 새어 나왔다. 아니나 다를까 내가 미 대사관 만찬장에 들어서니 미군 장성들과 함께 앉아 있는 사람이라곤 불과 두서너 명에 불과하지 않은가. 내 느낌으로도 시종 식사 내내 닉슨의 표정은 텅 빈 좌석만큼이나 공허해 보였다."[27]

박정희가 닉슨에게 당한 굴욕

아마도 닉슨은 당시 박정희에 대해 이를 갈았을지도 모르겠다. 2년여 후인 1968년 11월 5일 미국 대선에서 닉슨이 승리해 다음해 1월 20일 제37대 대통령으로 취임했을 때 박정희가 받은 충격은 어떠했을까? 일국의 대외 정책에 무슨 대통령의 개인 감정이 작용하겠느냐고 생각할지 모르지만, 그게 꼭 그렇진 않다. 닉슨의 드골 존경에 개인적인 이유가 다분히 작용하듯이, 박정희가 닉슨을 박대한 것이 이후 닉슨 행정부의 대(對)한국 정책에 아무런 영향을 미치지 않았을 것이라고 보기는 어려운 것이다. 이동원은 다음과 같이 말한다.

"예상대로 닉슨은 취임식이 끝나기 무섭게 '닉슨 독트린'을 제창한다. 아울러 주한미군 철수까지 거론한다. '그까짓 한국 힘 없으면 망하라고 해. 무슨 상관이야. 일본만 자유민주국가로 남아도 충분한데…….' 갑자기 청와대에 비상벨이 울리는 건 당연한 일……. '모든 루트를 다 동원해서 박 대통령과 닉슨의 면담을 주선하라.' 한국의 정계는 발칵 뒤집어졌고 워싱턴행 비행기엔 우리 쪽의 밀사가 줄을 이어, 당시 외무장관이던 최규하는 물론 나까지도 워싱턴 정가에 고개를 내밀었다. 그러나 닉

27) 이동원, 『대통령을 그리며』(고려원, 1992), 144-145쪽.

슨의 정책성도 좀 가미된 보복은 이때부터였다. 백악관 빗장은커녕 근처에 접근하는 것조차도 허용치 않는 것이었다. 그렇게 끌기를 반년. 그 사이 박 대통령은 『워싱턴 포스트』와 회견에서 미국에 제주도를 군사기지로 내주겠다는 등 추파를 던졌고 끝내 닉슨은 못 이기는 척 입을 연다. '그럼 좋소. 그러나 워싱턴에선 안 되고 8월, 내 여름 휴가 때 내 고향 근처 샌프란시스코에서 만나도록 합시다.' 이 얼마나 수치스러운 일인가. 휴가 때 별장으로 놀러 가는데 그 쪽으로 오라니……. 그것도 그의 고향인 샌클레멘티 집엔 그나마 헬리콥터 이착륙장까지 갖춰져 있어 박 대통령의 체면을 살려 줄 수 있는 최소한의 예우 시설이라도 있었으나 닉슨은 그것마저도 아깝게 여겨 샌프란시스코의 샌프란시스코호텔에서 보자는 것이었다. 무릎꿇고 피눈물을 흘리며 머리를 조아리는 굴욕이 차라리 더 나을 듯 싶었으나 이 쪽이 잘못한 것도 있으니 어쩌랴. 박 대통령은 자존심의 눈물을 머금고 1969년 8월 21일 미국 방문길에 올랐다."[28]

그건 닉슨의 명백한 보복이었다. 모든 거물 정치인들이 다 그렇긴 하겠지만 닉슨의 강한 승부욕과 복수심은 유별난 점이 있었으니, 그가 박정희에게 받았다고 생각하는 모욕을 어찌 잊었겠는가? 박정희는 훗날 이동원에게 닉슨을 만나던 날의 비참한 심정을 다음과 같이 토로했다.

"난 그 날 비통함의 연속이었소. 약속 시간에 맞춰 자동차로 호텔에 가면서도 난 최소한 호텔 로비에선 닉슨이 맞아 주리라 기대했었소. 그러나 호텔 로비에서도, 엘리베이터를 타고 올라가 내릴 때도, 방문을 열고 들어갈 때도 닉슨은 나타나지 않았소. 방에 들어선 후 왼쪽의 큰 문이 다시 열리길래 보니 그 쪽 방 저 끝 구석에 닉슨이 선 채 날 맞이하는 게 아니겠소. 마치 속국(屬國)의 제왕을 맞이하듯 했단 말이오. 그뿐만이 아니오. 저녁 식사 땐 시시껄렁한 자기 고향 친구들 불러다 앉혀 놓곤 같이

---

28) 이동원, 『대통령을 그리며』(고려원, 1992), 146~147쪽.

식사하라는 게 아니겠소. 내 아무리 1966년 닉슨이 방문했을 때 섭섭하게 대했기로서니 너무 한 거 아니오."[29]

70년대의 한국을 지배한 주한미군 문제

그러나 얼마든지 그럴 수 있는 게 인간 관계요 국제 관계였다. 이동원의 말마따나, 박 정권의 "손님 대접은 어제와 내일이 없는 오늘뿐"이었다.[30] 닉슨 독트린은 박정희와는 무관하게 나온 닉슨의 세계 경영 구상이었지만, 그 독트린을 한국에 어떻게 적용시킬 것인가 하는 점에 있어선 닉슨의 박정희에 대한 악감정이 적잖은 영향을 미쳤다고 볼 수도 있는 것이다.[31]

닉슨이 이른바 '닉슨 독트린'을 발표한 것은 1969년 7월 25일이었다. 괌에서 발표했다 하여 '괌 독트린'이라고도 불렸다. 그 주요 내용은 "아시아 국가들은 미국 의존도를 줄이고 그들의 안보 문제를 독자적으로 해결하기 바라며 미국이 또다시 월남전과 같은 사태에 말려들지 않도록 협조해야 한다"라는 것이었다.[32] 이 독트린이 의회를 통해 공식화된 건 1970년이었다.

1970년 1월 20일 닉슨은 미국 의회에 대한 일반 교서에서 지금까지의 봉쇄 정책을 폐기하고, 중공과 대화를 시작할 것임을 밝힌 데 이어 2월

---

29) 이동원, 『대통령을 그리며』(고려원, 1992), 147-148쪽에서 재인용.
30) 정진석, 『총성 없는 전선: 격동의 한·미·일 현대 외교 비사』(한국문원, 1999), 25쪽에서 재인용.
31) 이동원은 "닉슨의 보복은 집요하다 못해 고개를 흔들 정도였다"며 그 후에도 계속된 '보복'에 대해 다음과 같이 말한다. "월남전을 끝내면서도 마찬가지였다. 본래 마닐라 정상회담에 의해 미국과 한국은 종전시에도 함께 협의하게 돼 있었다. 하나 닉슨은 이 약속을 깡그리 무시해 버리고 키신저를 시켜 월남전을 끝냈다.……또한 워낙 닉슨의 심기가 칼날 같았기에 우린 월남 종전(終戰)을 마음대로 처리하는 미국에 눈치조차 한번 못 주고 그대로 당해야 했다. 키신저가 북경과 파리를 오가며 레둑토 월맹 대표와 노벨평화상 문안을 작성할 때도 우린 그저 쓴맛 다시며 멀뚱히 쳐다보고만 있었던 것이다." 이동원, 위의 책, 148쪽.
32) 현대사연구소 연구팀, 〈주한미군 철수 6〉, 『중앙일보』, 1995년 10월 24일, 10면.

18일에는 닉슨 독트린의 정책백서라 할 〈1970년대의 미국 대외 정책-평화를 위한 새 전략〉 보고서를 제출함으로써, 이른바 미국의 해외 주둔 병력을 삭감하는 요지의 닉슨 독트린을 공식적으로 제시하였던 것이다.[33]

이후 주한미군 문제는 70년대 내내 박 정권의 주요 현안이 되었고, 주한미군 문제와 밀접히 연계된 국가안보는 민주화운동을 탄압하는 '전가의 보도'로 활용되기도 했다. 40년대 후반보다는 덜했을망정 70년대는 대미(對美) 관계가 한국의 운명을 결정짓는 중요한 변수로 작용했거나 간주되었던 것이다.

국가안보 문제를 떠나서도 대미 관계와 대일(對日) 관계는 70년대 내내 박 정권을 옭아매는 족쇄로 작용했다. 무엇보다도 정권의 존망을 걸고 추진한 수출전략의 대미 · 대일 의존도가 너무 높았기 때문이다. 1971년의 경우 전체 수출량의 75%가 미국과 일본 시장에 의존하였으며, 두 나라에 대한 수입 의존도는 68%에 이르렀다.[34] 박 정권은 늘 수사적(修辭的) 차원에선 두 나라에 대해 강경한 자세를 취하는 척하였지만, 구조적으로 두 나라의 영향력에서 자유로울 수 없었던 것이다.

33) 김성진, 『한국 정치 100년을 말한다: 우리들이 꼭 알아야 할 한국 정치의 실상』(두산동아, 1999), 295쪽.
34) 한배호, 『한국정치변동론』(법문사, 1994), 185쪽.

정인숙, 그 죽음의 배후

정인숙의 수첩에서 나온 33장의 명함

1970년 3월 17일 밤 11시경, 서울 마포구 합정동 부근의 강변3로에 멈춰 서 있는 검정색 코로나 승용차에서 권총에 넓적다리를 관통당해 신음하고 있는 한 사내와, 머리와 가슴에 총을 맞아 이미 숨진 한 젊은 여인이 발견되었다. 부상당한 사내는 정종욱(당시 34세), 숨진 여인은 정인숙(당시 26세)으로 두 사람은 남매 관계로 밝혀졌다.

나중에 정인숙의 집에서 발견된 정인숙의 소지품에선 정관계 고위층의 명함 26장이 포함된 33장의 명함이 쏟아져 나왔다. 이후 경찰 수사는 지지부진해졌고 언론 보도가 수사를 대신하는 일이 벌어졌다. 언론은 정인숙에게 숨겨진 아들이 하나 있고, 정인숙이 당시 정관계 고위층 전용이라 할 수 있는 고급 요정 '선운각'을 드나들었다는 걸 밝혀냈다.

1주일 후에 나온 검찰 수사 결과에 따르면, 범인은 오빠인 것으로 밝혀졌다. 정종욱은 정인숙의 운전기사 노릇을 하면서 정인숙의 문란한 행실을 지적했으나, 정인숙이 듣지 않고 자신에게 심한 욕설을 퍼붓자 가문의 명예를 위해 누이동생을 죽이고 강도를 당한 것처럼 위장하려 했다는 것이었다.[35]

정인숙 살인 사건은 그렇게 일단락되었지만, 의혹은 한두 가지가 아니었다. 성급히 종결지으려는 수사 태도도 의심을 샀거니와 정종욱이 사용했다는 권총이 발견되지 않았고, '증거'는 오직 정종욱의 자백뿐이라는 점이 의혹을 증폭시켰다. 정종욱에 대해선 '권세가들에게 희생된 세상에서 가장 억울한 인물 중의 한 사람'이라는 설이 떠돌았다.[36]

그런 의혹으로 인해 소문은 꼬리에 꼬리를 물고 퍼져 갔다. 정인숙의 숨겨진 아들(성일)이 박정희의 아들일 것이라는 소문이었다. 당시 이러한 소문은 박정희의 귀에까지 들어가 박정희는 중앙정보부장 김계원에게 다음과 같이 말했다고 한다.

"항간에 정 여인이 남긴 세 살배기 사내애가 '대통령의 씨'로 소문나고 있으나 사실이 아니다. 더 이상 추측 보도나 의혹을 부추기는 소문이 나지 않도록 하라."[37]

박정희인가, 정일권인가?

박정희의 지시를 받은 중앙정보부는 언론에 보도 통제를 가해 사건 발생 10일 후인 3월 27일부터 정인숙과 관련된 기사는 언론 지상에서 완전히 사라졌다.[38] 당시 미국 『워싱턴 포스트』의 도쿄 지국장으로 한국을 취재했던 셀리그 해리슨은 박정희 정권이 정인숙 사건과 관련된 외신 보도까지 적극적으로 막았다며 다음과 같이 회고했다.

35) 여영무, 〈추적 정인숙 미스테리〉, 『신동아』, 1983년 9월, 166~167쪽.
36) 윤재걸, 『청와대 밀명: 윤재걸 르포집』(한겨레, 1987), 14쪽.
37) 김충식, 『정치공작사령부 남산의 부장들 1』(동아일보사, 1992), 188쪽.
38) 노가원, 『청와대 경호실: 군사 정권 30년 비사』(월간 말, 1994), 54쪽.

"당시 국외로 나가던 모든 언론을 감시하고 있던 박 정권은 이 사건을 보도하는 것이 71년 4월로 예정된 대통령 선거에서 박정희의 전망을 위태롭게 함으로써 한국 정치에 간섭하는 행위라며 『워싱턴 포스트』의 한 편집간부를 설득했다. 그렇게 해서 이 기사는 정일권이 선거 전 내각 개편에 따라, 부분적으로는 추문 때문에 총리직에서 물러난 뒤인 71년 2월까지 보류됐다."[39]

그러나 아무리 그런 통제를 해도 사람들의 입을 타고 번져 나가는 소문만큼은 어찌할 수가 없었다. 아이의 아빠로 박정희뿐만 아니라 당시 국무총리였던 정일권도 새로운 유력 후보로 등장하면서 이 사건은 세간의 호기심을 더욱 자극하였다. 그래서 "강변3로, 오빠조심, 명함조심"[40]이란 유행어가 생겨났는가 하면 "정인숙의 수첩에 오르지 못하면 유명인사가 아니다"라는 말까지 떠돌았다.[41] 여기에 북한까지 껴들어 사실상 박정희를 지목하면서 "누구의 아들인가"라는 내용이 담긴 대남선전 삐라를 뿌려댔다.[42] 또 당시 유행하던 나훈아의 〈사랑은 눈물의 씨앗〉이란 노래 가사를 다음과 같이 바꿔 부르는 노래까지 등장했다.

"아빠가 누구냐고 물으신다면/청와대 미스터 정이라고 말하겠어요/만약에 그대가 나를 죽이지 않았다면/영원히 우리만이 알았을 걸/죽고 보니 억울한 마음 한이 없소.(1절) 성일이가 누구냐고 물으신다면/고관의 씨앗이라고 말하겠어요/그대가 나를 죽이지 않았다면/그렇게 모두가 밉지는 않았을 걸/죽고 나니 억울한 마음 한이 없소.(2절)"[43]

39) 셀리그 해리슨, 〈박 정권 외신 보도 통제 안간힘〉, 『한겨레신문』, 1996년 1월 15일, 5면.
40) 박갑수, 〈창간 이후 유행어로 본 세태 47년〉, 『경향신문』, 1993년 10월 6일, 30면.
41) 임은순, 〈오빠 정종욱 씨가 밝힌 '정인숙 사건' 진상〉, 『경향신문』, 1991년 1월 16일, 14면.
42) 김충식, 『정치공작사령부 남산의 부장들 1』(동아일보사, 1992), 195쪽; 노재현, 『청와대 비서실 2』(중앙일보사, 1993), 178쪽.
43) 이정식, 〈정인숙 사건〉, 『권력과 여인』(돋움, 2000), 267쪽.

1970년 3월 17일, 승용차에서 살해된 채 발견된 정인숙. 그의 죽음 뒤에는 한국의 '밀실 음모 정치'라는 검은 그림자가 길게 드리워져 있었다.

국회에서의 대정부 질문

급기야 이 사건을 둘러싼 의혹은 5월 12일에 열린 임시국회 본회의의 의제로까지 떠올랐다. 야당은 1969년 9월 공화당의 3선 개헌안 날치기

통과 이후 국회를 아예 떠났다. 그러다가 박정희의 지원을 받은 유진산이 1970년 1월 26일 신민당 전당대회에서 유진오의 뒤를 잇는 새 총재로 뽑혔고, 유진산은 5월 2일 국회 복귀를 선언하였던 것이다.[44]

야당 국회의원들이 대정부 발언을 통해 정인숙 사건과 관련된 의혹을 밝히라고 촉구하기도 전에 법무장관 이호가 미리 상세한 보고를 하였다. 이는 야당이 이 문제로 더 이상 떠들지 말아 달라는 뜻에서 여야 비밀협상의 결과로 나온 것이었지만, 유진산은 미친 척하고 두 시간 반 동안이나 일장 연설을 한 끝에 다음과 같이 말했다.

"어제 이호 법무가 올라오길래 무슨 법무 행정의 주요 문젠가 했더니 느닷없이 웬 강변3로 여자 살인 사건이란 말야(웃음소리). 대통령이 여자 살인 사건을 갖고서 모처럼 안 하던 결심을 해 갖고서 전 각료들을 국회에 내보내 자진 보고케 하라고(웃음소리). 질문이나 하면 그때 가서 거짓말을 하든지 말든지(웃음소리). 무슨 놈의 오빠가 여동생의 난륜(亂倫)을 분개해 가지고 권총을 쏘았다고. 도대체 무슨 까닭으로 그 문제를 참 지나칠 정도로 상세히 보고하느냐 말야(웃음). 미인 사건이라니까 여러분은 흥미가 있을지 모르겠지만 그런 친절은 없어도 좋지 않으냐 이거요. 국회의원의 질문이 나올 텐데 대통령 지시로 나온 분께서 하필 그 정인숙이라는 괴미인 살인 사건을 장시간 보고하니까 새로운 의문이 생긴다 이겁니다(웃음)."[45]

유진산의 뒤를 이어 야당 의원들의 질문 공세가 이어졌다. 조윤형은 정일권과 정인숙의 관계에 대한 소문과 위 노래를 공개하면서 수사상의 의혹을 지적했고, 김상현은 다음과 같이 박정희 관련 의혹설까지 제기했다.

"정 여인에 관계된 사람이 26명이나 된다고 하고 총리가 관계되었다,

---

44) 유진오는 1970년 1월 7일 일본 도쿄의 병석에서 기자회견을 통해 당수직 사퇴를 공식 발표했다.
45) 김충식, 『정치공작사령부 남산의 부장들 1』(동아일보사, 1992), 199–200쪽.

대통령이 관계되었다, 이렇게까지 얘기가 돌아다닙니다.……정 여인 사
건은 계획된 각본에 의한 타살이요, 청부살인 의혹이 있습니다."[46]

김상현의 발언은 본회의장을 발칵 뒤집어 놓았고 의원의 원내 발언에
대한 면책특권 시비까지 불러일으켰지만, 박정희 정권하에서 진상규명
은 애초부터 기대하기 어려운 일이었다. 또 신민당 의원 조윤형과 함께
이 사건을 집요하게 물고 늘어졌던 공화당 의원 김용진이 이 사건에 대
한 국회 질의 얼마 뒤 고속도로에서 트럭에 치어 교통사고로 숨졌다는
것도 의혹을 더욱 증폭시켰다.[47]

아직도 진실을 밝힐 때가 아니다?

20년 형을 선고받았으나 1989년 19년의 형기를 마치고 모범수로 가
석방된 정종욱은 1991년에 『아직도 최후의 심판은 남아 있다』는 책을 내
자기가 정인숙을 죽이지 않았다고 주장해 이 미스터리의 구조가 매우 복
잡하다는 것을 시사했다.

정인숙 사건은 그 실체가 드러나지 않았다는 점에서 여전히 현재진행
형이다. 어느 정도 표현의 자유를 누릴 수 있었던 1988년 『실록 정인
숙』,[48] 『박 정권과 정인숙 사건』[49] 등과 같은 책들이 나오기도 했지만, 과
연 누가 진범인가 하는 건 여전히 수수께끼로 남아 있다.

사건 당시 마포경찰서장이었던 이거락(이후락의 동생)은 지난 1994년
『신동아』 인터뷰에서 범인은 정종욱이 틀림없다고 말했지만,[50] 의문은

46) 이정식, 〈정인숙 사건〉, 『권력과 여인』(돋움, 2000), 267-268쪽.
47) 윤재걸, 『청와대 밀명: 윤재걸 르포집』(한겨레, 1987), 14쪽. 이 글의 상당 부분은 최율영, 〈정인숙: 요정
    정치의 희생자〉, 김환표 외, 『시사인물사전 16: 스캔들에 갇힌 영혼들』(인물과사상사, 2002), 91-114쪽을
    참고한 것입니다.
48) 장사공, 『실록 정인숙: 나는 너를 천사라 부른다』(길한문화사, 1988).
49) 황현철 편저, 『박 정권과 정인숙 사건』(덕문출판사, 1988).
50) 손광주, 〈24년 만에 말문 연 이거락: "정인숙 '비밀수첩' 하루 만에 빼앗겼다"〉, 『신동아』, 1994년 12월,
    354-368쪽.

여전히 계속되고 있다. 2000년 7월 14일에 방영된 MBC 『이제는 말할 수 있다』의 〈땅에 묻은 스캔들–정인숙 피살 사건〉편은 진짜 범인을 밝히는 데까진 이르지 못했지만, 범인이 정종욱이 아닐 수 있다는 가능성은 설득력 있게 보여 주었다. 이 프로그램을 제작한 PD 김동철은 사건 관련 인사들이 아직 생존해 있는 데다 여전히 두려운 게 많아서인지 진상을 알 만한 사람들이 모두 "아직 때가 아니다"는 이유로 굳게 입을 다물었다며 제작의 어려움을 토로했다.[51]

---

51) 김동철, 〈미로 속의 취재, 현장은 말을 한다〉, 한국언론정보학회 편, 『이제는 말할 수 있다』(커뮤니케이션북스, 2002), 310쪽.

'요정 정치'의 천태만상

누가 정성일의 아버지인가?

아직 많은 점이 미스터리로 남아 있지만, 정인숙 사건이 박 정권 수뇌부의 타락상을 잘 보여 주었다는 것만큼은 분명한 사실이다. 이 사건은 당시 박정희를 비롯한 고위층 인사들이 고급 요정을 매개로 한 밀실 음모 정치를 하면서 부정부패를 저지르고 문란한 성생활을 곁들인 데에서 비롯된 것으로, 70년대 박 정권 치하 정치 행태의 한 면을 극명하게 보여 준 것이었다.

출소 후 정종욱은 자신이 살인죄를 뒤집어쓴 것은 "사건 직후 아버지가 면회 와서 '성일이 아버지가 뒤를 돌봐주기로 했으므로 일단 네가 동생을 쐈다고 진술해 파문을 진정시켜라'라고 종용했"기 때문이었다고 말했다.[52] 그는 정성일의 아버지가 누구인지에 대해선 다음과 같이 증언

---

52) 하준, 〈정인숙 여인 살해 사건〉, 『세계일보』, 1995년 10월 9일, 5면.

했다.

"(정일권이) 한 달에 한 번꼴로 서교동 집으로 찾아왔지요. 그리고 동생이 그이가 아들 하나만 낳아 달라고 한다며 상의를 해 처음엔 가족들이 극구 반대를 했지요. 출산 후에는 1주일에 한 번꼴로 찾아와 성일이를 안고 즐거워했으며 늘그막에 아들을 얻어 소원을 이뤘다는 뜻에서 성일이란 이름까지 직접 지어왔어요. 성일이도 자기 아빠가 TV에 비치면 '아빠'라고 소리치며 좋아했지요."[53]

정인숙의 아들 정성일은 1991년 6월 5일 서울 가정법원에 정일권을 상대로 친자확인 소송을 제기했으며, 1993년 3월엔 『전 당신의 아들이었습니다』란 책을 내고, 그 해 5월 다시 서울 가정법원에 정일권을 상대로 친자확인 소송을 제기했지만, 1994년 1월 정일권이 사망함으로써 그의 노력은 수포로 돌아가고 말았다.

그러나 1993년 SBS TV의 『주병진쇼』에 출연한 정성일은 "최근 정씨(정일권)가 나와의 직접 통화에서 '당신은 나의 아들이 아니며 내가 모시던 분의 아들'이라고 밝혔다"라고 말해 자신이 박정희의 아들일 수도 있음을 시사해 묘한 여운을 남겼다.[54] 전 중앙정보부장이었던 김형욱도 회고록 『혁명과 우상』에서 정성일이 박정희의 아들일 것이라고 주장했다.[55]

박정희의 놀라운 엽색 행각

정성일의 진짜 아버지가 누구이건, 이 사건은 70년대 내내 계속된 박정희를 비롯한 고위층 인사들의 상상을 초월하는 엽색 행각의 한 자락을

53) 임은순, 〈오빠 정종욱 씨가 밝힌 '정인숙 사건' 진상〉, 『경향신문』, 1991년 1월 16일, 14면.
54) 〈친자확인 소송 정인숙 아들 "박 대통령 핏줄일 수도" 주장〉, 『국민일보』, 1993년 2월 4일, 19면.
55) 이정식, 〈정인숙 사건〉, 『권력과 여인』(돋움, 2000), 279~280쪽.

드러내 보였다는 것이다. 정인숙 사건 당시 중앙정보부의 고위 간부였고 80년대에 국회의원을 지낸 모 인사는 "정 여인을 편력한 이들은 박정희, 박종규, 정일권 씨 등이었다. 지금은 이승을 떠난 사람이 많지만 당시 그녀의 수첩에는 정, 재계 요인 27명의 전화번호가 적혀 있었다"[56]라고 증언하였다.

특히 박정희의 엽색 행각은 이미 60년대부터 유명했다. 영화배우 문일봉은 1991년 여러 여성지에 "62년 한 만찬장에서 처음 만난 박 전 대통령과의 사이에 딸 셋을 낳았다"라는 내용의 글을 기고하기도 했다.[57] 1966년 박정희의 부인 육영수는 당시 방첩부대장인 윤필용에게 다음과 같이 하소연한 적도 있었다.

"윤 장군님, 이건 절대로 여자의 시샘에서 하는 이야기가 아닙니다. 각하께 여자를 소개하면 소개했지 왜 꼭 말썽날 만한 탤런트들을 소개합니까?"[58]

박정희 부부와 친하게 지냈던 재미 언론인 문명자는 자신이 1968-69년 사이 "육 여사에게 박정희가 주색잡기를 즐기는 안가에 대해 제보한 일이 있다"면서 다음과 같이 말한다.

"내가 그 안가에 대해 알게 된 것은 신진자동차 사장 김창원의 부인 때문이었다. 당시 신진은 이후락이 밀어주는 몇 개 기업 중의 하나로 승승장구하고 있었다. 그 여세를 몰아 신진자동차는 69년 4월 『경향신문』의 경영권까지 장악했는데, 그때 나는 『경향신문』 워싱턴 특파원으로 일하고 있었다.……'대체 어떤 여자들이 드나드는데요?', '죽은 정인숙이도 왔었고, 유명한 여배우도 드나들고 스튜어디스들도 있고 심지어 육 여사 단골 미용사까지 불러다 즐긴답니다.' 나는 집에 돌아와 육 여사에

56) 김충식, 『정치공작사령부 남산의 부장들 1』(동아일보사, 1992), 191쪽.
57) 김호경, 〈"박 전 대통령 딸 낳았다" 주장 문일봉 씨 '박정희 숭모회'와 집 소유권 다툼 승소〉, 『국민일보』, 2000년 12월 5일, 27면.
58) 조갑제, 『유고! ①』(한길사, 1987), 20쪽.

게 전화를 걸었다.…… '저 담벼락 보이시죠? 그 안이 안가랍니다. 이후 락이가 온통 금으로 도배를 해놓고 재벌들하고 대통령 모시고 밤마다 여자들 하고 노는 데랍니다.' 그때 그 담장을 바라보던 육 여사의 표정을 나는 지금도 잊을 수가 없다. '어쩌면 이럴 수가' 하는 비애에 찬 표정이었다. 그러고 보면 참 나도 못된 일을 많이 한 셈이다."[59]

박정희가 최후를 마친 장소도 술과 여자가 있는 궁정동 안가가 아니었던가.

요정 공화국

박정희 개인의 엽색 행각보다 더 중요한 것은 박정희의 그런 행태로 인해 공직사회 전반의 '요정 정치'와 성 문란이 극에 이르렀고 이는 부정부패를 심화시켰다는 점일 것이다. 조성식은 다음과 같이 말한다.

"70년대 서울의 요정은 비밀요정까지 포함, 1백 개에 가까웠다. 그 중 접대부 수가 50명이 넘는 대규모 요정은 10여 개였다. '북한산 3각'이라 불린 삼청각 청운각 대원각을 비롯해 낙원동의 오진암 한성(뒷날 명월로 바뀜), 회현동의 회림, 종로의 옥류장 등은 저마다 정계 거물들을 단골로 잡고 '요정 정치' 시대를 열었다. 그 시절 요정업계 사장들은 재벌그룹 회장 부럽지 않은 돈을 벌었다. 또 이른바 일류 기생들은 정치인 재벌총수와 동거 또는 '첩살이'를 하며 호화저택을 마련하는가 하면 평생 살아가는 데 지장 없을 정도의 큰돈을 모으기도 했다."[60]

박 정권하에서 모든 중요한 정치 현안들은 요정에서 결정되었다. 기생들이 술자리에서 들은 이야기는 다음 날 TV 뉴스에 그대로 등장하곤

---

59) 문명자, 〈문명자의 박정희 취재파일 ⑤ 비운의 영부인 육영수: "청와대는 영원한 나의 집이 아니다"〉, 『월간말』, 1997년 12월, 112~114쪽.
60) 조성식, 〈김택수의 여인 김성순 고백·내가 겪은 '요정의 세계': '한윤희' 놓고 이후락 김진만 김택수 3각게임〉, 『일요신문』, 1996년 1월 28일, 52면.

했으니, 중앙정보부가 국가안보 및 정권안보 차원에서 요정을 특별 관리하는 것도 놀랄 일은 아니었다. 정보부 요원들은 요정들을 드나들면서 '누가 얼마나 자주 오며 주요 파트너는 누구냐' 하는 걸 꼼꼼히 챙겼다. 예컨대, "한윤희를 자꾸 김종필 씨 파트너로 앉히지 말라"라고 요구하는 등의 자상함(?)까지 베풀었다. 제2의 정인숙 사건이 생길까봐 염려해 그랬다는 것이다.[61]

또 중앙정보부는 서울 퇴계로 라이온호텔 2층에 '미림(美林)팀'을 만들어 운영했는데, 이들은 요정의 정보를 총괄 수집하는 곳이었다. 전 중앙정보부원 최종선은 다음과 같이 말한다.

"그 방을 눈여겨보면, 장안의 일류 요정 마담들이, 주인들이, 때로는 일류 탤런트들이 숨을 죽이고 다소곳하게 들어갔다가 다소곳하게 나오곤 합니다. 때로는 눈퉁이가 퍼렇게 터져 나오는 사람들도 간혹은 있었을 것입니다. 무엇 하는 곳이냐고요? 만약 누가, 제2인자군에 속하는 인물은 말할 것도 없고 이른바 정재계 요인들이 '삼청각', '오진암' 또는 '선운각(정인숙이 나가던 요정)'이든지, 모여서 같이 점심을 하였다던지, 저녁에 한 잔 하였다면, 바로 그곳 '미림Team'을 통하여 정보부장은 그 즉시에 누가 언제 어디서 누구들과 모여 무슨 이야기를 하면서 돈을 얼마 쓰고 그 돈은 누가 냈으며 누구는 어떤 여자 아이에게 어떤 짓거리를 했고, 그야말로 모든 것을 즉각 알게 되는 것입니다. 말 잘 안 듣거나 태도가 흐릿하면 눈퉁이가 퍼렇게 멍드는 건 아무것도 아니요, 그 정도로 안 되면 그까짓 요정 하나, TV 출연 계약 같은 건 한 순간에 물 건너가는 것입니다."[62]

일류 기생을 놓고 정치인들끼리 서로 차지하겠다고 다투는가 하면,

61) 조성식, 〈김택수의 여인 김성순 고백 · 내가 겪은 '요정의 세계' : '한윤희' 놓고 이후락 김진만 김택수 3각 게임〉, 「일요신문」, 1996년 1월 28일, 52면.
62) 최종선, 「산자여 말하라: 나의 형 최종길 교수는 이렇게 죽었다」(공동선, 2001), 217쪽.

요정들끼리의 경쟁도 제법 치열하였다. 1972년 7·4 남북공동성명이 발표된 직후엔 중앙정보부장 이후락의 지원을 받은 삼청각이 청운각의 10배 크기로 한꺼번에 500~600명이 들어갈 수 있는 요정을 지었다. 개업식 파티엔 이후락을 비롯한 중앙정보부 요원 50여 명이 참석했고, 인기 연예인들이 대거 동원되었다고 하니, 이 정도면 '요정 공화국'이라고 해야 하지 않을까.[63]

박정희 주최 연회에 퇴짜맞은 연예인을 공직자가 가로채는 일도 있었다는 것도 흥미로운 사실이 아닐 수 없다.[64] '성(性)생활의 평등'을 추구하겠다는 것이었을까? 하긴 그래서였는지는 몰라도 이런 '요정문화'는 군부에까지 파급되었는데, '요정문화'를 한 단계 발전시킨 해괴한 작태를 보여 준 게 바로 보안사령관 J였다.

보안사 수사1국장을 지낸 예비역 대령 백동림의 증언에 따르면, 보안사령관 J는 사령관 집무실 옆에 사령관 전용 사우나실을 만들어 놓고 청와대 상납용이라는 핑계를 대고 '마사지 걸' 두 명을 채용, 일과 시간에도 수시로 마사지를 즐겼다는 것이다. 또 지방 예하부대 순시 때는 저녁에 주석자리를 마련토록 하면서 20세 미만의 접대부를 준비하라고 특별 지시를 내리는 바람에 미처 준비를 하지 못한 예하 부대장들은 술집 마담과 짜고 모든 접대부를 20세 미만으로 둔갑시키는 일도 있었다는 것이다.[65]

이처럼 박 정권 실세들의 엽색 행각엔 밤과 낮의 구분이 없었다. 시인 고은은 〈요정 종업원 임도빈〉이라는 제목의 시에서 임도빈의 증언에 근거해 다음과 같이 말한다.

63) 조성식, 〈김택수의 여인 김성순 고백·내가 겪은 '요정의 세계' : '한윤희' 놓고 이후락 김진만 김택수 3각 게임〉, 『일요신문』, 1996년 1월 28일, 52~53면.
64) 우종창, 〈"보안사령관실에 사우나 만들고 마사지 걸 채용": 전 합수본부 수사국장 백동림 씨의 '보안사 30년' 회고〉, 『주간조선』, 1995년 3월 30일, 56면.
65) 우종창, 위의 글, 56면.

"70년대 성북동 대연각이라 우이동 삼청각이라/아니 코밑의 청진동 장원이라/거기 가면/온통 번드르르르/아리따운 여인의 치맛자락 방바닥을 쓸어가며/교자상 가득히/산해진미/……/점심때라면 밥도 은수저로 떠넣어 주고/그렇게 밥 먹고 나면/야들야들한 손으로/등때기 굳은 살 풀어 주고/슬슬 졸음 오는 척하면/뒷방으로 모셔가/그 침침한 방 요 위에 눕혀져/졸음은커녕/잠은커녕/난데없는 운우의 정이 쏟아지다니/정아무개가 뒹군 방/이아무개가 뻗은 방/박아무개/김아무개가 늘어진 방/이렇게 점심때/대낮 주색까지 마치니/퇴근 후에는/영락없는 모범공직자 아니었던가/그것으로도 모자라지만"[66]

66) 고은, 『만인보 제11권』(창작과비평사, 1996), 139-140쪽.

모든 집은 와우식으로!

불도저처럼 밀어붙인 아파트 건설

1960년 244만 명(전체 인구의 10%)이던 서울 인구는 1970년 543만 명(전체 인구의 18%)으로 급증했다. 농촌에선 먹고살 길이 없어 무작정 서울로 온 이농(離農) 인구 덕분이었다. 이들에게 가장 큰 문제는 주택이었다. 서울의 산비탈과 고지대엔 하루가 다르게 판자촌이 늘어 갔고 그로 인한 문제가 심각했다. 서울시장 김현옥은 당시 상황에 대해 후일 다음과 같이 말했다.

"60년대 말 서울의 판잣집은 기어이 해결해야 할 과제였습니다. 도심·외곽 할 것 없이 들어찬 판자촌은 한 마디로 서울의 행정을 마비시킬 정도였으니까요. 내 발상은 간단했습니다. 쓰러질 듯 누워 있는 판잣집을 번듯하게 일으켜 세우자는 게 그것이었습니다. 바로 아파트지요. 당시에는 서대문 금화지구 7만 채를 포함, 서울시 1백만 평 땅에 14만 5천 채의 판잣집이 널려 있었습니다."[67]

'불도저'라는 별명을 갖고 있던 김현옥은 별명답게 진짜 불도저처럼 아파트 건설을 밀어붙였다. 김현옥은 1969년부터 1971년까지 3년 동안 240억 원을 투입해 2천 동 10만 호의 아파트를 산비탈과 고지대에 있는 무허가 불량주택을 모두 헐고 짓는다는 야심찬 계획을 세우고, 1969년의 경우 서울시 총예산(416억 원)의 12.4%에 해당하는 51억 원을 시민아파트 건설에 썼다.[68] 처음엔 '서민아파트'로 불리다가 후에 '시민아파트'로 개명된 이 같은 아파트 건설에 대해 국토개발연구원 주택연구실장 고철은 다음과 같이 말한다.

"20-30도의 비탈에 철근도 제대로 넣지 않았고 콘크리트 혼합 비율도 지켜지지 않았다. 산꼭대기에는 수돗물이 나오지 않아 하수도물로 콘크리트 반죽을 했다. 아직도 기억에 생생한 와우아파트 붕괴 사고가 그때 터졌다.……이 사건으로 시민아파트 건설은 중단됐다."[69]

그랬다. 뜻은 좋았지만, 너무도 무리한 군사작전이었다. 80년대 후반에 나온, 건설회사 회장 K의 다음과 같은 증언도 참고할 필요가 있겠다.

"김현옥이 서울시장 할 때 내가 '시민아파트는 50년, 60년 갈 수 있게 짓자'고 하니까 실적 올리려구 마구 지어 지금 15년 만에 다 헐어버리는 결과가 되지 않았어. 그 사람은 부산시장 할 때 내가 박통에게 천거해서 서울시장 된 사람인데 얼마 전 이후락이와 같이 골프를 칠 때 조인해 라운딩을 한 적이 있는데 그 얘기를 꺼내니까 '그때 K형 말을 들을 걸' 하더군."[70]

그러나 당시의 급박한 상황에서 50-60년 갈 수 있는 아파트를 짓는

67) 허의도, 〈인물탐구 · 68세의 거울 앞에 선 김현옥 씨: "도시 행정은 시민의 즐거움에 유 · 무형 재산을 보태는 것"〉, 『월간중앙』, 1994년 12월, 135쪽에서 재인용.
68) 고철, 〈한국주택변천사 · 시민아파트: '부실대명사' 와우아파트 69년 건설〉, 『중앙일보』, 1994년 6월 8일, 21면.
69) 고철, 위의 글, 21면.
70) 손광식, 『한국의 이너서클: 대기자 취재파일』(중심, 2002), 111쪽.

다는 건 사치스러운 것이었는지도 모른다. 15년 만에 헐망정 스스로 무너지지는 않는 아파트를 짓는 건 얼마든지 가능한 일이었을 텐데도, 당시 한국 사회에 만연해 있던 부정부패는 그것마저도 용납하지 않았다는 점에 주목할 필요가 있을 것이다.

33명의 생명을 앗아간 붕괴 사고

1970년 4월 8일 아침 6시 30분쯤 서울 마포구 창전동 와우산 중턱에 세워진 와우아파트 붕괴 사고는 군사작전식 개발독재의 어두운 면을 여지없이 노출시켰다. 33명의 생명을 앗아가고 39명에게 중경상을 입힌 이 사고는 부정부패로 얼룩진 날림공사의 표본이었기 때문이다. 후일 시인 김지하는 담시 〈오적〉에서 "모든 집은 와우식으로!"라고 외쳤는데, '와우식'은 이후에도 계속된 날림공사의 전형을 말하는 것이었다.

판자촌을 철거하고 대신 그 자리에 지어준 시민아파트라 국민들의 분노는 더욱 컸다. 그것도 불과 입주 20일 만에 15개 동 전체가 무너진데다 사고 발생 한 달 전부터 부실공사 사실과 위험성을 서울시에 여러 차례 진정했는데도 불구하고 서울시는 묵살했다.[71] 심지어 붕괴 나흘 전 붕괴 우려가 있으니 주민들을 대피시켜야 한다는 진단이 나왔는데도 서울시는 이마저 외면했다.

"'적은 예산과 싼 공사비'가 맞물려 빚어낸 날림공사, 이것이 하루 아침에 지상에서 통째로 사라져 버린 와우아파트 붕괴의 가장 큰 원인이었다. 그리고 그 뒤에는 성과 위주의 전시행정이라는 정부당국의 무능과 무책임이 자리하고 있었다.……집 없는 서민들을 위한 정부의 배려라는 시민아파트 2천 동 건립 계획, 김현옥 서울시장에게 막사이사이상 후보

---

71) 허용범, 『한국 언론 100대 특종』(나남, 2000), 182-183쪽.

서울 마포구 와우아파트 붕괴 현장. 이 사건은 군사작전식 개발독재의 전형을 보여
준다.

추천의 영예까지 안겨준 이 '꿈의 계획'은 한 마디로 국민투표를 앞둔
시점에서 정치적 전시효과를 노린 생색내기용 사업에 불과했던 것이다.
와우아파트 붕괴는 성장 드라이브 정책하의 성과위주 졸속 정책으로 일
관한 박정희 정권의 체질을 그대로 보여 준 전형적 인재였다."[72]

72) 김희경 외, 『어처구니없는 한국 현대사』(지성사, 1996), 15·17쪽.

부실, 싸구려, 날림공사

이런 문제는 와우아파트에만 국한된 게 아니었다. 정도의 차이는 있을망정 와우아파트와 비슷한 시기에 지어진 대부분의 서민아파트들이 그런 식이었다. 남산아파트의 경우 배전 공사, 세탁장 공사, 외벽 시멘트 공사가 엉망이어서 도저히 살 수가 없다고 주민들이 서울시장에게 집단으로 시정 건의를 냈고, 20여 가구는 방 안으로 분뇨가 스며들어 아예 수세식 화장실을 폐쇄해야만 했다.[73]

매년 연탄가스로 수천 명이 사망할 정도로 당시 연탄가스는 공포의 대상이었는데,[74] 금화지구 아파트에서는 연탄가스 중독 사고가 자주 일어나 큰 말썽을 빚었다. 월곡지구 아파트에서는 옥상에서 놀던 아이들이 떨어져 죽는 일까지 벌어졌다.[75] 와우아파트는 그런 모든 문제들이 총합적으로 나타난 사고였는지도 모른다.

"와우아파트 역시 근원적 부실 요인이 고스란히 반영된 싸구려 공사였다. 공사에 소요된 비용은 당시 시세의 절반에도 못 미치는 평당 1만 원꼴, 철근 기초를 제대로 않고 콘크리트 배합시 모래를 지나치게 섞는 등 3류업자들이 급조한 '누가 봐도 무리한' 전형적 날림공사였다. 단 며칠만에 끝낸 기초공사는 말할 것도 없이 허술했고, 전체 건물 완공에 소요된 공기 또한 짧았으며 시멘트 배합이 적었다는 기본적 하자 이외에도, 지형에 맞게 설계를 새로 해야 하는데 전에 썼던 금화아파트 설계도를 그대로 사용한 점, 기둥과 기둥 사이를 잇는 주기둥에 골조 시멘트를 넣지 않은 점, 슬래브를 만들 때 철근 규격이 설계보다 가는 것을 사용했음에도 이를 묵인, 준공검사를 내준 점 등 믿을 수 없을 만큼 하자투성이였다."[76]

---

73) 김희경 외, 『어처구니없는 한국 현대사』(지성사, 1996), 16쪽.
74) 1975년의 경우 연탄가스 사망자는 5천 명이었다.
75) 김희경 외, 위의 책, 16쪽.
76) 김희경 외, 위의 책, 16쪽.

선거와 판자촌

박 정권이 이런 엉터리 군사작전을 전개한 건 1971년으로 예정된 양대 선거(1971년 4월 대통령, 5월 국회의원)를 염두에 두었기 때문이었다. 70년대 내내 그랬지만 선거를 앞두고선 평소 강하게 밀어붙이던 판자촌 철거도 잠시 멈추곤 했다. 그러나 선거만 끝나면 판자촌 철거는 밀린 걸 보충이라도 하겠다는 듯 더욱 무자비하게 진행되었다. 빈민운동을 한 목사 정진동은 다음과 같이 말한다.

"대표적인 예를 든다면, 신설동 철거 사건이다(1971년 6월 13일-8월 14일). 또한 양대 선거로 인해 예산이 바닥난 당국은 무리하게 골조만 세워서 철거민에게 분배했던 서울 시민아파트(8평형) 골조 공사비와 광주단지 대지(20평)값을 일시불로 상환할 것을 독촉했다. 당국의 이유인즉 철거민이 아파트에 살지도 않고, 또한 광주단지의 경우에는 집을 짓지도 않고 모두 전매했다는 이유였다. 그러나 철거민들은 시민아파트의 경우 아파트 골조 공사비(약 20만 원)의 이자 및 내부 시설비(약 16만 원)와 그리고 광주단지 건축비(최소 40만 원)가 없어서 대부분 전매할 수밖에 없었다(약 70% 전매)."[77]

이 일시불 상환 계고장이 동기가 되어 1971년 6월엔 시민아파트 주민 3천여 명이 시청 앞에서 시위를 벌이기도 했다. 그러나 박 정권은 늘 미봉책으로 대응하곤 했기 때문에 이런 문제들은 결국 1971년 8월 광주대단지 사건으로 폭발하게 되었다.

---

77) 정진동, 〈유신 정권 앞에 휘날렸던 산업선교 깃발이 오늘은 왜 휘날리지 못하나?〉, 박형규 목사 고희기념 문집 출판위원회 편, 『행동하는 신학 실천하는 신앙인』(사회평론, 1995), 166-167쪽.

김지하의 '오적(五賊)'

다섯 도둑의 부패상

정인숙 사건이 시사하듯이, 박정희 정권은 위에서부터 썩어 문드러지고 있었다. 시인 김지하는 이러한 부패상을 풍자한 〈오적(五賊)〉이라는 시를 『사상계』 1970년 5월호에 발표하였다. 〈오적〉은 재벌, 국회의원, 고급공무원, 장성, 장차관 등 다섯 도둑에 대해 통렬한 비판을 담은 풍자 담시였다.

(재벌) 재벌놈 재조 봐라/장관은 노랗게 굽고 차관은 벌겋게 삶아…/세금받은 은행 돈, 외국서 빚낸 돈/온갖 특혜 좋은 이권 모조리 꿀꺽/이쁜 년 꾀어 첩삼아, 밤낮으로 직신작신 새끼까지 여념없다/귀띔에 정보 얻고 수의계약 낙찰시켜/헐값에 땅 샀다가 길 뚫리면 한몫 잡고……
(국회의원) 조조같이 가는 실눈, 가래끓는 목소리로/혁명공약

모자 쓰고, 혁명공약 배지 차고/가래를 퉤퉤 골프채 번쩍…/우매
한 국민 저리 멀찍 비켜서랏/골프 좀 쳐야것다……

(고급공무원) 어허 저놈 봐라 낯짝 하나 더 붙었다/유들유들 숫
기도 좋거니와/산같이 높은 책상 바다 같이 깊은 의자 우뚝나직
걸터 앉아/쥐뿔도 공없는 놈이 하늘같이 높이 앉아/한손은 노땡
큐 다른 손은 땡큐땡큐/되는 것도 절대 안 돼 안 될 것도 문제없어
/책상 위엔 서류뭉치, 책상 밑엔 돈 뭉치/높은 놈껜 삽살개 낮은
놈엔 사냥개라/공금은 잘라 먹고 뇌물은 청해 먹고……

(장성) 엄동설한 막사없어 얼어죽는 쫄병들을/일만 하면 땀이
난다 온종일 사역시켜/막사 지을 재목갖다 제 집 크게 지어놓고/
부속차량 피복 연탄 부식에 봉급 위문품까지 떼어 먹고/배고파 탈
영한 놈 군기잡자 주어패서/영창에 집어넣고……

(장차관) 굶더라도 수출, 안 팔려도 증산/아사한 놈 뼉다귀로
현해탄 다리 놓아/가미사마 배알하잣/예산 몽땅 먹고 입찰에서
왕창 먹고/행여 냄새 날라 질근질근 껌 씹고 켄트 피워물고……[78]

부정부패 폭로는 북괴 주장에 동조하는 것이다?

원래 이 시가 『사상계』에 실렸을 때엔 아무런 문제가 되지 않았다. 이
시를 읽은 박정희는 크게 분노하였지만, 당시 중앙정보부장 김계원은 건
드리면 커지니 소리 없이 묻어 두는 게 낫다는 쪽으로 박정희를 달랬다.
후일 김계원은 〈오적〉에 대해 이렇게 말했다.

"문제의 시라는 걸 읽는 순간 경악했고 김지하는 참 머리가 좋은 사람
이라는 느낌이 들었다. 지금도 그 인상은 지워지지 않고 있다. 어떻게 그

---

78) 김충식, 『정치공작사령부 남산의 부장들 1』(동아일보사, 1992), 207-208쪽에서 재인용.

렇게 어려운 한자까지 갖다 붙여가며 썼는지……."[79]

박 정권은 〈오적〉이 실린 『사상계』 1970년 5월호를 서점에서 수거하고 앞으로 시판하지 않는다는 조건으로 〈오적〉을 눈감아 주기로 했다.[80] 그러나 이 시가 야당인 신민당 기관지 『민주전선』 1970년 6월 1일자에 전재되면서 정치 문제로 비화되었다. 당시 『민주전선』은 무려 10만 부씩이나 찍어 가두 판매하는 등 일종의 대안언론으로 기능하고 있었기 때문에 박 정권으로선 더 이상 용납하기 어려웠던 건지도 모른다. 박 정권은 부완혁과 김지하를 포함한 네 명을 구속하였다. 남한의 극심한 부패상 폭로는 '북괴 주장에의 동조'에 해당되는 것으로 반공법 위반이라는 것이었다. 『민주전선』엔 신민당 당수 유진산의 반대로 군장성 부분은 삭제된 채로 실렸는데도 이런 노력이 별 효과를 보지 못한 것이다.[81]

박 정권이 〈오적〉에 강경 대응한 것은 정인숙 사건과도 무관치 않았다. 〈오적〉에는 정인숙과 관련된 내용도 나오거니와 『민주전선』 2-3면에 걸쳐 실린, 정인숙 사건 관련 기사는 정인숙의 아들 정성일이 박정희의 자식일 것이라는 소문을 그대로 실었던 것이다.[82]

『사상계』 폐간, 『씨알의 소리』 창간

박 정권의 그러한 탄압과 더불어 어용 언론과 지식인은 〈오적〉을 용공좌경으로 성토하였지만,[83] 〈오적〉은 많은 사람들의 공감을 샀다. 당시 서울대 학생이었던 양길승은 다음과 같이 말한다.

"장장 20쪽이 넘게 숨 몰아 쉴 사이 없이 욕설과 쌍소리를 섞어 쏟아

79) 김충식, 『정치공작사령부 남산의 부장들 1』(동아일보사, 1992), 208-209쪽.
80) 김삼웅, 『한국곡필사 (1)』(신학문사, 1989), 193쪽.
81) 김충식, 위의 책, 208-209쪽.
82) 양평, 〈광인(狂人)의 광시(狂詩)〉, 『세계일보』, 2000년 6월 2일, 2면.
83) 김삼웅, 위의 책, 193쪽.

내는 이 〈오적〉은 동빙고동이라는 부유층의 주거지가 도둑촌이라 불리며 사회 문제가 되었을 때 그 도둑이 재벌, 국회의원, 고급공무원, 장성, 장차관이라는 것을 그야말로 속 시원히 풀어 준 시 아닌 시이다. 어찌 시가 그 당시의 현실을 담아낼 수 있을까? 서울대 상대에서 발간하던 『상대평론』에 담 하나를 사이에 두고 수영장을 집 안에 갖춘 호화주택과 판자촌이 다닥다닥 붙어 있는 화보가 실린 적이 있었다. 집 안에 엘리베이터 수준이 아니라 에스컬레이터를 놓고 실내 분수대에서 폭포를 감상하는 아방궁이 실제로 있었고, 바로 거기에서 별로 떨어지지 않은 판자촌에서는 어린 노동자와 풀빵 하나라도 더 먹으려고 10리도 넘는 길을 걸어다니는 노동자가 있었다. 아니 그보다 더 무참한 것은 1971년에 벌어진 소위 '광주(廣州)대단지 민란'이라고 불린 민중투쟁 때는 굶주리다 못해 말하기조차 끔찍하게 인육을 먹었다는 소문까지 떠돌 정도로 빈곤이 심각하였다. 그리고 그 빈곤은 부정과 부패, 즉 바로 이들 오적에 의해 조장되고 심화되고 창조되어 왔다는 것을 어떤 다른 방법으로나 또다른 이에 의해서는 그 이상 시원하게 노래할 수 없었을 것이다."[84]

이 사건으로 『사상계』의 발행이 중단되자 『조선일보』는 판권을 인수하여 계속 간행하려는 계획을 세우고 편집실까지 두었으나 판권 인수교섭이 여의치 않아 포기해 버렸다. 문공부는 1970년 9월 26일자로 『사상계』의 등록을 말소시켜 버렸는데, 부완혁의 소송 제기로 '사상계 등록취소 처분'을 취소하라는 원심 판결을 확정한 대법원 판결이 1972년 4월 26일에 나왔다. 그러나 여러 여건이 여의치 않아 『사상계』는 복간되지 못한 채 사라지고 말았다.[85]

『사상계』를 통해 큰 활약을 했던 함석헌은 1970년 4월에 개인 잡지인

---

84) 양길승, 〈1970년대-김지하: '오적' 그리고 '타는 목마름으로'〉, 『역사비평』, 제31호(1995년 겨울), 208쪽.
85) 정진석, 『한국 현대언론사론』(전예원, 1985), 234-235쪽.

『씨알의 소리』를 창간했다. 4월 19일에 창간호 3천 부를 발간한 이 잡지는 편집위원으로 계훈제, 김동길, 이태영, 장준하, 천관우 등을 영입하였으며 나중에 김성식, 안병무, 법정 등이 참여하였다.[86]

정부 고관들이 사는 '도둑 마을'

그런데 박정희는 〈오적〉에 대해 과연 어떤 생각을 했던 걸까? 고위층의 부정부패를 전혀 모르고 있었던 걸까? 오늘날에도 그렇지만 당시 박정희를 지지하는 사람들 가운데 상당수는 박정희가 부정부패를 없애기 위해 애를 썼다고 믿었다. 그건 과연 진실일까? 만약 그게 진실이라면, 왜 〈오적〉과 같은 시가 나오게 되었는지 알아보기 위해 애써야 했던 게 아닐까?

『사상계』는 이미 1970년 2월호에 정부의 고관들이 살고 있는 신흥 주택가인 동빙고동 일대가 '도둑 마을'로 불린다며 그 실태에 대해 다음과 같이 보도했다.

"이들 주택의 건축비는 최저 5천 내지 6천만 원에서 최고는 3억 원. 그런데 그곳 주인공들은 한 달에 몇 만 원의 봉급밖에 받지 못하는 전 · 현직 각료나 대통령 비서실을 중심으로 한 고급 관료이다.……건축 자재는 외국 수입품이 사용되고, 사치품의 수입을 규제하는 법률은 마이동풍, 건물의 유지비만도 매월 10만 원은 들며, 승용차 두 대, 옥내 엘리베이터, 응접실의 열대어 등 사치스럽기 그지없다. 개중에는 매달 수백만 원의 경비를 지출하는 경우도 있다고 하는데, 이들 주택이 계속 범죄 행위에 의해 유지된다는 결론을 내리지 않을 수 없다."[87]

---

86) 이 잡지는 1980년 4월 창간 10주년을 맞았는데, 당시 발행부수는 약 1만 부 가량이었다. 그러나 10주년을 맞은 지 3개월 후인 7월 31일 문공부가 172종의 정기간행물을 무더기로 등록 취소할 때에 폐간되었다. 정진석, 『한국 현대언론사론』(전예원, 1985), 236쪽.
87) 林建彦(하야시 다께히꼬), 최현 옮김, 『남북한 현대사』(삼민사, 1989), 229쪽에서 재인용.

1970년 3월에 발생한 병역 부정도 매우 심각한 수준이었다. 이것은 전국 11개소의 병무청 중에서 6명의 청장과 2명의 부청장, 그리고 사무관 등 24명이 해임되고, 민간인 476명, 군인 군속 71명이 군의 수사를 받은 사건이었다.[88] 국가안보를 신앙으로 내세운 박 정권하에서 이런 병역 부정이 발생했다는 것은 과연 무엇을 말하는 것이었을까?

무엇을 위한 5·16이었나

독재를 하더라도 부정과 부패만큼은 없애야 할 것 아닌가? 아니 독재의 목적이 그게 아니었나? 박정희는 『국가와 혁명과 나』에서 다음과 같이 말하지 않았던가?

"우리는 일을 하여야 한다. 고운 손으로는 살 수 없다. 고운 손아, 너로 말미암아 우리는 그만큼 못살게 되었고, 빼앗기고 살아 왔다. 소녀의 손이 고운 것은 미울 리 없겠지만, 전체 국민의 1% 내외의 저 특권 지배층의 손을 보았는가? 고운 손은 우리의 적이다. 보드라운 손결이 얼마나 우리의 마음을 할퀴고, 살을 앗아간 것인가. 우리는 이제 그러한 정객에 대하여 증오의 탄환을 발사하여 주자."[89]

그러나 이제 증오의 탄환을 맞아야 할 주범은 박정희와 그 일행이 되고 말았다. 박정희의 독재와 부정부패는 동전의 양면과도 같은 것이 되어 버렸다. 어느덧 박정희는 심각한 권력 중독증에 빠져 본말의 전도를 일삼게 된 것이다. 그러니 과거 박정희가 했던 말을 기억하는 사람들은 심한 배신감을 느끼지 않을 수 없었을 것이다. 당시 청와대 비서관이었던 김종신도 그런 사람 중의 하나였다. 그는 큰맘 먹고 박정희에게 다음과 같은 고언을 했다고 한다.

---

88) 林建彦(하야시 다께히꼬), 최현 옮김, 『남북한 현대사』(삼민사, 1989), 229-230쪽.
89) 박정희, 『국가와 혁명과 나』(지구촌, 1963, 재발간 1997), 275-276쪽.

"혁명 주체들이 정신을 차려야 되겠습니다. 5·16 혁명을 할 당시 그들의 생활과 지금의 생활을 비교 점검해 보셨습니까? 서울 시내를 걸으면 사람들이 높은 빌딩을 가리키며 '이것은 누구의 것, 저것은 누구의 것'이라 합니다. 시골에 가면 '저 산은 누구의 것, 저 들은 누구의 것' 하며 권력층 사람들의 이름이 오르내리고 있습니다. 저도 남자로서 충분히 이해는 합니다만, 지도층 사람들의 여자 관계가 문란한 것 같습니다. 영화배우나 탤런트가 화면에 비치면 고위층의 이름이 따라다닙니다. 공직자는 오만해지고 탐욕스러워져서 서민들과 거리가 생겨 민심이 이탈되고 있습니다. 공화당의 어떤 국회의원 후보는 선거에 떨어질 것으로 미리 점치고 선거자금이 나오면 다 쓰지 않고 돌려놓았다가 이자놀이나 하고 살아가겠다고 합니다."[90]

당시엔 이렇게 김종신처럼 순진한 생각을 하고 박정희를 지지한 사람들이 많았다. 그래서 김종신도 그런 고언을 드리면 박정희가 부끄러워하면서 무언가 깨달을 것이라고 믿었던 모양이다. 그러나 박정희가 보인 반응은 뜻밖의 것이었다. 김종신은 다음과 같이 말한다.

"권력층 사람들의 이름과 구체적인 사례를 들어 대통령에게 거침없이 말했다. 참고 듣고 있던 대통령이 아니나 다를까, 벼락을 내렸다. 무서운 일이라도 일어날 것만 같아 덜컥 겁부터 났다. 벌떡 일어난 대통령은 방안을 이리저리 헤매며 무엇인가를 찾기 시작했다. 어디서 담뱃갑을 찾아들었다. 담배를 뽑아 들고 불을 붙이는 그의 손과 턱은 심하게 떨리고 있었다. 그 전에도 몇 번 성난 대통령을 본 적이 있었지만 그 날처럼 무서운 얼굴은 처음으로 보았다. 대통령은 소리를 버럭 질렀다. '임자는 틀렸어! 왜 그런 말을 대통령에게 와서 하는 거야? 비서실장이나 경호실장에게는 해봤나?' 나는 대통령이 '나에게'라고 하지 않고 '대통령에게'라고

---

90) 김종신, 『박정희 대통령과 주변 사람들』(한국논단, 1997), 204쪽.

자신을 지칭하는 데서 비위가 상했다. '그런 사람들에게는 말할 필요가 없습니다', '왜!', '오늘 제가 각하께 드리는 말씀은 비서관이 대통령에게 드리는 말씀이 아닙니다. 한 인간이 존경하는 어른에게 마음속에서 우러나오는 말씀을 드리는 것입니다.' 대통령은 어이없다는 표정으로 줄담배만 계속 피워 대며 나를 노려보고 있었다. 그 즈음 대통령은 담배를 끊고 있었다."[91]

할복 자살할 용기가 있는가

김종신의 이 고언으로 인해 청와대엔 난리가 났다. 김종신이 용납할 수 없는 '하극상'을 범했다는 말까지 나왔다. 김종신은 대통령 비서실장에게 불려갔다 나오면서 혁명 주체의 한 사람인 대변인 강상욱을 면전에서 다음과 같이 공박했다고 말한다.

"당신들이 5·16 혁명을 할 때 무슨 마음가짐으로 했나? 혁명 일성(一聲)으로 '나라의 장래를 우려해 오다가 일어선 것이다'라고 했었다. 이 땅에서 부정부패를 일소하고 참신한 기풍을 진작시켜 흐뜨러진 국가기강을 바로잡고 조속한 시일 내에 원대 복귀하겠다고 말하지 않았나? 돈이면 최고라고 하는 황금만능주의에 오염된 사회풍조를 바로잡고 '성실한 사람이 잘사는 사회, 도덕이 존재하는 희망찬 국가를 재건할 기틀을 잡겠다' 하기에 나도 당신들의 의욕에 공감, 고무된 바 있었다. 지금의 당신들은 어떠한가? 고루한 구정치인들의 전철을 그대로 답습하며 정치자금 염출이라는 미명 아래 축재에 눈이 어두워 색깔도 구분 못하고 있다. 선거하는 데 돈이 필요한 것은 사실이지만, 혁명을 주도한 당신들은 무슨 구변으로 이를 합리화시킬 수 있겠는가? 나는 김지하라는 시인이

91) 김종신, 『박정희 대통령과 주변 사람들』(한국논단, 1997), 204-205쪽.

쓴 〈오적〉을 읽고 분통을 금치 못했다. 박 대통령이 도둑의 깃발을 든 돼지로 둔갑되어 정 여인의 앞가슴을 입에 물고 있는 그림도 보았다. 당신들이 양심의 가책을 받지 않고 진정한 용기가 있는 사람들이라면 〈오적〉을 떳떳이 국민들에게 공개하고 김지하를 공개 처벌해야 한다. 그렇지 않으면 〈오적〉을 사실대로 시인하고 할복 자살이라도 할 용기가 있는가? 이러지도 저러지도 못하는 비겁자들이라면 모두 공직에서 깨끗이 물러나 주기를 바란다."[92]

그러나 결국 물러난 건 김종신이었다. 박 정권 수뇌부는 말할 것도 없고 박정희부터 이미 썩을 대로 썩어 있었던 것이다. 김종신은 고위층의 부정부패를 눈감아 주지 않고선 독재권력의 유지가 어렵다는 걸 미처 몰랐을 것이다.

박정희는 무력만으로 정권을 유지한 것이 아니었다. 매수와 포섭을 위해 늘 정치자금이 필요했다. 나중에 박정희가 죽은 뒤 청와대 금고에서 엄청난 돈이 쏟아져 나온 것도 바로 그런 성격의 자금이었던 것이다. 그렇게 박정희부터 부정부패를 저지르고 있는데, 고위층 스스로 저지르는 부정부패에 대해 어떻게 칼을 빼들 수 있겠는가?

---

92) 김종신, 『박정희 대통령과 주변 사람들』(한국논단, 1997), 206~207쪽.

경부고속도로 개통

박정희의 '원맨쇼'

날림공사가 판을 치고 부정부패가 창궐하는 가운데도 경제개발의 가시적인 성과는 하나둘 쌓여갔다. 1970년 7월 7일에 개통된 경부고속도로가 가장 드라마틱한 성과일 것이다. 많은 사람들에게 경부고속도로는 "가슴이 뛸 정도로 흥분되는 민족사적 금자탑"[93]으로 다가왔다. 박정희가 7월 7일 부산 공설운동장에서 열린 준공식에서 "이 공사는 민족의 피와 땀과 의지의 결정이며 민족적인 대예술 작품"이라고 말한 것에 대해,[94] 이의를 제기할 사람은 많지 않았을 것이다.

추풍령에 세워진 준공기념탑 전면에는 "서울-부산간 고속도로는 조국 근대화의 길이며 국토 통일의 길이다. 1970년 7월 7일 대통령 박정

---

93) 김용환, 『임자, 자네가 사령관 아닌가: 김용환 회고록』(매일경제신문사, 2002), 52쪽.
94) 손정목, 〈현대사 다시 쓴다·경부고속도 개통: 64년 독 아우토반 주행 후 박 대통령 '대역사' 결심〉, 『한국일보』, 1999년 8월 17일, 14면.

희"라는 글이 새겨져 있고, 후면에는 건설부 장관 이한림의 다음과 같은 글이 새겨져 있다.

"이 고속도로는 박 대통령 각하의 역사적 영단과 직접 지휘 아래 우리 나라의 재원과 우리 나라의 기술과 우리 나라 사람들의 힘으로 세계 고속도로 건설사상에 있어 가장 짧은 시간에 이루어진, 조국 근대화의 목표를 향해 가는 우리들의 영광스러운 자랑이다. 1970년 7월 7일 건설부 장관 이한림"[95]

실제로 그랬다. 경부고속도로가 박정희의 작품이라는 증언은 무수히 많다. 박정희의 경제 브레인 오원철은 다음과 같이 말한다. "경부고속도로는 박정희 대통령의 작품이다. 구상부터 계획, 감독, 검사를 혼자서 해 냈다. 박 대통령은 우리 나라 고속도로의 창시자요 대부이다. 경부고속도로는 역사상 박정희고속도로로 남을 것이다."[96]

경부고속도로 건설에 참여한 현대건설의 정주영은 다음과 같이 말한다. "박 대통령은 침실 머리맡에 공사 진척 상황표를 붙여 놓고 매일 전화로 체크해 가면서 헬기로, 자동차로, 경호원 없이 혼자, 현장을 돌아보았다.……대통령은 고속도로에 관한 얘기를 하고자 시도 때도 없이 밤중이건 새벽이건 나를 찾았다. 식사도 같이 많이 했고 막걸리도 함께 많이 마셨고 나라 경제 얘기도 많이 나누었다."[97]

한국도로공사 간행 『한국도로공사 15년사』는 다음과 같이 말한다. "고속도로를 하나의 거대한 합창이나 교향악에 비유한다면 우리 나라 고속도로, 특히 서울-부산간 고속도로는 박정희 대통령의 작곡·작사·지휘로 이루어진 불멸의 일대 걸작품이라 할 수 있다."[98]

경부고속도로의 서울-수원간은 1968년 12월 21일, 수원-오산간은

---

95) 김정렴, 『한국경제정책 30년사: 김정렴 회고록』(중앙일보사, 1995), 243~244쪽에서 재인용.
96) 오원철, 『한국형 경제건설 2』(기아경제연구소, 1996), 293쪽.
97) 정주영, 『이 땅에 태어나서: 나의 살아온 이야기』(솔, 1998), 118~119쪽.
98) 김정렴, 위의 책, 242쪽에서 재인용.

경부고속도로 개통식에 참석한 박정희 대통령. 경부고속도로는 세계에서 가장 싼 건설비로, 가장 빠르게 공사가 진행되었다. 오른쪽으로는 정주영 현대건설 사장이 보인다.

1968년 12월 30일, 오산-천안간은 1969년 9월 29일, 천안-대전간은 1969년 12월 10일, 대구-부산간은 1969년 12월 29일에 개통되었다. 경부고속도로 건설공사의 공식적인 착공일은 1968년 12월 1일로 되어 있지만, 서울-오산간의 공사는 그보다 훨씬 앞선 1967년 11월부터 시작되었기 때문에 정확한 착공일이 언제인지는 아무도 모른다. 이와 관련 서울시립대 교수 손정목은 다음과 같이 말한다.

"단 한푼의 예산 뒷받침이 없는 사전공사였다. 또 이 공사는 초기 설계도 채 끝나기 전에 시작됐다. 즉 설계와 공사가 병행되고 있었던 것이다. 노선 결정은 물론 공정 계획까지도 박 대통령이 직접 지휘했던, '원맨쇼'였다는 표현이 과장이 아닐 정도였다."[99]

후일 박정희도 자신의 '원맨쇼'를 즐겼다. 그는 늘 고속도로만 달리고 오면 기분이 좋았다. 왜? "내 스스로가 그린 그림을 보는 것 같아…… 고속도로는 내 작품 같기도 하고 내 아들딸 같기도 해"라는 게 그의 답이었다.[100]

건설공사인가 군사작전인가

박정희가 경부고속도로 건설을 결심하기까지엔 1964년 서독 대통령 뤼브케의 초청으로 서독을 방문했을 때 본에서 쾰른까지 20킬로미터 구간의 아우토반(고속도로)을 왕복으로 달려 본 경험이 큰 영향을 미쳤다. 그는 당시 두 차례나 도로 중간에서 차를 멈추게 하고 이것저것을 살펴볼 만큼 지대한 관심을 표명했다. 총리 에르하르트와 면담할 때에도 고속도로가 화제가 되었고, 서독의 경제 번영에 아우토반이 큰 기여를 했다는 에르하르트의 말에 박정희는 큰 감명을 받았다고 한다.[101]

경부고속도로엔 긴 교량 32개소, 중소 교량 328개소, 횡단통로 456개소, 터널 12개소가 있으며, 연동원 인원은 9백만 명에 이르렀다. 경부고속도로 건설은 429킬로미터 공사에 429억 원이 들어갔다. 1킬로미터당 1억 원이 들어간 것으로 일본의 동명고속도로 건설비의 8분의 1 수준에 지나지 않는 것이었다. 이는 "세계에서 가장 싼 건설비로, 가장 빠른 시간 안에 공사를 마친 것"이었다.[102]

그게 어떻게 가능했을까? 건설공사라기보다는 군사작전이었다고 보면 될 것이다. 박정희의 경제 브레인 오원철이 고속도로 건설 동기, 추진

99) 손정목, 〈현대사 다시 쓴다·경부고속도 개통: 64년 독 아우토반 주행 후 박 대통령 '대역사' 결심〉, 『한국일보』, 1999년 8월 17일, 14면.
100) 〈집중연재 박정희 육성증언: 선우연 공보비서관, 8년간의 육성 비망록 여섯 권, 역사적인 대공개!〉, 『월간조선』, 1993년 3월, 154쪽.
101) 홍하상, 『카리스마 vs 카리스마 이병철·정주영』(한국경제신문, 2001), 157-158쪽.
102) 홍하상, 위의 책, 162쪽.

방법, 공사 방식이 모두 군대식이었다고 말한 건 정곡을 찌른 것이다.[103] 청와대 비서실장 김정렴도 "박 대통령이 현장을 돌며 마치 전쟁처럼 지휘한 것이 경부고속도로 건설이다. 박 대통령은 선전을 포고하고 전략을 세웠으며 직접 전투병사들을 지휘했다"라고 말한다.[104]

건설은 이미 태국에 진출해 세계은행 차관으로 고속도로를 건설한 경험이 있는 현대건설이 전 구간의 5분의 2를 시공했고, 나머지는 15개 국내 건설업체와 육군 건설공병단 3개 대대가 맡았다. 현대건설 사주 정주영은 박정희 못지 않은 군대식 건설의 대가였고, 육군 건설공병단 투입은 말할 것도 없고 감독도 군이 맡아서 했다는 점에서, 경부고속도로 건설은 가난한 나라에서 군대식 방법이 보여 줄 수 있는 최상의 성과였다고 볼 수도 있을 것이다.

77명의 생명을 바친 경부고속도로

경부고속도로는 원래 1971년 6월 30일 개통 예정이었다. 김정렴은 다음과 같이 말한다. "박 대통령은 당초 1971년 6월 30일로 예정한 경부고속도로 전선(全線) 개통 공기를 1년 앞당겨 1970년 6월 30일까지 준공할 것을 지시했다. 이에 따라 공구별 조기완공을 서두르게 되었다."[105]

왜 그랬을까? 아마도 1971년 대선을 염두에 두었을 듯하다. 또 "박 대통령이 고속도로 건설을 서두른 데는 경제개발의 본격화에 따른 철도 수송의 과포화와 울산 정유공장 건설 이후 공급 과잉 상태에 놓인 아스팔트 처리라는 경제적 요인도 한몫을 했다"라는 것도 참고할 필요가 있겠다.[106]

---

103) 오원철, 『한국형 경제건설 2』(기아경제연구소, 1996), 299~307쪽.
104) 김정렴, 『아, 박정희: 김정렴 정치회고록』(중앙 M&B, 1997), 120쪽.
105) 김정렴, 『한국경제정책 30년사: 김정렴 회고록』(중앙일보사, 1995), 241쪽.
106) 중앙일보 특별취재팀, 『실록 박정희』(중앙 M&B, 1998), 186쪽.

그렇게 서둘러 건설했으니 부작용이 없을 리 없었다. 무엇보다도 안전은 운에 맡겼다. 건설중 사망자가 77명이나 나온 것도,[107] 바로 그런 이유 때문이었을 것이다. 당연히 부실공사도 피하기 어려웠을 것이다. 그러나 당시 상황에선 그런 정도의 '부실'은 '필요악'이 아니었겠느냐는 시각도 있다.

"'선 개통 후 보완'이란 원칙 아래 서둘러 완공한 경부고속도로는 후에 땜질공사로 몸살을 앓았다. 1990년 말까지 경부고속도로 보수비는 약 1,527억 원으로 건설비의 4배에 가까운 비용이 들었다. '누더기 고속도로'란 별명도 이 때문에 생겼다. 하지만 당시 가난한 나라 살림에 허술하나마 고속도로를 만든 덕분으로 경제발전의 기틀이 마련되었다는 반론은 설득력을 가진다. 선진국 수준으로 건설하려 했다면 비용도 비용이려니와 12년의 세월은 소요되었을 것이라는 지적이다."[108]

경부고속도로는 한국 경제의 얼굴을 바꾼 70년대의 큰 출발점이었음이 틀림없다. 그러나 경부고속도로는 희망과 번영만 실어 나른 게 아니었다. 박승옥이 지적했듯이, "낙원으로의 지름길로 선전되던 고속도로 끝에는 지옥 같은 도시의 '다락방'이 있었다. 칠십 년 십일월 십삼일 청년노동자 전태일의 분신으로 사회적 주목을 끌었던 평화시장의 다락방은, 칠십 년대 노동자들의 생활상을 단적으로 나타내는 하나의 상징이었다."[109]

107) 오원철, 『한국형 경제건설 2』(기아경제연구소, 1996), 294쪽.
108) 중앙일보 특별취재팀, 『실록 박정희』(중앙 M&B, 1998), 189쪽.
109) 박승옥, 〈1970년대-'고속도로'와 '닭장집'〉, 『역사비평』, 제13호(1991년 여름), 117쪽.

경부고속도로와 문화

'고속도로의 문학'

"서울-수원 고속도로가 처음으로 개통된 68년 12월 12일, 양재동 톨게이트에서 테이프를 끊고 시주(試走)한 박 대통령의 뒤를 따라간 내빈들의 차는 거의가 지프였다. 그 지프의 대다수가 대통령의 차를 따라가지 못했으며, 따라갔던 차들은 대부분 정비공장 신세를 져야 했다. 이 일을 계기로 당시 국내를 휩쓸던 지프는 얼마 안 돼 승용차로 대체된다. 이른바 자동차시대가 열린 것이다."[110]

경부고속도로 개통과 비슷한 시기에 자동차 공장들이 세워지기 시작하면서 한국 사회는 새로운 자동차 문화 시대로 진입하게 되었다. 당시엔 국산 승용차가 매우 부실해 돈깨나 있거나 권력이 있는 사람들은 대

---

110) 손정목, 〈현대사 다시 쓴다 · 경부고속도 개통: 64년 독 아우토반 주행 후 박 대통령 '대역사' 결심〉, 『한국일보』, 1999년 8월 17일, 14면.

부분 미군 부대에서 흘러나온 미제 승용차들을 타고 다녔다. 이런 차들은 불법 위장 번호판을 붙이고 다녔는데, 1971년엔 내무부가 일제 단속을 해 7-8월 두 달 사이에 7백여 개의 번호판을 회수한 적도 있었다.[111]

지금은 '일일생활권'이라는 말이 너무도 당연하게 생각되겠지만, 당시로서는 그건 생소한 개념이었다. 서울에서 대전까지 버스를 타고 가는데에 8시간이 걸리던 시절이었으니, 서울에서 아침 먹고 부산에서 점심 먹는다는 게 놀라운 일로 여겨졌던 것이다.[112]

경부고속도로가 개통되었을 때 텔레비전은 고속도로가 기존 도로와 얼마나 다른가를 보여 주기 위해 승용차 보닛(bonnet) 위에 물을 넣은 유리잔을 놓고 달리는 모습을 보여 주었다. 아나운서는 "자, 보십시오. 물이 흔들리지 않습니다"라고 말하면서 자신이 마치 무슨 마술이라도 보여 주는 듯 자랑스러운 표정을 지었다. 이는 이동중 책을 읽는 데 있어서 고속버스가 결코 기차에 뒤지지 않는다는 걸 말해 주는 것이기도 했다. 그래서 고속도로는 대중문화에도 적지 않은 영향을 미쳤다. 강현두는 다음과 같이 말한다.

"전국을 1일생활권으로 잇는 고속도로망이 이루어지고 사람들의 생활 영역이 갑자기 확대되었다. 장거리 여행하는 사람들이 엄청나게 늘어났다. 시외버스 정류장마다 철도역마다 뉴스 스탠드에는 대중적 주간지, 저급지들이 쌓여 있다. 여행자들이 대중지를 찾기 때문이다.……현대 한국 사회의 대중적 주간지들 역시 영국 사회의 철도문학이 그러했던 것처럼 여행객들이 고속버스 안에서의 무료함을 잊기 위해 또 오락을 위해서 찾는 '읽을거리'이고 '도피물'이다. 그래서 고속버스나 기차로 먼 여행을 떠나는 한국의 여행객들은 한 권의 대중지를 들고 차 내에 들어간다.

---

111) 조용중, 〈1971년 '10·2 항명파동'의 전말: 대정객 김성곤, 박정희에 항명하다!〉, 『월간조선』, 1995년 4월, 661쪽.
112) 홍하상, 『카리스마 vs 카리스마 이병철·정주영』(한국경제신문, 2001), 163쪽.

말하자면 우리의 대중적 주간지들은 영국의 철도문학처럼 '고속도로의 문학'인 것이다."[113]

시골과 자연의 상징으로 밀려난 기차

고속버스 여차장도 새로운 인기 직종으로 등장했다. 시내버스 여차장 제는 1961년 6월 17일 처음으로 도입된 이래 여차장은 사회의 박대를 받는 직업이었지만, 고속버스 여차장은 지금의 비행기 스튜어디스만큼 각광을 받는 직업으로 떠올랐던 것이다.

그때까지 가장 빠른 육로 교통 수단이었던 기차는 뒤로 밀려나고 말았다. 철도는 한동안 도시와 근대화의 이미지로 각광을 받았지만, 이젠 그 자리를 고속도로에 내주게 된 것이다. 이와 같은 변화는 가요에도 반영되었는데, 가요평론가 이영미는 다음과 같이 말한다.

"70년대에 이르면, 이제 기차는 도시와 근대화의 느낌이 아닌, 시골과 자연을 연상시키는 사물이 된다. 완전히 도시인의 시점에서 기차를 보기 때문이다. 험한 서울 생활에 찌든 가난한 이농민은 향수에 젖어 나훈아의 〈고향역〉을 부르며, 대학생들은 서울의 문명에는 없는 순수함을 찾아 삼등 완행열차를 타고 동해 바다로 달린다(송창식 〈고래사냥〉)."[114]

고속도로가 농촌에 미친 영향

고속도로는 농촌에도 큰 영향을 미쳤다. 고속도로 개통 이전만 해도 농촌 인심은 매우 순박했다. 사실 바로 그 덕분에 고속도로 용지도 쉽게

113) 강현두, 〈현대 한국 사회와 대중문화〉 강현두 편, 『한국의 대중문화』(나남, 1987), 26-27쪽.
114) 이영미, 〈'이별' 그리고 '여행' : 가요에 담긴 기차의 이미지〉, 『시사저널』, 1999년 8월 26일, 67면.

확보할 수 있었다. 손정목은 다음과 같이 말한다.

"당시만 하더라도 민심은 한없이 순박했었다. 고속도로 용지 대금을 낮추는 것이 곧 애국하는 길로 생각됐고, 백성들도 그렇게 믿고 따랐다. 582만 7,000평 용지 대금으로 지급된 총액이 18억 7,667만 3,000원이 었으니, 평당 평균 236원으로 매수한 것이다. 아무리 30년 전의 일이라 해도 믿을 수 없이 싼값이다. 담배 한 갑에 40원(파고다), 쌀 한 가마에 4,350원 하던 때였다."[115]

그러나 고속도로 개통 이후 달라지기 시작했다. 1967년 12월 경부고속도로 건설 계획이 발표되고, 뒤이어 1970년 1월 서울의 강남개발계획 발표 이후 부동산 투기가 극성을 부려 수도권 토지는 '돈 놓고 돈 먹기 판'이 되어 버렸다.[116] 바로 이런 투기 열풍이 농촌까지 파고 들어간 것이다.

고속도로 건설은 땅값에 영향을 미쳐 영농의 영세화를 초래하고 농민들의 주거지 상실로 인한 이촌 현상을 유발시켰다. 게다가 고속도로 건설회사가 주변의 젊은 청년들을 고용함으로써 영농 의욕의 감퇴와 노동력 부족 현상을 야기시켰다.[117] 급속하게 진행된 고속도로 주변의 지붕개량 사업은 농민들에게 부담을 주고 정부에 대한 반발 의식까지 자아내게 만들었다.[118] 홍승직은 고속도로가 농촌에 미친 영향을 크게 세 가지로 나누어 지적한다.

"첫째, 토지분쟁을 들 수 있다. 토지분쟁의 주요 내용은 종중토지의 불법매매, 토지의 2중매매, 매매문서의 위조, 소유권 등기상의 부실로 인한 분쟁, 국유지 사용권을 중심으로 한 분쟁 등이다. 이러한 분쟁은 가

---

115) 손정목, 〈현대사 다시 쓴다 · 경부고속도 개통: 64년 독 아우토반 주행 후 박 대통령 '대역사' 결심〉, 『한국일보』, 1999년 8월 17일, 14면.
116) 임철, 『통일 한국의 땅 이야기: 토지제도가 바로 서야 나라가 바로 선다』(동연, 1995), 97쪽.
117) 홍승직, 〈고속도로와 사회변동〉, 임희섭 · 박길성 공편, 『오늘의 한국사회』(나남, 1993), 498쪽.
118) 홍승직, 위의 글, 502쪽.

족, 친족간의 갈등은 물론 일확천금을 노리는 투기적 요소를 조장하여 농민들에게 충동과 동요의 원인이 되었다. 이외에도 행정당국의 토지매입 보상금액의 지연 지급이나 소규모 토지 소유자의 보상청구시의 비용 등으로 농민들이 많은 불편을 느꼈다. 둘째 문제는 영농 의식의 상실이다. 이것은 건설 노동임금의 상승으로 인한 농업임금의 상승, 농업보다는 부업에 종사하는 것이 이해타산에 유리하다는 의식의 증가, 젊고 유능한 젊은이들이 도시 및 타지역으로의 전출, 지가상승으로 농지매각 및 이직의 증가, 접촉 빈도의 증가에 따라 도시 지역에 비해 농민들의 열등 의식 증가 때문이었다. 셋째는 농민들의 생활 태도와 심리에 관한 문제이다. 고속도로의 건설로 인해 부락이 인위적으로 분리되어 공동체 의식에 금이 가고, 고속도로 건설업자나 노무자들이 유입하여 이질적인 생활 태도(영리주의, 임금주의, 이기주의)와 문화 요소를 도입함으로써 농민들과 갈등하기도 하였다. 그러나 전반적으로 고속도로 주변의 농민들은 소비 지향적인 태도를 가지게 되었고, 영리주의, 이기주의, 개인주의 등의 이해타산적 사고 방식이 크게 강화되었다."[119]

---

119) 홍승직, 〈고속도로와 사회변동〉, 임희섭 · 박길성 공편, 『오늘의 한국사회』(나남, 1993), 503-504쪽.

경부고속도로와 지역 갈등

지역 균형 발전을 외면한 경부고속도로

경부고속도로 건설은 1967년 4월 29일 박정희의 대선 공약으로 공표되었다. 경부고속도로 계획이 발표된 직후 월간 『세대』 1968년 1월호에서 각계 인사 100명에게 찬반 여부를 조사한 결과, 68%가 무조건 찬성, 27%가 조건부 찬성이었고, 반대는 5%에 지나지 않는 것으로 나타났다.[120]

그러나 이런 조사 결과만으론 파악하기 어려운 반대의 목소리도 높았는데, 그건 지역 균형 발전과 관련된 문제 때문이었다. 세계은행의 자매기구인 국제개발협회가 "경부고속도로와 같은 남북종단보다는 횡단도로가 더 시급하다"라며 차관 지원에 난색을 표한 것도,[121] 바로 그런 문제와

---

120) 한상진, 〈고속도로와 지역불균등 발전〉, 『역사비평』 편집위원회, 『논쟁으로 본 한국사회 100년』(역사비평사, 2000), 303쪽.
121) 김용환, 『임자, 자네가 사령관 아닌가: 김용환 회고록』(매일경제신문사, 2002), 54쪽.

관련된 것이었다. 특히 호남 차별의 문제가 심각했는데, 이상우는 "제6대 대통령 선거가 실시되던 67년 무렵에는 '호남 푸대접' 론이 한창 비등하던 시기였다"라며 다음과 같이 말한다.

"호남권익보장투쟁위원회 혹은 호남지방근대화추진위원회 같은 기구가 호남 전역의 유력 인사들에 의해 조직되었는가 하면 호남 출신 국회의원들이 정부를 상대로 편중적인 정책시정을 건의하기도 했고, 호남 푸대접의 실상을 박 대통령에게 직접 서한으로 호소한 사람도 있었다. 정부도 공개적으로는 호남 푸대접 시정과 지역간의 균형 있는 발전을 기회 있을 때마다 다짐했다. 그러나 이러한 다짐에는 제대로 실행이 따르지 못했다. 제2차 5개년 계획이 마무리되어 가던 60년대 말에 이르도록 호남 지방에는 이렇다 할 공장 하나, 그리고 반듯한 도로 하나 건설되지 않았다. 6대 대통령 선거 때 호남인들을 무마하기 위해 박정희 후보는 호남 푸대접의 상징처럼 되었던 호남선의 복선화를 공약했으나 착공만 됐을 뿐, 실제 공사는 조금도 진척되지 않았다."[122]

사정이 그와 같았으니, 적어도 호남인들은 기존의 호남 차별을 강화시킬 게 뻔한 경부고속도로 건설에 찬성하기 어려웠던 것이다. 그래서 경부고속도로 건설 계획이 발표된 1967년 정치권에선 지역 균형 발전과 관련하여 뜨거운 논쟁이 일었다. 이에 대해 울산대 교수 한상진은 "고속도로 건설이 지역 불균등 발전을 가져온다는 반대 진영의 논객으로는 당시 건설위원회 소속 국회의원이었던 김대중이 단연 돋보였다"라며 다음과 같이 말한다.

"그는 고속도로 건설 자체에 대해서는 사회간접자본을 확충하는 것이기 때문에 자랑과 긍지를 느낄 일이라고 보았다. 그럼에도 그는 1967년의 제62회 국회건설위원회에서 경부고속도로 건설에 대해 '머리보다 다

122) 이상우, 『박 정권 18년: 그 권력의 내막』(동아일보사, 1986), 341-342쪽.

리가 크고 양팔과 오른쪽 다리가 말라버린 기형아 같은 건설'이라고 규정했다. 그 의미는 두말할 나위 없이 영남 지역으로의 교통망 집중이 강원·호남과의 불균형을 심화시킨다는 것이었다. 당시 목포가 지역구였던 김대중은 그렇다고 해서 호남의 푸대접만 강조한 것은 아니었다. 그는 1968년의 제63회 국회건설위원회에서 IBRD의 보고서에 근거하여, 서울-부산간에는 철도망과 국도·지방도가 잘 갖추어져 있으므로 오히려 서울-강릉간 고속도로를 가장 먼저 건설해야 한다고 주장했다. 강원도에는 지하자원과 관광지가 많음에도 불구하고 아예 철도조차 없다는 이유였다. 물론 호남 차별 정책도 거론하여, 경부선 복선철도에 비해 호남선 철도는 단선인데다가 그나마 낡아빠졌는데도 경부고속도로를 우선 추진하는 것에 강력히 반발했다."[123]

투표 성향으로 나타난 소외감

그러나 그런 반발에도 불구하고 경부고속도로 공사는 1968년 11월에 착공되었으며(기공식 12월 1일), 바로 그때에 울산에서는 현대자동차 공장이 정식으로 가동되었다. 경부고속도로가 준공된 1970년 7월에 이르러 개발독재의 화려한 성과는 드러난 셈이었지만, 그건 그 이후 한국 사회를 지역 갈등의 수렁에 빠뜨리게 만드는 서막이기도 했다. 한상진은 "적어도 1963년 5대 대통령 선거 때까지 우리 나라에는 지역주의 투표 행태가 없었다"라며 다음과 같이 말한다.

"그러나 1차 경제개발계획을 통해 울산공업센터가 조성되고 1967년부터 시행된 2차 경제개발계획에서는 포항의 제철소 입지가 결정되면서

---

123) 한상진, 〈고속도로와 지역불균등 발전〉, 『역사비평』 편집위원회, 『논쟁으로 본 한국사회 100년』(역사비평사, 2000), 306쪽.

1967년의 6대 대통령 선거 때는 호남 주민들의 소외감이 투표 성향으로 감지되기 시작했다. 영남과 충북·강원에서는 박정희가 압승한 반면, 서울·경기·충남과 함께 호남에서는 4년 전과 달리 윤보선이 이겼던 것이다. 하지만 이때까지는 다른 지방에 비해 영남에 개발이 집중된다는 가시적인 증거가 없었다. 그런 와중에 건설에 들어간 경부고속도로는 차츰 싹트고 있던 지역 불균등 발전에 대한 심증을 물증으로 바꾸어 놓을 만한 것이었다."[124]

그렇다면 경부고속도로 건설을 강행한 박 정권의 생각은 어떤 것이었던가? 박 정권은 경부고속도로 건설 계획을 발표하면서 다음과 같이 말했다.

> 1. 경부고속도로 건설은 우리 나라 전체 인구의 63%가 살고 있는 서울·경기·충청·경상도 지방에 교통편의를 제공하고, 국민총생산의 66%, 공업생산액의 81%에 해당하는 생산액을 가진 서울-부산을 연결해서 경제적 이익을 도모하며,
> 2. 서울-부산 지역의 도로에 우리 나라 전체 자동차의 81%가 지나고 있고,
> 3. 서울-부산 철도의 수송 능력은 이미 한계점에 달해, 고속도로 건설로 수송 부담을 줄여야 하며,
> 4. 우리 나라 해상수송량의 55%를 담당하는 부산-인천의 2개 항을 고속도로로 연결, 수입과 수출의 효율화를 제고한다.[125]

---

124) 한상진, 〈고속도로와 지역불균등 발전〉, 『논쟁으로 본 한국사회 100년』(역사비평사, 2000), 302-303쪽.
125) 홍하상, 『카리스마 vs 카리스마 이병철·정주영』(한국경제신문, 2001), 158쪽.

공약(空約)이 된 호남선 복선화

그러나 이건 이미 호남을 차별해 놓고 그 차별의 결과로 나타난 일을 근거로 삼아 또 한번 차별하는 꼴이었다. 이상우는 60년대 박 정권의 호남 차별에 대해 다음과 같이 말한다.

"박 정권 10년간에 정부는 대일청구권 자금을 포함하여 도합 26억 달러의 외국차관을 들여와, 이 자금으로 영남 지방에다 울산공업단지를 비롯한 대소 산업지대를 형성했으나 호남 지역에는 하나의 공업단지도 건설하지 않았다. 이 동안에 호남지대에 세워진 공장은 여수의 호남정유와 호남화력발전소, 그리고 광주의 아세아자동차 공장 등 3개뿐이었다. 이 3개 공장마저도 소유주는 영남 사람이었다. 언필칭 농업지대라고 하여 산업공장보다는 농업 투자를 우선해야 한다고 설명했으면서도 전북 지역에는 비료공장 하나, 농기구공장 하나 제대로 건설하지 않았다."[126]

그렇다면 철도는 어떠했던가? 박정희는 1967년 6대 대통령 선거 때 호남 푸대접을 들고 나온 호남인들의 불만을 무마하기 위해 호남선 복선화를 공약했다. 그러나 이것은 착공만 했을 뿐 실제 공사는 조금도 진척이 없었다. 1978년 3월 30일 겨우 대전-이리(익산)간 복선이 개통되었을 뿐이고, 이 문제는 90년대까지도 국회에서 논란이 되었다.[127]

공단의 집중적 배치는 말할 것도 없고 경부고속도로까지 가세해, 70년대 내내 "전라남·북도와 강원도는 만성적인 인구 감소 지역이 되었고, 경상남·북도의 신흥공업도시는 높은 인구성장률을 보여 한국 공업의

---

126) 이상우, 『박 정권 18년: 그 권력의 내막』(동아일보사, 1986), 346쪽.

127) 1993년 10월 5일 경제기획원에 대한 국정감사에서 민주당 의원 조세형은 "경부고속철도사업을 중단하고 재래철도 및 고속도로 등의 사업에 투자해야 한다"라고 주장한 적이 있다. 이에 대해 부총리 이경식이 "경부고속철도사업에 이어 호남고속철도사업도 추진할 계획"이라며 민주당의 공세를 피하려 하자 조세형은 호남선의 복선화에 30년이 걸렸다며 "굼벵이도 30년이면 서울에서 광주까지 갈 수 있다"라고 반격을 가하였다. 그러나 그때까지도 호남선의 복선화는 완료되지 않은 상태였다. 강준만, 『전라도 죽이기』(개마고원, 1995), 50쪽.

지역적 불균형성을 반영하게 되었다."[128]

문제는 어느 지역이 더 잘살고 못 살고 하는 차원을 떠나 먹고살 길이 없어진 호남인들이 대거 고향을 떠나게 되면서 호남인들이 타지역 사람에게 '이지메'를 당하게 되었고, 이는 결국 한국 정치마저 극심한 지역주의 구도로 바뀌게 만드는 결과를 초래하게 되었다는 사실이다.

호남인의 호남 탈출

호남인의 호남 탈출은 어느 정도였던가? 경북대 지리학과 교수 박찬석이 『동아일보』 1991년 5월 30일자에 기고한 글에서 한 다음과 같은 말은 많은 것을 시사해 준다.

"산업화 이전인 1939년의 인구 구성을 보면 영남인이 1천5백만 명으로 남한 전체 인구의 35.5%, 그리고 호남인이 1천2백9만 명으로 30.0%였다. 산업화 과정에서 이주가 있었지만 인구의 자연 증가에서는 영호남 간의 차이가 없었을 것이다. 따라서 현재에도 1939년과 같은 비율의 영호남 출신 사람들이 전국에 흩어져 살고 있다고 보아야 한다. 그렇다면 정부의 고위 관료에 호남 출신 인사가 인구 비율대로 30.0%를 차지해야 한다는 것은 당연한 귀결이다."

일제시대까지 갈 것도 없이 1960년 이후부터 따져 보더라도 호남의 인구 감소는 매우 놀라운 수준을 보여 주고 있다. 이상우는 다음과 같이 말한다.

"5 · 16 전해인 60년 말, 영남의 인구는 8백19만 4천 명이었는데 10 · 26 다음 해인 80년에는 1천1백42만 9천 명이 되었다. 그 동안에 3백23만

---

128) 박경애, 〈인구변동과 사회변동〉, 홍두승 편, 『한국 사회 50년: 사회변동과 재구조화』(서울대학교 출판부, 1997), 30쪽.

5천 명의 인구가 늘어난 것이었다. 이에 비해 호남의 인구는 60년 말 5백 94만 8천 명에서 80년 6백6만 5천 명이 되었다. 20년 동안에 11만 7천 명밖에 늘지 않은 숫자였다. 60년 말 한국의 총인구는 2천4백98만 명이 었다. 그것이 80년에는 3천7백42만 명이 되어 그 동안 약 50%의 인구 증가를 보였다. 이 증가율을 호남에 적용한다면 80년의 호남 인구는 약 9백만 명이 되어야 한다는 계산이 나온다. 그런데도 박정희 통치 20년 동안 호남 인구가 거의 제자리 걸음을 하고 있었다는 것은 무엇을 뜻하는 것인가. 자연 증가분에 해당하는 약 3백만 명은 어디로 갔는가? 그 동안에 서울 인구는 2백44만5천만 명에서 8백35만 명으로 늘어났다. 50%의 자연 증가분을 감안하면, 약 4백70만 명이 외지에서 서울로 이주했다는 계산이 나온다. 이 가운데 반 이상이 호남 사람이 아니었을까."[129]

'시장논리'로 정착된 호남 차별

먹고살 길이 없어 고향을 떠나 서울로 이주한 사람들은 이른바 서울의 '달동네'로 몰려들었다. 1979년에 발표된 서울시의 〈저소득 시민의 생활 실태에 관한 기초조사〉에 따르면, 서울시 영세민의 출신 지역별 분포는 호남권 28.3%, 호서권 17.3%, 서울 14.2%, 영남권 11.6%, 경기 11.1%, 이북 10.6%, 강원 4.7%, 제주 0.3% 등이었다.

이농(離農) 및 서울로 이주한 것에 있어서 호남인과 영남인 사이엔 큰 차이가 있었다. "영남의 경우 농촌 퇴출 인구의 대부분은 영남 지역의 산업부문과 도시에서 흡수했으며, 서울로 이주한 영남 출신의 상당 부분은 대학 진학, 관료 진출, 사업가의 형태를 띤 엘리트나 중산층으로의 이주 였"던 것이다.[130] 이러한 이농과 이주로 인해 형성된 반(反)호남주의에 대

---

129) 이상우, 『박 정권 18년: 그 권력의 내막』(동아일보사, 1986), 347쪽.

해 박상훈은 다음과 같이 말한다.

"당시 저소득층이 밀집해 있는 서울의 빈민가는 비교적 가까운 거리에 있는 공장에 다니는 불안정한 저임금 노동자, 일용직 노동자, 전통적 상업과 서비스 부문 종사자, 그 밖의 다수의 실업 상태에 있는 빈민 등 공식 부문과 비공식 부문을 유동하는 인구가 뒤섞여 경쟁하는 공간이었다. 그리고 이들 대부분은 타지역으로부터 이주한 지 오래 되지 않은 사람들로서 각자의 사회적 관계와 정체성이 사투리를 상징으로 하는 출신 지역으로 분리되는 경향을 강하게 띠었다. 이때 도시의 저소득층 이주자들 사이에 호남권 출신이 다수를 점한다는 사실과, 고용주와 피고용인, 수혜자와 피수혜자의 관계를 맺는 데 있어 호남 출신이 피고용자의 위치에 설 가능성이 높았다는 사실은 매우 중요한 효과를 발휘했다. 한편으로 그러한 사실은 정착과 고용을 위해 경쟁하고 계층의 상승 이동을 열망하는 비호남 출신들의 반호남 의식을 자극하는 객관적 기초였기 때문이다. 그리고 다른 한편으로 그것은 피고용자와의 갈등에서 고용주가 그 원인을 호남의 지역성으로 치환시키는 것을 용이하게 했기 때문이다. 산업화의 초기 단계이자 급격한 도시화의 물결 속에 있었던 당시로서는 두 번째 측면보다 첫 번째 측면이 반호남주의를 자극하는 보다 중요한 계기였다고 할 수 있다. 도시의 과잉인구를 구성하고 있는 이들 하층계급들 사이에 정착과 고용을 둘러싼 생존경쟁이 훨씬 강렬할 수밖에 없었기 때문이다."[131]

박정희는 왜 그렇게 호남을 차별했던 것일까? 어떤 이들은 자신의 정치적 경쟁자인 김대중 때문에 차별했다고도 하지만, 박정희의 호남 차별은 이미 60년대부터 시작되었기 때문에 그건 설득력이 약하다. 박정희

---

130) 박상훈, 〈지역균열의 구조와 행태〉, 한국정치연구회 편, 『박정희를 넘어서: 박정희와 그 시대에 대한 비판적 연구』(푸른숲, 1998), 220쪽.
131) 박상훈, 위의 글, 220~221쪽.

자신의 편견과 이것저것 따지지 않고 가장 빠른 길로만 치닫기 마련인 군사작전식 경제개발이 주된 이유였던 것으로 보인다. 박정희의 호남에 대한 편견에 대해선 "박정희 대통령이 호남에 대한 편견을 갖고 있으므로 그 밑에서 일하는 공무원들도 그렇게 하는 것이 대통령에 대한 충성으로 알고 호남 편견을 가졌을 것이다"라고 보는 시각도 있다.[132]

편견 때문이었건 그 무엇 때문이었건, 일단 그렇게 해서 저질러진 호남 차별은 시간이 흐를수록 구조로 정착되어 자연스러운 '시장논리'로 호남 차별의 악순환을 가동케 하는 가공할 결과를 낳게 되었다. 그래서 후일 부산 동아대 어느 교수는 "경상도와 전라도에 투자한 액수가 10 대 1이라는 것이다. 나는 이 글을 읽고 원적을 전라도로 옮길 생각을 했다. 왜냐 하면 전라도 사람들이 불쌍했기 때문이다"라고 말하기까지 했다.[133]

132) 문일석, 『비록 중앙정보부』; 이정석, 『분단과 반민주로 본 한국 정치 이야기 상(上)』(무당미디어, 1997), 374쪽에서 재인용.
133) 이정석, 위의 책, 374쪽에서 재인용.

방위 산업 육성과 '선의의 경제 경쟁' 제안

'함정 피랍 사건'과 '현충문 폭발 사건'

주한미군 철수 문제와 더불어 1970년 6월 들어 국가안보상 우려할 만한 일들이 일어나기 시작했다. 첫 번째로 6월 5일에 일어난 '해군함정 피랍 사건'을 들 수 있다. 북한이 연평도 부근 공해상에서 남한 함정(120톤급 포함)을 기습 공격하여 납치하였고, 승무원 20명이 사상(死傷)했다. 남한 함정의 속도는 12노트인 반면 북한 함정의 속도는 25노트였는데, 당시 해군력은 북한이 훨씬 우월했고 북한의 조선공업은 남한보다 앞서 있어 선박용 엔진을 포함한 각종 함정을 생산하는 건 물론 잠수함까지 자체 건조하는 수준이었다.[134]

1970년에 발생한 남파 간첩선 사건만도 9건에 이르렀는데, 남한은 해

---

134) 오원철, 『한국형 경제건설 7: 내가 전쟁을 하자는 것도 아니지 않느냐』(한국형경제정책연구소, 1999), 342쪽.

군력의 열세로 당하고만 있었다. "당시 북한 간첩선은 우리 나라 영해를 자기 앞마당 드나들 듯, 수시로 침투시키고 있었는데, 우리 해군은 속수무책"이었던 것이다.[135]

두 번째로 주한미군의 병력 삭감 문제가 본격적으로 대두되었다. 6월 12일자 『뉴욕타임스』는 미군 2만 명을 철수할 것이라는 보도를 함으로써 한국인들에게 큰 반향을 불러일으켰다.[136] 언론이 연일 반대의 뜻을 대서특필할 정도로[137] 주한미군 삭감은 국민들에게 큰 불안감을 안겨 주었다.

세 번째로 6월 22일에 일어난 '국군묘지 현충문 폭발 사건'이다. 이는 북한 무장특공대 3명이 6·25 기념식 때 정례적으로 참석하는 박정희를 암살할 목적으로 서울 동작동 국립묘지 안에 잠입해 현충문 지붕 위에 올라가 폭탄을 장치하려다 실수로 폭발한 사건이었다.[138] 이 사건은 1968년 1월 21일 북한 무장공비들의 청와대 습격 이후 또다시 벌어진 박정희 암살 기도 사건으로 국가안보에 대한 위기 의식을 고조시켰다.

방위 산업 육성

7월 들어 상황은 더욱 나빠졌다. 7월 6일 미국은 주한미군 2개 사단 중 1개 사단의 철수 방침을 한국 정부에 통고했다. 8월 24일에 내한한 미국 부통령 스피로 애그뉴는 1년 후인 1971년 6월 말까지 철수시킬 방침을 밝히는 동시에 "앞으로 5년 이내에 나머지 주한미군도 완전히 철수될 것"이라고 말했다.[139]

---

135) 오원철, 『한국형 경제건설 7: 내가 전쟁을 하자는 것도 아니지 않느냐』(한국형경제정책연구소, 1999), 343쪽.
136) 김성진, 『한국 정치 100년을 말한다: 우리들이 꼭 알아야 할 한국 정치의 실상』(두산동아, 1999), 298쪽.
137) 오원철, 위의 책, 346쪽.
138) 오원철, 위의 책, 335쪽.

이런 상황에서 박정희가 택한 것은 '자력 방위'였다. 박정희는 이미 1970년 1월 9일 연두 기자회견에서 1970년을 '싸우면서 건설하는 해'로 정한다고 밝혔는데, 이는 연 3년에 걸쳐 '일면 건설, 일면 국방'이라는 국정지표를 제시한 것이었다.[140]

박정희는 자력 방위를 위해 방위 산업을 육성키로 하고, 7월 경제기획원 장관에게 250만 향토예비군을 무장시킬 병기를 생산할 수 있는 공장을 건설하라고 지시했다. 8월 16일엔 국방과학기술연구소가 출범하였다. 11월엔 경제기획원에서 4대 핵공장에 대한 보고를 받았는데, 이는 방위 산업의 기반이 될 수 있는 주물선 공장, 특수강 공장, 중기계 공장, 조선소 등 네 공장을 '4대 핵공장 건설사업'으로 책정한다는 것이었다.[141]

북한 존재를 인정한 8·15 선언

박정희는 북한과의 대결에서 시간을 벌 목적으로 8월 15일, 광복절 25주년 기념사에서 북한이 전쟁도발 행위를 즉각 중단할 것과 '선의의 경제 경쟁'을 하자고 제안하였다.[142] 이는 그간의 입장과는 달리 공식적으로 북한의 존재를 인정했다는 점에서 의미가 있는 것이었다.

박정희의 제안이 '시간 벌기용'이라는 건 김일성도 잘 알고 있었다. 오랫동안 북한 노동당 간부로 일하다 귀순한 황일호는 당시 김일성의 첫마디가 "8·15 선언은 우리의 발목을 잡아두자는 속셈이야"였다고 말한다. 황일호는 "김일성은 8·15 선언이 궁지에서 벗어나기 위한 미국과

139) 오원철, 『한국형 경제건설 7: 내가 전쟁을 하자는 것도 아니지 않느냐』(한국형경제정책연구소, 1999), 32쪽.
140) 오원철, 위의 책, 330쪽.
141) 김정렴, 『아, 박정희: 김정렴 정치회고록』(중앙 M&B, 1997), 270쪽.
142) 오원철, 위의 책, 347쪽.

박정희의 시간 벌기 술책이라고 봤으며 '선의의 경쟁 제의'에 대해서도 닉슨의 평화주의 노선에 편승, 평화의 너울을 쓰고 민족을 영구 분단시키려는 책동으로 규정했다"라고 말했다.[143]

박정희의 그러한 8 · 15 선언은 1971년 대선용이기도 했다. 1969년 말 국토통일원이 실시한 남북통일에 관한 여론조사 결과 국민의 90.16%가 반드시 통일을 해야 한다고 대답했고, 39.5%가 10년 이내에 통일이 된다고 낙관했으며, '통일을 방해하는 책임은 북한측에 있다'는 대답은 48.46%에 그쳤다. 이미 전후 세대가 인구의 반을 차지한 결과가 여론조사에 반영되었던 것이다. 박정희로서는 이와 같은 변화를 무작정 외면할 수는 없었으며, 또 대선에서 예상되는 야당측의 통일정책 관련 공세에 대해 준비할 필요도 있었던 것이다.[144]

박정희는 1971년 초하루 신년사에서도 국가안보 대책을 역설하면서 '60만 국군의 정예화'와 '250만 예비군의 전투력 강화'를 외치는 동시에 '수출의 증대' 및 '중화학공업의 육성'을 강조하였다.[145] 또 박정희는 1월 10일 상공부 차관보 오원철을 경제 제2수석비서관으로 임명해 방위산업과 그 기본이 되는 중화학공업 육성을 위한 제2경제비서실을 담당케 하였으며,[146] 방위 산업 육성정책의 일환으로 3월에는 M-16 소총 공장 건설 계약을 체결하였다.

박정희는 그 해 3월 미 7사단 철군 후부터 핵 개발에 착수하였다. 그는 이때부터 '자력 방위'의 준말인 '자위'라는 단어를 많이 썼는데, 1972년 중반부터는 '자위' 대신 '자주 국방'이라는 용어만을 사용함으

143) 특별취재팀, 〈실록 박정희 시대/1970년 8 · 15 선언: 경제개발 시간 벌기 위한 북 발목잡기〉, 『중앙일보』, 1997년 7월 14일, 5면.
144) 林建彦(하야시 다께히꼬), 최현 옮김, 『한국현대사』(삼민사, 1986), 294-295쪽; 이상우, 『박 정권 18년: 그 권력의 내막』(동아일보사, 1986), 224쪽.
145) 오원철, 『한국형 경제건설 7: 내가 전쟁을 하자는 것도 아니지 않느냐』(한국형경제정책연구소, 1999), 358쪽.
146) 김정렴, 『아, 박정희: 김정렴 정치회고록』(중앙 M&B, 1997), 51쪽.

로써 더욱 적극적인 자세를 취하게 되었다.[147] 이에 대해 오원철은 다음과 같이 말한다.

"'자위'라는 용어는 북한의 공격에 대한 방위 개념입니다. 그러나 '자주 국방'은 대미 관계까지 포함한 국방의 자주성을 말합니다. 국방의 자주화는 한국의 자주화로 발전해 나가게 되죠. 단순한 용어상의 문제를 넘어선 매우 중요한 변화라고 할 수 있습니다."[148]

---

147) 중앙일보 특별취재팀, 『실록 박정희』(중앙 M&B, 1998), 262쪽.
148) 중앙일보 특별취재팀, 위의 책, 262쪽에서 재인용.

신민당 대통령 후보 지명대회

'40대 기수들'의 도전

1970년 1월 26일 신민당 전당대회에선 유진산이 유진오의 뒤를 이어 새 당수로 뽑혔다. 그러나 그것이 곧 1971년 대선후보의 보장을 의미하는 건 아니었다. 김영삼·김대중·이철승으로 대표되는 이른바 '40대 기수들'의 도전이 만만치 않았기 때문이다. 1970년에 김영삼은 42세, 김대중은 44세, 이철승은 47세였다.

당시 53세였던 박정희는 이른바 '40대 기수들'의 도전에 대해 '어린 애들과의 싸움'이라며 폄하하면서, 타협적인 유진산이 신민당 대통령 후보가 되기를 원했다. 그래서 박 정권은 유진산에게 돈을 대주면서 정치공작에 임했다.[149] 당시 중앙정보부장이었던 김계원은 후일 다음과 같이 증언했다.

---

149) 김충식, 『정치공작사령부 남산의 부장들 1』(동아일보사, 1992), 181-182쪽.

신민당 대통령 후보 지명전에 나선 젊은 정치인들. 7대 대통령 선거를 앞두고 그들 사이에 미묘한 기류가 흐르고 있다. 오른쪽 첫 번째가 김영삼, 두 번째가 이철승, 맨 왼쪽이 김대중이다.

　"당시에는 중앙정보부의 가장 중요한 일은 야당공작이었다. 그래서 골칫거리였던 김영삼 의원(원내총무)이 대통령 후보로 못 나서게 야당(신민당) 지도자 유진산 씨에게 정치자금을 여러 번에 걸쳐 몇천만 원씩 준 적이 있었다. 그런데 나중에 알고 보니 대통령께서도 공화당 김진만 의원을 통해 유씨에게 자금을 주고 있었다. 나를 완전히 믿지 않은 것 같았다."[150]

　박정희는 9월 29일의 신민당 대통령 후보 지명대회를 한 달 앞둔 8월 유진산을 이미지 쇄신 차원에서 해외 순방시키고, 유진산이 해외에서 돌아오자 박정희-유진산 회담을 만들어 주는 등 열심히 '지원사격'을 해

---

150) 이호갑, 〈단독공개 · 김계원 육군교도소 접견록: "김종필 세력을 벌초하라"〉, 『신동아』, 1996년 5월, 270 쪽에서 재인용.

주었다. 대통령 후보 문제로 중앙정보부장이 유진산의 집을 여러 차례 드나드는 것이 목격되었으며, 김영삼·김대중·이철승 3인은 그 점을 물고 늘어졌다.[151]

유진산도 박정희처럼 '40대 기수들'을 '정치적 미성년자'[152], '구상유취(口尙乳臭)'[153]라는 표현을 쓰면서 경멸감을 내비쳤지만, '40대 기수들'의 바람은 결코 스쳐 지나가는 바람이 아니었다. '40대 기수들'의 유진산 비판은 큰 호응을 얻어 유진산은 전당대회를 2주일 앞둔 9월 21일 후보 경쟁에 나서는 걸 포기하고 말았다. 박정희는 불같이 화를 내면서 중앙정보부의 무능을 질타하였고, "내가 김영삼이 같은 애송이와 어떻게 싸우라는 말이냐"라고 호통을 쳤다.[154]

김영삼의 자만, 김대중의 승리

박정희의 말처럼, 40대 기수들 가운데 대통령 후보 선출 가능성이 가장 높은 사람은 김영삼이었다. 처음부터 김영삼이 제일 유리했던 데다 유진산이 지명대회를 하루 앞둔 9월 28일 김영삼을 지지한다고 발표해 김영삼의 당선은 기정 사실화되었다. 개표 결과를 발표하기도 전인 오전 11시경 『경향신문』은 속보를 내어 〈김영삼 압승〉이라고 전당대회 결과를 보도하기도 했다.[155]

김영삼은 그런 분위기를 만끽하면서 미리 축하 파티까지 준비하는 등 뚜껑을 열기도 전에 승리감에 도취되어 있었던 반면, 김대중은 전당대회 전날인 28일 밤새도록 대의원 숙소를 돌아다니면서 선거운동을 했고 투

---

151) 김충식, 『정치공작사령부 남산의 부장들 1』(동아일보사, 1992), 244~246쪽.
152) 김충식, 위의 책, 243쪽.
153) 이영훈, 『파벌로 보는 한국야당사: 정치파벌에 대한 심층적 분석』(에디터, 2000), 105쪽.
154) 김충식, 위의 책, 248쪽.
155) 김옥두, 『고난의 한길에도 희망은 있다』(인동, 1999), 63쪽.

신민당 대통령 후보로 지명된 후 후보 수락 연설을 하고 있는 김대중.

표 직전까지 최선을 다했다.

　9월 29일 1차 투표에서는 총투표 885표 가운데 김영삼 421, 김대중 382, 백지 78, 기타 4표로 무효표가 82표나 나왔다. 누구도 과반수를 넘지 못해 다시 치러진 2차 투표에서 김대중은 이철승과 연합해 김영삼보다 48표 많은 458표를 얻어(무효 16표) 신민당 대통령 후보로 뽑히는 이변을 연출하였다.[156]

박정희를 교주로 하는 박정희교 신도의 등장

김대중의 대통령 후보 선출은 박정희에겐 더욱 불쾌한 것이었다. 이 사태에 대한 책임은 중앙정보부장 김계원에게 돌아갔다. 김계원은 그 해 12월까지 일하다가 이후락에게 부장 자리를 내주었다. 김계원은 1년여 기간 동안 중앙정보부를 이끌었는데, 박정희는 김계원의 '사납지 못한 일 처리'에 늘 불만이었다. 정치 공작도 서툴러 박정희에게 "야당 사람들한테도 남산골 샌님 소리나 듣는다"라고 질책을 받기도 했다.[157]

반면 이후락은 후일의 역사가 말해 주듯이 '공작의 명수'인데다 박정희에 대한 충성을 위해선 수단과 방법을 가리지 않는 인물이었다. 이후락은 1년 전 대통령 비서실장을 물러나는 자리에서도 눈물을 훔치며 비서팀에게 "박 대통령을 교주로 하는 박정희교를 신앙하는 기분으로 일해야 한다"라고 역설한 바 있었다.[158]

박정희를 교주로 모시는 박정희교의 신도로서 중앙정보부를 맡은 이후락에게 떨어진 최대 과제는 대통령 선거를 박정희의 승리로 이끄는 것이었다. 실제로 이후락의 활약은 승리를 위해 수단과 방법을 가리지 않는 것이어서, 후일 다음과 같은 평가가 나오게 되었다.

"71년 대통령 선거는 분명 김대중과 중앙정보부의 대결이었다. 겉으로는 집권 공화당과 야당 신민당의 정권 경쟁이었지만 기실 줄곧 DJ와 중정의 싸움으로 전개됐다."[159]

---

156) 김충식, 『정치공작사령부 남산의 부장들 1』(동아일보사, 1992), 249쪽.
157) 김충식, 위의 책, 179~180쪽.
158) 김충식, 위의 책, 286쪽.
159) 김충식, 위의 책, 297쪽.

내 죽음을 헛되이 말라

'우리는 기계가 아니다'

박정희식 개발독재의 어두운 면은 극심한 빈부격차와 노동자 착취로도 나타났다. 영세한 봉제공장이 1천여 개나 밀집되어 있는 평화시장엔 2만 7천여 노동자들이 일하고 있었는데, 이들은 대부분 가난한 농촌 가정 출신이고 대개 14세에서 24세 사이의 젊은 여성들이었다. 그들의 노동 조건은 상상을 초월할 정도로 열악한 것이었지만, 업주는 말할 것도 없고 정부는 시정을 바라는 노동자들의 탄원서를 10여 차례나 묵살하였다. 노동자들은 언론에 호소도 해보았지만, 별 효과를 얻을 수도 없었고 대대적인 시위는 경찰의 방해로 좌절당했다.[160]

탈출구가 막혀 있는 그런 절망적인 상태에서 재단사로 일하던 23세의 전태일은 1970년 11월 13일 근로 조건 개선을 요구하며 온몸에 석유를

---

160) 최장집, 『한국의 노동운동과 국가』(나남, 1997), 149-150쪽.

근로 조건 개선을 요구하며 분신 자살한 전태일.

뿌리고 불을 질러 자살하였다. 전태일은 불길에 휩싸인 채 이렇게 부르짖었다.

"근로기준법을 준수하라! 우리는 기계가 아니다! 일요일은 쉬게 하라! 노동자들을 혹사하지 말라!"

전태일의 어머니 이소선은 아들의 뜻에 따라 이후 민주화운동에 헌신하게 되었다. 이소선은 아들의 마지막 유언에 대해 다음과 같이 말했다.

"병원에 갔는데 태일인 아직 살아 있었어. 옷은 홀랑 벗겨지고 하얀 약이 온몸에 발라져 있고 온통 붕대로 가려져 있어서 얼굴을 알아볼 수가 없었어. 팔다리는 이미 굳어져 있었는데도 목소리만은 아직 또랑또랑 했어. '혹시 살 수 있지 않을까' 하는 생각이 들었지. 눈물을 보이지 않으려고 있는 힘을 다했지만 소용 없었어. 성경책을 붙들고 '이 가여운 목숨 당신 뜻대로 하소서' 하는 기도밖에 할 수가 없었지. 태일이가 오히려 날 위로하는 거야. '어머니, 내가 못다 이룬 일 어머니가 이루어 주세요' 하면서. 그때 생각했지. 우리 아들이 하려고 했던 일이 뭔진 자세히 모르지만 근로자를 위하는 일일 테고 태일이의 성품을 보았을 때 그건 좋은 일, 훌륭한 일일 거다. 그렇지만 그 일이 쉬운 일이 아니고 이렇게 목숨까지 바쳐야 하는 무척 어려운 일이겠지. 그래도 걱정 말아라. 내 목숨이 붙어 있는 한 기어코 내가 너의 뜻을 이룰 것이라고."[161]

'바보회' 결성

1948년 8월 26일 대구에서 태어난 전태일은 1964년 봄, 당시 16세의 나이에 서울 평화시장 내에 있는 삼일사에 견습공으로 취직했다. 그는 인간 이하의 열악한 노동 조건을 몸소 겪으면서 노동과 인권 문제에 대해 관심을 기울이게 되었다. 전태일은 자신의 일기에 이 시기에 대해 다음과 같이 기록하고 있다.

"끝날이 인생의 종점이겠지. 정말 하루하루가 못 견디게 괴로움의 연속이다. 아침 8시부터 저녁 11시까지 하루 15시간을 칼질과 다리미질을 하며 지내야 하는 괴로움. 허리가 결리고 손바닥이 부르터 피가 나고, 손목과 다리가 조금도 쉬지 않고 아프니 정말 죽고 싶다.……육체적 고통이 나에게 죽음을 생각게 하는 것이 아니라 정신적 고통이 더욱 심하기

---

161) 여성신문사 편집부 엮음, 〈이소선: 아, 우리들의 어머니!〉, 『이야기 여성사 1』(여성신문사, 2000), 163-164쪽.

때문이다.……언제나 이 괴로움이 다 없어지나."[162]

그렇게 괴로워하던 전태일은 우연한 기회에 '근로기준법'에 대한 이야기를 듣고 몇몇 동료들과 모여 1969년 6월 '바보회'를 결성했다. 왜 하필 '바보회'라는 이름을 붙였을까? 전태일은 다음과 같이 설명했다.

"우리는 당당하게 인간적인 대접을 받으며 살 권리가 엄연히 있는데도 불구하고, 여태껏 기계 취급을 받으며 업주들에게 부당한 학대를 받으면서도 바보처럼 찍소리 한번 못하고 살아 왔다. 그러니 우리 재단사들의 모임은 바보들의 모임이다. 이것을 우리가 철저하게 깨달아야 하며 그래야만 언젠가는 우리도 바보 신세를 면할 수 있다."[163]

평화시장 노동자들의 참상

그러나 노동 실태에 대한 설문조사 등 '바보회'에서 추진했던 일들은 업주들의 방해로 무산되었을 뿐만 아니라 전태일은 해고되었다. 그 후 막노동판을 전전한 전태일은 1970년 9월 다시 평화시장으로 돌아와 다른 동료들과 함께 근로조건 개선을 위한 노력을 계속했다. 그러나 당국과 업주의 방해공작이 워낙 거세 결국 전태일은 분신 자살이라고 하는 극단적인 방법을 택하게 되었던 것이다. 그렇다면, 당시 평화시장 노동자들이 처해 있던 참상은 어떠했던가? 조영래는 다음과 같이 기록하고 있다.

노동 시간은, 작업량이 비교적 많은 기간(가을, 겨울, 봄)은 보통 아침 8시 반 출근에 밤 11시 퇴근으로 하루 평균 14-15시간이

---

162) 조영래, 『전태일평전』(돌베개, 1983, 개정판 중쇄 1998), 125-126쪽.
163) 조영래, 위의 책, 156쪽.

었다. 일거리가 밀릴 때에는 물론 야간작업을 하는 일도 허다하며, 심한 경우는 사흘씩 연거푸 밤낮으로 일하는 경우도 있다. 업주들이 어린 시다들에게 잠 안 오는 약을 먹이거나 주사를 놓아가며 밤일을 시키는 것도 이런 때이다.……

　미싱사의 손가락 끝은 살갗이 닳고 닳아서 지문이 없다. 자크를 달 때에는 둘째와 셋째 손가락 끝이 빨개져서 누르면 피가 솟아 나온다. 하루의 일을 끝내고 자리에서 일어나면 어지럼증이 나고, 장딴지가 띵띵 붓고 몸 구석구석이 쑥쑥 아리게 되며, 힘이 빠져서 걸음을 걷기가 힘들다. 퇴근할 때 구두를 신으려면 부어오른 발등이 구두에 들어가지 않아 억지로 구두끈을 졸라맨다. 미싱사들의 발등에는 거의 예외 없이 구두끈 자국이 남아 있다.……

　나쁜 환경 중에서도 가장 대표적인 것은 다락방이란 것이었다. 이것은 업주들이 좁은 작업장의 공간을 최대한으로 활용함으로써 생산비를 절감하고자 만든 것인데, 바로 이 사실이야말로 한국의 저임금 경제가 딛고 선 냉혹한 인간경시, 인간 비료화, 저 참혹한 노동지옥을 상징하고도 남음이 있다. 부모로부터 물려받은 멀쩡한 육신을 제대로 바로 펴지 못하고 비좁은 작업장 사이를 허리를 꾸부리고 걸어 다니는 노동자들을 상상해보라.……

　전태일이 1970년도에 조사한 바에 의하면, "재단사 100% 전원이 신경성 소화불량, 만성위장병, 신경통 기타 병의 환자", "미싱사 90%가 신경통 환자임. 위장병, 신경성 소화불량, 폐병 2기까지", "평화시장 종업원 중 경력 5년 이상 된 사람은 전부 환자이며 특히 신경성 위장병, 신경통, 류머티즘이 대부분임."……사정이 이러하니 "평화시장 여공은 시집가도 삼 년밖에 못 써먹는다"는 말이 나오는 것도 무리가 아니다.[164]

언론의 직무 유기

언론만 제 역할을 해주었더라도 전태일이 죽음으로 항거할 필요는 없는 일이었다. 그러나 언론은 전태일과 그 일행을 외면했다. 9월 중순 전태일을 포함한 세 명의 재단사는 동양방송국의 『시민의 소리』 프로 담당자를 찾아간 일이 있다. 담당자는 확실한 통계자료나 근거가 없는 '추상적인 이야기(?)'는 방송에 내보낼 수 없으니 좀더 구체적인 자료를 정리해서 다음에 와보라고 거절하였다.[165]

전태일은 10월 6일 노동청장 앞으로 '평화시장 피복제품상 종업원 근로개선 진정서'를 제출하였는데, 뜻밖에도 이것을 노동청 출입기자가 10월 7일 『경향신문』에 보도하였다. 〈골방서 하루 16시간 노동〉이라는 표제와 '소녀 등 2만여 명 혹사', '거의 직업병…노동청 뒤늦게 고발키로', '근로조건 영점…평화시장 피복공장'이라는 부제가 달린 『경향신문』 사회면 톱기사는 전태일 일행을 감격시켰다. 그건 "우리도 인간인가 보다. 우리 문제도 신문에 날 때가 있나 보다"는 감격이었다. 그들은 『경향신문』 3백 부를 사서 평화시장에 돌렸고, 그 날 저녁 평화시장 일대는 축제 분위기였다.[166]

그러나 노동청과 기업주는 관심을 보이는 척하더니 곧 외면하였고, 오히려 경찰이 가세해 노동자들을 더욱 통제하려 들었다. 10월 24일 대대적인 데모를 계획했으나 경찰의 방해로 실패로 돌아가고 말았다. 바로 이런 좌절로 전태일은 분신을 결심하게 된 것이었다.[167]

언론도 최소한의 양심은 있었던 걸까? 언론은 사건 직후 한동안 모호

164) 박찬식, 〈야만의 시대, 인간해방의 횃불 전태일〉, 이병천·이광일 편, 『20세기 한국의 야만 2』(일빛, 2001), 172-176쪽에서 재인용.
165) 조영래, 『전태일평전』(돌베개, 1983, 개정판 중쇄 1998), 238쪽.
166) 조영래, 위의 책, 252-254쪽.
167) 조영래, 위의 책, 259-268쪽.

한 태도를 취하다가 나중에 관심을 기울이기 시작했다. 이에 대해 조영래는 다음과 같이 말한다.

"전태일의 죽음, 그리고 그에 잇따른 학생·노동자·종교인들의 궐기는 노동 문제를 사회여론의 제1차적 관심사로 등장시켰다. 종전엔 노동 문제라면 사실 보도조차 기피하던 신문, 방송, 잡지 등의 보도기관은 날이면 날마다, 달이면 달마다 노동 문제에 관한 보도·특집기사·논설을 실었다. 마치 전태일이 죽음으로써 여태껏 존재하지 않았던 노동 문제가 갑자기 폭발적으로 생겨나기나 한 듯했다. 『동아일보』 1971년 신년호는, 6·25가 1950년대를 상징하듯, 전태일의 죽음은 1970년대의 한국의 문제를 상징하는 가장 뜻 깊은 사건이라고 평가했다."

'전태일의 죽음은 1970년대의 한국의 문제를 상징하는 가장 뜻 깊은 사건'이라는 건 이후의 역사가 입증해 주었다.

전태일이 한국 사회에 준 충격

양심을 강타당한 대학생과 지식인

전태일은 '바보회'를 결성한 뒤 평화시장 내 노동 실태에 관한 설문지를 작성하고, 『축조 근로기준법 해설』을 샀다. 그는 전문적인 법 용어와 한자가 나올 때마다 "내게도 대학생 친구 하나 있었으면 원이 없겠는데"라고 탄식하며 그 책을 읽고 또 읽었다.[168] 바로 이 이야기가 대학생들의 양심을 강타했다.

"학생들은 전태일이 관계당국을 상대로 외롭게 투쟁하면서 자기에게 도움을 줄 수 있는 지식인들과 사귀기를 바랐다는 사실을 전해 들었을 때 특히 큰 충격을 받았다.……전태일의 죽음은 학생들을 크게 깨우치는 계기가 되었다. 학생들은 경제성장의 영광 뒤에 숨겨져 있던 한국 사회의 심각한 문제를 발견했다. 그것은 학생들이 정치적 쟁점들에 사로잡혀

---

168) 〈몸 살라 지펴낸 노동해방의 불꽃〉, 한겨레신문사, 『발굴 한국 현대사 인물』(한겨레신문사, 1991), 133쪽.

서 관심을 기울이지 않았던 문제였다."[169]

지식인들의 양심도 강타당했다. 이광일은 전태일의 분신 자살이 "이제까지 대중의 가슴속에 '위대한 작가' 또는 '보편적 지식의 소유자'로 새겨져 있던 지식인에 대한 관념을 뒤흔든 계기였다는 점에서 중요한 의미를 지닌다"라며 다음과 같이 말한다.

"왜냐 하면 그 행위는 권력과 자본의 억압, 유혈적 수탈에 대한 저항일 뿐만 아니라 지배 메커니즘과 맺고 있는 지식체계, 지식인들에 대한 '도전'이었기 때문이다. 바로 여기서부터 중립적 위치에서 영혼을 판다고 믿어졌던 또는 스스로 그렇게 믿어왔던 당시의 많은 지식인들이 왜 이 사건을 계기로 그토록 자신들의 존재와 역할에 대해 번민하게 되었는지 알게 된다."[170]

학생 시위와 기독교인들의 참회

11월 16일 서울법대생 1백여 명은 전태일의 시체를 인수해 학생장으로 거행하겠다고 했고, 이 날 서울상대생 4백여 명은 무기한 단식농성에 들어갔다. 11월 20일에는 서울대생과 이화여대생들이 법과대에서 추도식을 열고 항의시위에 나섰고, 같은 날 연세대·고려대생들도 항의 집회를 열었다. 이 날 서울대에는 무기한 휴업령이 떨어졌지만 서울대생들은 철야농성을 계속했다.[171]

11월 21일 신민당 대통령 후보 김대중은 전태일 사건과 관련하여 성명을 발표하면서 이를 '정치 문제화' 하였다. 11월 22일 새문안교회 대학생부 학생 40여 명은 전태일을 죽음으로 몰고 간 사회와 그 공모자인 자

169) 구해근, 신광영 옮김, 『한국 노동계급의 형성』(창작과비평사, 2002), 159쪽.
170) 이광일, 〈우리시대 지식인의 초상: 권력과 자본의 품에 안긴 지식인들〉, 『당대비평』, 제4호(1998년 여름), 279쪽.
171) 서중석, 〈3선 개헌 반대, 민청학련투쟁, 반유신투쟁〉, 『역사비평』, 창간호(1988년 여름), 75쪽.

신들의 죄를 참회하는 금식 기도회를 열었다. 11월 23일엔 연대생 2백 명이, 11월 24일에는 한국외국어대생들이 성토대회를 열었다.

11월 25일 기독교인들은 신구교 합동으로 전태일 추모 예배를 드렸으며, 이들은 추도사에서 "우리 기독교인들은 여기에 전태일의 죽음을 애도하기 위해 모인 것이 아니라 한국 기독교의 나태와 안일과 위선을 애도하기 위해 모였다"라고 말했다.[172] 아닌게아니라 전태일의 죽음은 기독교계 일각에도 큰 충격을 주었는데, 이에 대해 이우정은 다음과 같이 말한다.

"기독교인들이 무관심하게 짓밟힌 인권, 인간 파괴의 잔혹성 등이 폭로되면서 '우리의 무관심이 전태일을 죽였다! 우리도 간접적인 살인자다!' 하는 고백을 하게 되었다. 이런 반성과 회개는 도시빈민선교를 위한 수도권특수지역선교위원회가 결성되는 열매를 맺게 한다.(1971. 9)"[173]

노동운동의 활성화

박정희는 1971년 1월 17일 연두 기자회견에서 전태일의 죽음을 염두에 두고 노동 문제를 거론하였으며, 신민당 대통령 후보 김대중은 1월 23일 연두 기자회견에서 '전태일 정신의 구현'을 선거공약으로 내놓았다.[174]

전태일의 분신 자살 사건은 다른 노동자들에게도 큰 영향을 미쳤으며 이후 본격적인 노동운동이 벌어지게 된 중요한 계기가 되었다. 1970년 11월 25일 조선호텔 이상찬의 분신 기도, 1971년 2월 한국회관(음식점)

---

172) 박세길, 『다시쓰는 한국현대사 2: 휴전에서 10·26까지』(돌베개, 1989), 224-225쪽에서 재인용: 한국기독교교회협의회 인권위원회, 『1970년대 민주화운동 (I)』(한국기독교교회협의회, 1987), 107-108쪽.
173) 이우정, 〈민청학련 사건에서 겪은 고통〉, 박형규 목사 고희기념문집 출판기념회 편, 『행동하는 신학 실천하는 신앙인』(사회평론, 1995), 243쪽.
174) 조영래, 『전태일평전』(돌베개, 1983, 개정판 중쇄 1998), 27쪽.

김차호의 분신 기도, 8월 신진자동차 노조 900여 조합원과 가족 1천여 명의 대규모 파업농성, 9월 한진상사 파월 노동자 400여 명의 대한항공 빌딩 옥상방화 농성 등이 대표적인 사건들이었다. 한진상사 노동자들은 "임금의 절반에 해당되는 돈을 떼어 먹혔다"면서 기물을 파괴하고 방화를 하면서 체불된 노임 지불을 요구했다.

1971년에 일어난 노동 분규 사건은 1천6백56건을 헤아렸는데, 이는 전년도의 165건의 10배가 넘는 것이었다(1969년엔 130건).[175] 노동운동과 동시에 도시 빈민들의 생존권 투쟁도 활성화되었지만, 그들이 감당해야 할 시련과 고통은 끝이 없는 것이었다.

---

175) 지명관, 『한국을 움직인 현대사 61장면』(다섯수레, 1996), 98-101쪽; 한국정치연구회, 『한국정치사』(백산서당, 1990), 352-353쪽; 역사학연구소, 『강좌 한국근현대사』(풀빛, 1995), 347쪽.

평가교수단과 대통령 특별보좌관 제도

박정희의 지식인관

전태일의 분신 자살에 대해 모든 지식인들이 다 양심을 강타당한 건 아니었다. 얼음처럼 차분하게 '그렇게 좋은 징조라고 생각할 수 없다'면 서 박정희의 철권통치에 지지를 보내는 지식인들도 적지 않았다.

박정희가 추진한 한국 사회의 병영화가 잘 말해 주듯이 그는 지식인 을 경멸했다. 그는 지식인의 비판적 역할을 인정하지 않았으며, 자신의 체제를 긍정할 것만을 요구했다. 박정희는 『민족중흥의 길』이라는 책에 서 '참여와 건설'의 필요성을 역설하면서 다음과 같이 주장한 바 있다.

"한동안 우리의 지식층 일부에서는, 이러한 시대적 흐름에서 낙오되 어, 비판과 회의, 냉소와 패배 의식, 그리고 부정과 반항 등 온갖 구시대 의 낡은 인습에 빠져 있었음을 부인할 수 없다. 무엇을 반대하고 부정하 는 데는 앞을 다투면서도, 무엇을 찬성하고 긍정하는 데 있어서는 남보 다 앞서기를 주저했다. 사회의 어두운 면을 탓하는 데는 쉽게 뭉치면서,

밝은 면을 키우고 넓히려는 생산적인 노력에는 힘을 모으려 하지 않았다. 심지어는 현실에의 참여를 부끄러워하고, 반항과 비판을 오히려 영웅시하는 풍조마저 있었던 것이다."[176]

그러나 박정희의 이런 주장은 지나치게 자기중심적인 것이었다. 긍정과 부정은 무엇을 대상으로 삼느냐에 따라 달라지는 것이지 모든 것을 긍정하거나 모든 것을 부정하는 사람은 없기 때문이다. 박정희가 마땅치 않게 생각한 지식인들은 민주주의와 인권을 찬성하고 긍정하는 데에 앞장 섰으며 독재와 인권유린을 부정하고 반대했을 뿐이다.

박정희가 원하는 '긍정적인' 지식인들이라 할지라도 박정희가 그들의 실질적인 역할을 중요하게 생각한 것도 아니었다. 그에게 지식인은 여전히 사농공상(士農工商) 풍토가 살아 있는 한국 사회에서 여론 관리를 위한 일종의 '장식'일 뿐이었다. 그는 말년엔 지식인들을 그렇게 '장식'으로 이용하는 것에도 싫증을 내 그들을 직접 만나는 것도 꺼렸다. 박정희는 그가 죽기 딱 1년 전인 1978년 10월 26일 측근들과 환담하면서 이제 곧 이야기할 이른바 '평가교수'에 대해 다음과 같이 말한 바 있다.

"평가교수들이 근자에 나더러 잘 만나 주지 않는다고 불평하는 모양인데, 여러분 생각해 보시오. 그 동안 내가 기회 있을 때마다 그들을 만나서 의견이나 건의를 들어 보지 않았소. 그러나 그들 이야기에는 별로 새로운 것이 없어요. 그리고 국가적 차원의 정책에 도움이 되는 얘기보다 지엽적인 사소한 것들만 이야기하니 만나는 것이 아깝단 말입니다. 나보고 서운하다고 할 것이 아니라 자기들이 나에게 도움이 되는 어떤 이야기를 해왔는지 생각해 보아야 할 것입니다."[177]

176) 박정희, 〈새마을운동과 국가건설〉, 『민족중흥의 길』(광명출판사, 1978), 113쪽.
177) 유양수, 〈내가 사석에서 만난 대통령 박정희: "평가교수들 만나는 게 시간이 아까워 만나지 않는 겁니다"〉, 『월간조선』, 1995년 12월, 538쪽에서 재인용.

박정희의 지식인 이용

박정희는 내심 지식인을 경멸했으면서도 쿠데타를 통해 집권했기 때문에 일종의 치장으로서 지식인이 필요했다. 박정희는 5·16 직후부터 공식·비공식으로 대학교수를 동원하기 위해 최대의 노력을 경주했는데, 박정희의 지식인 이용에 대해 이상우는 다음과 같이 말한다.

"그 자신이 최고회의 부의장, 혹은 의장고문으로 수 명의 대학교수를 거느렸고 최고회의 안에 수십 명의 대학교수들로 구성되는 기획위원회를 설치했다. 김종필이 조직했던 중앙정보부도 정책연구실이라는 이름으로 대학교수들을 포용했다. 실로 5·16 군정은 군인들과 함께 대학교수의 정치였다고 말해도 과언이 아닐 정도였다. 이런 풍조는 사실상 박정희 정권 18년간을 통해 마지막까지 지속된 하나의 특징이었다. 박정희는 청와대에 특별보좌관 혹은 비서관으로 대학교수를 영입했을 뿐만 아니라 행정부에는 평가교수단이라는 제도를 두어 교수들로 구성되는 대규모의 브레인 시스템을 운영했다. 이 제도는 한때 전국의 시·도에서까지 실시되기도 했다. 입법부에는 70년대에 들어와 주로 유정회를 통해 대학교수들이 대거 정치인으로 변신했다."[178]

박정희는 특별보좌관과 평가교수단 제도 이외에도 '화요회'라고 하는 대통령 비밀 자문그룹을 두었다. 서울대 교수 구범모, 고려대 교수 정재각 등 대학교수 6명으로 구성된 그룹이었다.[179]

1965년 7월에 발족한 평가교수단은 처음엔 14명으로 구성되었으나 "70년부터는 90명 선으로 늘어났고, 이에 따라 전공 분야도 발족 당시의 경제학·공학·농학 부문으로부터 정치학·사회학·교육학 등 비경제

---

178) 이상우, 『박 정권 18년: 그 권력의 내막』(동아일보사, 1986), 167쪽.
179) 〈집중연재 박정희 육성증언: 선우연 공보비서관, 8년간의 육성 비망록 여섯 권, 역사적인 대공개!〉, 『월간조선』, 1993년 3월, 140쪽.

분야의 사회과학계 및 인문과학계 전공교수에까지 문호가 확대되었다."[180]

평가교수단으로 위촉되는 교수는 대부분 "정부의 입장이나 시책을 지지하고 호흡이 통하는 인물"들이었는데, 그 점을 확실히 하기 위해 실제로 박정희 자신이 일일이 이름을 체크하며 위촉 대상자를 선정하곤 했다.[181] 평가교수단 제도는 1970년부터 지방에까지 확대 실시되어 각 시·도마다 도합 215명의 지방대학 교수들을 위촉하게 되었다.

평가교수단의 특혜

강제로 위촉했을까? 천만의 말씀이다. 평가교수에겐 여러 가지 특혜가 뒤따랐다. 이에 대해 이상우는 다음과 같이 말한다.

"재미있는 사실은, 설치 동기가 정부측의 필요성보다는 오히려 지방대학 쪽의 요구에 보다 많이 기인해 있었다는 점이었다. 즉 지방대학 쪽에서, 중앙의 평가교수단에는 지방대학 교수가 한 사람도 포함되어 있지 않다고 불만, '우리들에게도 국정에 참여할 수 있는 기회를 달라'고 요구하여 지역개발 평가교수단이 설치되었다는 것이다. 그 단계에 있어 이미 정치와 권력으로부터 스스로를 격리시키려고 했던 전통적인 상아탑의 기풍은 180도 바뀌었음을 뜻하는 것이었다."[182]

평가교수단은 교수들에게 상당한 인기를 끌어 은근히 선발되기를 바라는 교수가 많았다는데, 교수들은 왜 평가교수단에 들어가길 원했을까? 무엇보다도 혜택이 많았다. 이상우는 다음과 같이 말한다.

"평가교수들에게는 매월 일정액의 수당이 국고에서 지급되고, 경우에

180) 이상우, 『박 정권 18년: 그 권력의 내막』(동아일보사, 1986), 311쪽.
181) 이상우, 위의 책, 312쪽.
182) 이상우, 위의 책, 312쪽.

따라서는 특별 보너스가 지급되기도 했다. 경제적인 혜택 이외에 평가교수들은 자기 전공분야의 연구면에서 여러 가지 이점을 누릴 수 있었다. 예를 들면 학술연구에 필요한 자료를 입수하는 데 정부측의 편의를 얻을 수 있었고, 정부의 정책 브리핑이나 정부간행물 등 각종 자료 지원도 받을 수 있었다. 그 밖에 정부가 관계하는 국내외의 각종 회의에 대표의 일원으로 참석한다든지, 학술단체의 국제회의 같은 곳에 참가할 수 있는 기회도 자연 많은 편이었다. 이와 같은 혜택 외에 평가교수단 소속 교수들이 누릴 수 있었던 가장 큰 혜택 가운데 한 가지는 신분보장이었다."[183]

신분보장은 교수들에게 큰 의미가 있는 것이었다. 박 정권에 도전하는 학생 시위가 많아지면서 정부 기관원들의 학원 감시가 심해지고, 기관원들이 강의실에까지 들어와 강의 내용을 일일이 메모하는 등의 교권침해를 저질렀기 때문에 교수들이 극도로 위축될 수밖에 없었다. 게다가 1976년 3월 1일부터는 대학교원 계약임용제 실시로 교수들의 신분보장은 더 큰 위협을 받게 되었다. 실시 첫 해에 전체 교수의 4.7%에 해당되는 460명이 대학을 떠났는데, 그들 가운데 상당수는 민주화운동에 직간접적으로 참여한 교수들이었다. 이런 살벌한 상황에서 평가교수단 소속 교수는 자신의 안전을 지킬 수 있는 데다 행정부나 국회로 들어갈 수 있는 기회까지 누릴 수 있었던 것이다.[184]

대통령 특별보좌관 제도의 발족

1970년 12월 10일엔 대통령 특별보좌관 제도가 발족되었다. 이 제도도 대학교수 등과 같은 지식인 영입의 창구가 되었다는 점에서 중요한

---

183) 이상우, 『박 정권 18년: 그 권력의 내막』(동아일보사, 1986), 313쪽.
184) 이상우, 위의 책, 313-315쪽.

의미가 있다. 비록 대통령 특별보좌관이 되는 지식인의 수는 소수였을망정 이들이 상징적으로 또는 실질적으로 한국 지식계에 미칠 영향이 만만치 않았을 것이라는 이야기다.

대통령 특별보좌관엔 1969년 12월 5일에 선포된 국민교육헌장을 기초한 전 서울대 교수 박종홍(교육·문화 부문)을 비롯하여 연세대 함병춘(국제정치), 서울대 장위돈(국내정치), 서울대 박진환(농업경제), 고려대 김명윤(세제개혁), 성균관대 장동환(여론조사와 사회심리 분석), 박종홍의 제자인 『한국일보』 논설위원 임방현(국내정치) 등이었다.

이 가운데 가장 중요한 인물은 '20세기 초반 한국 철학의 중심 인물'[185]로 평가되어 온 박종홍이었다. 박종홍은 이미 5·16 쿠데타 직후부터 쿠데타 권력기관인 국가재건최고회의 기획위원회 사회분과 위원으로 참여하는 등 군사 정권과 밀접한 관련을 맺어 왔지만, 그의 특별보좌관직 수락은 이제 한 발이 아닌 두 발을 다 군사 정권에 들이밀겠다는 것으로 간주되어 당시 "한국 지식계는 상당한 충격을 받았다."[186] 그러한 '충격'에 대해 박종홍은 1969년 12월 10일자 일기에 다음과 같이 썼다.

"세론이 분분하다. 나는 설명이 불필요하다. 내가 옳다고 생각하는 것을 행할 뿐이다. 나는 중요한 시기라고 생각한다. 교육헌장의 정신을 부식(扶植)할 의무가 있다. 교육이나 문화는 국가 백년대계다. 여·야가 다를 리 없다. 어느 때나 어디서나 실천하여야 한다. 학문은 그저 안심입명(安心立命)을 위한 것은 아니다. 나의 철학을 산 철학으로 할 것이냐의 문제는 동시에 이 민족이 사느냐의 문제와 같다."[187]

박종홍은 또 1971년 1월 1일자 일기엔 다음과 같이 썼다. "오전 영시중. 새해 아침이다. 잠이 아니 온다. 만년을 무사주의로 평온하게 살다

---

185) 홍윤기, 〈박종홍 철학 연구: 철학과 권력의 퇴행적 결합〉, 『역사비평』, 제55호(2001년 여름), 161쪽.
186) 홍윤기, 위의 글, 206쪽.
187) 김정렴, 『아, 박정희: 김정렴 정치회고록』(중앙 M&B, 1997), 30쪽에서 재인용.

갈 것인가?……나는 진리를 추구하며 살아 왔다. 왜 스스로 실천을 못하고 진리라면서 그 실천은 남에게 맡기고 있는 것이 아닌가?……참으로 교육자라면 스스로 실천해 보여야 할 것이다. 보이는 것, 들리는 것은 진리뿐이다. 나는 진리를 위하여 진리를 몸으로 힘차게 나아가야 한다."[188]

박종홍의 박정희 파시즘 옹호

홍윤기의 말마따나, "한갓 대통령 특별보좌관 자리 하나 맡으면서 이렇게 철학자로서의 모든 존재 근거까지 걸 정도로 심각할 필요가 있었는지는 현재로서 이해하기 힘든 일"이다.[189] 도대체 자신이 무슨 일을 할 수 있었기에 박종홍은 그렇게까지 과잉된 심각함을 보였던 걸까? 경북대 철학과 교수 김석수는 다음과 같이 말한다.

"그는 국민교육헌장, 새마을운동, 유신운동을 철학의 현실참여의 중요한 활동으로 간주했다. 그는 3·1운동의 정신이 국민교육헌장에 계승되어야 하고, 실학 정신(특히 최한기의 과학철학적 정신)이 새마을운동과 유신운동에 계승되어야 한다고 보았다."[190]

홍윤기는 "박종홍 철학은 본질적으로 권력기회주의적 속성에 따라 움직일 수밖에 없었던 박정희 체제의 사상적 허약함에 교육을 통한 제2근대화라는 사상적 발상을 제공했다"라며 다음과 같이 말한다.

"박종홍의 철학적 실천은 박정희가 추진한 산업적 근대화와 반공적 독재체제에 국민적 차원의 정신개조 가능성을 보여 준 데 그 핵심이 있다. 따라서 민족중흥과 반공민주주의라는 요지로 압축되는 국민교육헌

---

188) 홍윤기, 〈박종홍 철학 연구: 철학과 권력의 퇴행적 결합〉, 『역사비평』, 제55호(2001년 여름), 206쪽에서 재인용.
189) 홍윤기, 위의 글, 207쪽.
190) 김석수, 『현실속의 철학 철학속의 현실: 박종홍 철학에 대한 또 하나의 해석』(책세상, 2001), 67-68쪽.

장은 박정희에게 민족적 대중적 총체적 동원이 가능하다는 것을 확신시키킴으로써 박정희의 단순한 군산복합 개발독재체제를 현대성 파시즘으로 발전시키는 단초를 제공한 것으로 평가된다."[191]

홍윤기는 이미 국민교육헌장의 제정과 실현이 '명백히 유신쿠데타의 정신적 전주곡'이었다면서 다음과 같이 말한다.

"국가권력의 긍정적 측면만 주시하고 그 부정적 작동 가능성이나 실태에 대해서는 사실상 눈감고 있었던 박종홍 개인의 철학적 실천에서 이것은 오랫동안 꿈꾸어 오던 자신의 철학, 나아가 국민국가건설 철학의 정치적 실천적 결실이었다. 분명 그가 꿈꾸던 국가는 진정한 의미에서 민주주의 국가는 아니었다. 무엇보다 박종홍에게는 민주주의적 멘탈리티와 그 계몽 과정이 결여되어 있었다.……그로서는 1971년 여름에 있었던 사법부 파동과 11월의 전태일 분신 사건을 염두에 두었을 '노임을 위한 고용인들의 요구' 등을 '그렇게 좋은 징조라고 생각할 수 없다'고 했다. 비판에 대한 그의 거리감은 자신의 유신철학이 반민주적이라는 점을 스스로 결코 부당하다고 여기지 않을 정도의 정치적 둔감함으로 체질화되어 있었다."[192]

함병춘의 군사 정권 옹호

박종홍 다음으로 중요한 인물은 함병춘일 것이다. 함병춘은 미국 노스웨스턴대를 거쳐 하버드대에서 법학 박사학위를 받았고, 예일대 법대에서는 풀부라이트 장학생으로 연구 활동을 한 바 있다. 그는 미국통 학자로서 처음에는 통일원 고문으로, 이후 1970년에서 1973년까지는 대통

---

191) 홍윤기, 〈박종홍 철학 연구: 철학과 권력의 퇴행적 결합〉, 『역사비평』, 제55호(2001년 여름), 163-164쪽.
192) 홍윤기, 위의 글, 205쪽.

령 정치담당 특별보좌관을 지냈다.

함병춘은 나중에 주미대사로 발탁되어 1973년 12월부터 1977년 5월까지 워싱턴에서 활약했다. 주미대사 시절 그의 주된 역할은 이른바 '박동선 스캔들'을 잠재우고 유신체제를 옹호하는 것이었다.[193] 그는 군사정권을 조선시대의 주자학적 정치문화의 폐해와 연결시켜 다음과 같이 옹호하였다.

"정치와 관련된 일체의 폭력을 싫어하다가 보니 그런 폭력을 다루는 전문가인 군인들을 천시하게 되었다. 국방 임무까지도 비판과 기피의 대상이 되었다. 국방을 강화하는 것이 조정의 덕치를 손상시키는 결과를 빚을 것 같으면 차라리 군사적 패배를 감수하고 침략자들에게 아부하는 쪽을 택하였다. 이것은 외교적 자살 행위이다. 상무 정신을 가진 문화권에서 보면 이런 주자학적 정치문화는 경멸스럽고 맥 빠지며 정체적이고 퇴보적이며 병적인 현상인 것이다."[194]

함병춘은 미국인들을 대상으로 "한국적 민주주의의 정당성을 설명하고 미국적 잣대로 개발도상국의 인권 문제를 비판하는 문제점을 지적"하는 일에 앞장 섰으며,[195] 귀국 후에도 유신체제를 정당화하는 주장을 펼쳤다.

박종홍은 순수한 의미의 파시스트?

앞서 지적했던 것처럼, 박종홍이나 함병춘 같은 지식인 개개인이 중요하다기보다는 그들이 한국 지식계에 미칠 수 있는 영향력이 더 중요하다고 보아야 할 것이다. 특히 박종홍의 경우 학계에서 지극한 존경을 받

---

193) 워커(전 주한 미 대사), 〈한국의 추억: 한국의 보배 함병춘〉, 『한국일보』, 1998년 2월 23일.
194) 조갑제, 〈사대적 문민들의 대한민국 죽이기〉, 『월간조선』, 1998년 1월호에서 재인용.
195) 조갑제, 위의 글.

는 인물이었기 때문에 그의 영향력을 가볍게 넘겨선 안 될 것이다. 그의 제자인 이한빈의 증언을 들어 보자.

"내가 1946년부터 서울대학교에서 철학을 배운 박종홍 교수는 우리 세대의 정신적 지주였다. 해방 후 겨울에 난방도 안 된 추운 동숭동 강의실에서도 한번도 휴강이 없는 교수로서의 성실한 정열, 단정한 자세와 근엄한 풍모, 고전과 선인의 사상에서 귀중한 유산을 현재와 미래로 투사하려는 건설적인 지적 자세, 이런 것들은 재학중 강의실에서만 아니라 내가 사회에 나온 뒤에도 계속 저서나 신문에 기고한 글들을 통해서 평생 교훈을 받았다. 특히 4·19 후 혼탁한 시기에 1961년 『한국일보』 연두사에 실린 〈한국의 길〉-변혁기를 맞아 아무리 우리의 갈 길이 험해도 그런 길을 걷기 위해서 우리는 태어났다는 시대정신을 일깨워 주던 글-은 내가 평생 기억하는, 잊지 못할 메시지로 명심해왔다. 한 마디로, 나는 박종홍 선생님으로부터 항상 나라의 장래를 위해서 성실히 생각하고, 생각한 바를 잘 정리해서 기회 있는 대로 후진들을 위해서 말과 글로 발표해야 된다는 '행동하는 지성인'의 도리를 배웠다."[196]

박종홍이 '행동하는 지성인'을 강조한 건 분명하지만, 박종홍은 순수한 의미의 파시스트에 가까웠다고 보아야 하지 않을까? 앞서 홍윤기가 그 점을 잘 지적했지만, 앞으로 박종홍을 비롯하여 자신의 양심을 걸고 박 정권을 옹호한 지식인들을 그런 관점에서 심도 있게 탐구하는 작업이 필요할 것이다. 그런 지식인들의 독재 정권 지지를 단순한 변절이나 탐욕의 탓으로 돌리는 건 독재의 유산을 극복하는 데에도 도움이 되지 않기에 더욱 그렇다.

특히 박종홍 예찬은 지금도 계속되고 있다는 점에 주목할 필요가 있을 것이다. 1977년 60여 편의 글로 구성된 『스승의 길: 박종홍 박사를 회

---

196) 이한빈, 『일하며 생각하며: 이한빈 회고록』(조선일보사, 1996), 454~455쪽.

상한다』라는 추모집엔 '세계적인 대학자이시며 대철인', '태양처럼 빛날 것이다', '한국의 스피노자', '고결한 인생', '우리 나라 지성을 대표하는 철학자', '뜨거운 애국자', '한국의 1천 년에 걸친 유학 전통의 최후를 장식하는 마지막 선비' 등과 같은 극찬이 가득하다.[197] 1996년에도 여전히 '경건한 선비, 성실하고 탁월한 교육자, 민족혼을 불러일으킨 애국적 지성 그리고 현대 한국에서 진정한 철인'이라는 극찬이 계속되고 있다.[198]

그런 극찬을 한 지식인들은 한국의 주류 지식인들이다. 그들이 과연 박종홍의 유신 지지까지 포함하여 박종홍의 철학을 그렇게 높이 평가하는 것인지 아니면 학연을 중심으로 한 한국 특유의 연고주의 문화 때문에 그러는 것인지 궁금하지 않을 수 없다.

---

197) 김석수, 『현실속의 철학 철학속의 현실: 박종홍 철학에 대한 또 하나의 해석』(책세상, 2001), 203쪽에서 재인용.
198) 김석수, 위의 책, 27쪽에서 재인용.

1971년

제2장

박정희 1인 체제의 완성

'언론화형식'과 '언론자유수호선언'

『다리』 탄압 사건

박 정권의 언론 통제는 제7대 대통령 선거를 앞두고 더욱 극심해졌으며, 언론은 그런 통제에 순응하는 자세를 보이기 시작했다. 김대중을 용공으로 몰려는 정치 공작도 아주 저급한 수준에서 치열하게 진행되었다.

4·27 선거를 두 달 앞둔 1971년 2월 12일 문학평론가 임중빈과 그의 글 〈사회참여를 통한 학생운동〉이라는 글을 실은 『다리』 편집인 윤형두와 발행인 윤재식을 반공법 위반 혐의로 구속한 것도 바로 그런 공작의 일환이었다. 임중빈의 글 가운데 반공법 위반으로 문제가 된 대목은 다음과 같은 것이었다.

"침묵이 미덕이며 안정만이 특효약이라는 기만적 발상. 희망의 좌절, 욕망의 좌절, 지성의 좌절 속에 좌절은 기교를 낳고 그 기교 때문에 다시 좌절하는 이 나라 사이비 지식인 작태나 언론인의 곡필, 한낱 오락 산업에 동원되고 있는 문화예술인의 추태.……아메리카의 문화혁명은 단순한 광기의 발산······."[1]

이런 정도의 글을 반공법 위반이라고 트집을 잡은 것도 문제였지만, 이 글은 『다리』 1970년 11월호에 실렸던 것인데 석 달이 지나 뒤늦게 구속한 건 이 사건이 대선을 앞두고 주도면밀하게 기획된 정치 공작이었음을 말해 주는 것이다. 박 정권은 관련자들이 김대중과 밀접한 관계를 맺고 있다는 걸 겨냥했다.

김대중의 측근 김상현은 『다리』의 고문 직함을 가진 실제 소유주였으며, 『다리』의 발행인인 윤재식은 김대중의 공보비서였고, 임중빈은 대선용 『김대중 회고록』을 집필중이었다. 그리고 윤형두가 운영하는 범우사는 김대중의 선거용 책자들을 시리즈로 이미 간행했거나 준비하고 있었다.[2] 윤형두는 실제로 사건 전 정보기관원에게서 김대중 관련 책들을 내지 말라는 협박을 받았다.[3]

재판을 맡은 판사 목요상은 윤형두·윤재식을 직권 보석으로 풀어 주었고, 전원 무죄판결을 내려 검찰과 갈등을 빚게 되었는데, 이는 나중에 사법 파동의 한 원인이 되었다. 이 사건으로 『김대중 회고록』은 나올 수 없었고, 『다리』는 문을 닫고 말았다.

편집국장 옆에 앉은 중앙정보부원

나날이 심해지는 박 정권의 언론통제에 언론은 말없이 굴종하였다. 이에 항의하여 3월 24일 서울대 법대생들은 학생총회를 열고 일간신문과 잡지 등을 불태우는 '언론화형식'을 열었다. 3월 25일 서울대 문리대생들도 학생총회를 열고 '언론인에게 보내는 경고장'을 채택했지만 신

1) 김충식, 『정치공작사령부 남산의 부장들 1』(동아일보사, 1992), 303~304쪽.
2) 한승헌, 『불행한 조국의 임상노트: 정치재판의 현장』(일요신문사, 1997), 116~117쪽.
3) 윤형두, 〈월간 『다리』지 필화 사건: 언론·출판 탄압에 대한 최초의 무죄 사건〉, 한승헌 선생 화갑기념문집 간행위원회 편, 『분단시대의 피고들: 한승헌 변호사 변론 사건 실록』(범우사, 1994), 160쪽.

문엔 단 한 줄도 보도되지 않았다.

3월 26일 서울대 문리대·법대·상대 학생회장단 30여 명은 '민중의 소리 외면한 죄 무엇으로 갚을 텐가'라는 플래카드를 앞세우고 동아일보사 앞까지 찾아가 '언론인에게 보내는 경고장', '언론화형선언문', '언론인에게 고한다' 등의 유인물을 행인들에게 나누어 주고 마이크로 낭독하는 언론화형식을 열었다.

학생들은 '언론화형선언문'을 통해 "이제 권력의 주구, 금력의 시녀가 되어 버린 너 언론을 슬퍼하며 조국에 반역하고 민족의 부름에 거역한 너 언론을 민족에 대한 반역자, 조국에 대한 반역자로 규정하여 민중의 이름으로 화형에 처하려 한다"라고 선언하였다. 학생들은 또 '언론인에게 보내는 경고장'에서는 언론인들을, "선배 투사의 한 서린 해골 뒤에 눌러 앉아 대중을 우민화하고 오도하여 얻은 그 허울 좋은 대가로 안일과 축제를 일삼는 자들"이라고 규탄하였다. 이 '경고장'은 그 근거를 다음과 같이 밝혔다.

"정치 문제는 폭력이 무서워 못 쓰고, 사회 문제는 돈 먹었으니 눈감아 주고, 문화 기사는 판매부수 때문에 저질로 치닫는다면 더 이상 무엇을 쓰겠다는 것인가.……신문이 신문을 위해 있는 것이 아니요 대중을 위해 있는 것일진대, 폭력이 무서웠다고, 돈맛이 좋았다고 그렇게 나자빠져 버리면 그만인가! 도둑 지키라는 파수꾼이 망보기꾼으로 둔갑한 꼴이 아니고 무엇인가! 듣건대 일선 기자의 고생스런 취재는 겁먹고 배부른 부차장 선에서 잘리기 일쑤고, 힘들게 부차장 손을 벗어나면 편집국장 옆에서 중앙정보부원이 지면을 난도질하고 있다니 이것이 무슨 해괴한 굿거리인가. 통탄할 언론의 무기력과 타락은 이미 인내의 한계를 넘어서고 있다."[4]

---

4) 동아일보사 노동조합, 『동아 자유언론실천운동 백서』(동아일보사, 1989), 150쪽.

'정상배로 전락한 신문 경영자'

학생들의 주장은 결코 과장된 것이 아니었다. 송건호는 당시 어느 언론사 한 논설위원의 개탄을 다음과 같이 전하고 있다.

"상공부 문제는 이런 사정으로, 서울시 관계 문제는 저런 사정으로, 건설부 문제는 또 이러저러한 사정으로, 경제기획원 관계 기사는 또다른 사정으로 모두 사설로 다루어서는 안 된다는 회사측의 지시니 차라리 사설난을 없애 버리는 것이 좋겠다."[5]

그런가 하면 주한 미 대사관이 3월 30일자로 미 국무부에 보낸 보고서는 "선거철 한국 언론에 가해지는 압력이 『한국일보』사태로 극명하게 드러났"다며 다음과 같이 말한다.

"이 신문은 공화당 내의 유명 인사인 장기영 사주가 소유하고 있음. 『한국일보』의 부장 2명이 중앙정보부의 압력에 의해 해직된 것으로 전해지는데 이들은 신민당의 활동에 지나친 지면을 할애했다는 것임. 특히 주목을 끄는 것은 이들 언론인들은 김대중 신민당 후보 집에서 발생한 폭탄투척 사건을 집중 보도하면서 신민당에 동정적인 논조를 취했다는 혐의를 받고 있다는 것(이는 다분히 정보부의 시각에서 본 것임). 이들 2명의 부장들은 장기영 사주에게 충성을 다해 일해 온 인사들로서 최근 공화당 성향으로 기운다는 인상으로 초래된 구독자 감소 추세를 막기 위해 신민당 활동에 대한 보도를 늘렸다고 말했음."[6]

또 이 보고서는 영화관의 『대한뉴스』에 대한 불만도 소개하고 있어 흥미롭다.

"한국의 영화관에서는 영화가 시작되기 전 애국가가 연주되며 애국심

---

5) 송건호, 『한국현대언론사』(삼민사, 1990), 169쪽.
6) 정리 장인철, 〈미 국무부 기밀해제 문서·71년 한국 대선: 박 대통령, 정일권에 "선거 손떼라"〉, 『한국일보』, 1997년 11월 4일, 14면.

을 고취시키기 위한 1분 30초짜리 『대한뉴스』가 상영됨. 이 홍보영화는 태극기와 한국의 명승지를 차례로 보여 주고 마지막으로 애국가가 울려 퍼지면서 대통령의 모습을 보여 줌. 관중은 모두 기립해야 함. 그런데 최근 박정희 대통령 얼굴이 화면에 등장할 때 관중이 일어서야 하는 데 대한 불평불만의 소리가 높음. 일부에서는 박 대통령의 얼굴을 등장시키는 것은 선거법 위반이라는 지적도 나왔음."[7]

그런데 왜 학생들은 하필이면 동아일보사 앞에서 그런 시위를 벌였을까? '언론인에게 보내는 경고장' 가운데 다음과 같은 대목은 당시 『동아일보』의 위상을 잘 말해 주고 있다.

"동아야 너도 보는가. 하늘 무서운 줄 모르고 올라만 가는 조선의 저 추잡한 껍데기를. 너마저 저처럼 전락하려는가. 동아야 너도 알맹이는 사라지고 껍데기만 남았는가. 우리는 신문 경영자가 이미 정상배로 전락했음을 단정하고 또한 신문을 출세의 발판으로 이용하려는 가짜들이 적지 않음을 알고 있다. 여기서 우리는 한 가닥 양심을 지니고 고민하고 있는 언론인이 어딘가에 있으리라 믿으며 그들께 호소한다."

또 4월 2일 연세대생 5백여 명도 교련거부 성토대회를 갖는 자리에서 '전국 언론에게 보내는 메시지'를 채택하였는데, 이와 같은 학생들의 반독재 자유언론 시위는 연일 계속되어 결국 서울대 법대·문리대·상대·사대·가정대 등이 휴강하는 사태에까지 이르렀다.[8]

기자들의 '언론자유수호선언'

대학생들이 선언한 한국 언론의 사망은 박 정권에겐 축복이었다. 실

---

7) 정리 장인철, 〈미 국무부 기밀해제 문서·71년 한국 대선: 박 대통령, 정일권에 "선거 손떼라"〉, 『한국일보』, 1997년 11월 4일, 14면.
8) 동아일보사 노동조합, 『동아 자유언론실천운동 백서』(동아일보사, 1989), 25쪽.

제로 박정희는 그렇게 죽은 언론을 매우 흡족하게 생각하여 4월 7일 제 10회 신문의 날 치사에서 "우리 언론은······조국발전을 위한 공헌의 전통을 확립하였습니다"라고 언론을 추켜세웠다.[9] 그간 박정희는 언론이 마음에 들지 않을 때엔 그 어떤 상황에서건 비판적인 직설을 마다하지 않았던 걸로 미루어 그건 의례적인 치사가 아니라 박정희의 진심으로 보아야 할 것이다.

박정희는 언론에 대해 흡족하게 생각한 반면, 학생들의 반독재 자유 언론 시위는 연일 계속되었으며, 이는 양심적인 기자들에게 적잖은 영향을 미쳤다. 『동아일보』 기자들은 4월 15일 '언론자유수호선언'을 했는데, 편집국에서 선언대회 개최가 좌절되자 별관 2층 회의실로 자리를 옮겨 강행하였다. 30여 명이 참석한 이 선언대회에 참석한 간부들 가운데엔 논설위원 송건호와 사회부장 김중배가 있었다. 이 날 편집국장 박권상은 중앙정보부에 전화를 걸어 중정요원의 철수를 요구하였는데, 그는 당시 상황을 다음과 같이 회고했다.

"15일 아침 일찍 중앙정보부 보안담당 차장보에게서 기자들의 선언 경과를 묻는 전화가 걸려왔다. 그때 『동아일보』를 출입하던 중정요원이 문화부 쪽에서 왔다갔다하는 것이 눈에 띄었다. 나는 차장보에게 '젊은 기자들이 당신들의 출입금지를 결의했다. 나로서는 받아들이지 않을 수 없으니 당장 철수시켜 달라'고 말했다. 그는 '고려해 보겠다'고 답했고 나는 다시 '고려만으로는 안 된다. 지금 철수시키지 않으면 우리가 쫓아내겠다'고 경고했다. 그는 '15분만 기다려 달라. 부장(이후락)의 허락을 받아 철수시키겠다'고 말했고 곧 그 요원은 사라졌다. 이 날부터 8개월 후인 12월의 국가비상사태 선포까지 기관원의 출입은 중단됐다."[10]

『동아일보』 기자들의 언론자유수호선언에 힘입어 『한국일보』 기자들

---

9) 김해식, 『한국언론의 사회학』(나남, 1994), 123쪽.
10) 동아일보사 노동조합, 『동아 자유언론실천운동 백서』(동아일보사, 1989), 26쪽.

도 4월 16일 자유언론수호선언을 하였으며, 4월 17일엔 『조선일보』·
『대한일보』·『중앙일보』기자들도 참여했다.

교련 철폐 및 공명선거운동

박 정권은 대학생들을 통제하기 위해 1971년 1학기부터 대학 교련을
대폭 강화해 주 2시간이던 것을 주 3시간으로 늘린 데다, 집체교육까지
강요해 재학중 71시간의 교련을 받아야 졸업할 수 있게 하였다. 교관도
전원 현역으로 교체하였다.

이에 학생들은 교련 거부 성토대회를 열면서 반독재 자유언론 시위를
병행하는 것으로 대응했다. 이런 시위는 4월 2일 연세대생들의 교련 거
부 성토대회를 시발로 여러 대학으로 번져 나갔다. 4월 14일엔 11개 대
학 학생대표 2백여 명이 모여 '민주수호전국청년학생연맹'을 결성하고
교련 철폐운동과 공명선거 캠페인을 전개하기로 결의하였다. 4월 15일
의 교련반대 데모는 서울 시내에서 2만여 명이 참여하였으며, 시위는 4월
21일까지 계속되었다.[11]

4월 21일에는 4·19 및 6·3 세대의 청년들이 '민주수호청년협의회'
를 결성하고 민주적인 선거가 실시되도록 하기 위해 적극적인 행동에 나
설 것을 결의하였다. 구체적인 방법은 선거참관운동이었는데, 4월 24일
현재 13개 대학의 1천2백50여 명의 학생들이 참관인으로 지원하였다.

한편 재야 인사들은 4월 8일 민주수호선언을 발표한 데 이어 4월 19일
민주수호국민협의회를 발족하였다. 이 협의회는 이전의 3선 개헌 반대
범국민투쟁위원회와는 달리 김재준, 이병린, 천관우 등 비정치인들을 대
표위원으로 하여 구성하였으며, 그 구성원의 출신도 학계 언론계 법조계

---

11) 서중석, 〈3선 개헌 반대, 민청학련투쟁, 반유신투쟁〉, 『역사비평』, 창간호(1988년 여름), 76쪽.

종교계 문학계 등 다양했다.

이 협의회는 민주수호전국청년학생연맹, 민주수호청년협의회, 민주수호기독청년협의회 등 공명선거를 위해 새로이 결성된 청년·학생단체들을 수용하여 대대적인 선거참관운동을 전개하였는데, 참관인단의 수는 6천 명을 상회하였다.[12] 그러나 이들은 조직 기반도 없었거니와 시간적 여유도 없어 이후락의 중앙정보부가 대대적으로 시도한 부정선거를 막아내기엔 역부족이었다.

---

12) 한국기독교교회협의회 인권위원회, 『1970년대 민주화운동 (I)』(한국기독교교회협의회, 1987), 61·65쪽.

선거를 위한 서승, 서준식 형제 '간첩' 조작

보안사가 연출한 반공 드라마

박정희 정권의 정보기관들은 4·27 대선을 앞두고 '건수 올리기' 경쟁을 벌이기 시작했다. 이후락의 중앙정보부가 밀어붙인 『다리』 탄압 사건에서 별 재미를 보지 못하자, 김재규의 육군 보안사가 나서 새로운 사건을 조작해냈다. 4·27 선거가 열흘도 남지 않은 시점인 4월 18일 '선거를 틈타 민중봉기를 일으켜 정부를 전복시키려고 암약'해 왔다는 혐의로 재일교포 대학생 서승(27세, 서울대 사회학과 대학원 2학년), 서준식(24세, 서울대 법대 3학년) 형제 등 '간첩' 10명에 대한 구속영장이 청구된 것이다. 이 사건으로 서준식은 7년 형을, 서승은 무기형을 선고받았다.

당시 박 정권은 서로 무관한 여러 사건들을 한데 묶어 서승·서준식을 주범으로 하는 50명 가량의 대조직으로 구성된 학원 침투 간첩단 사건을 만들어내 이를 수 개월에 걸쳐 라디오와 텔레비전에서 반공 드라마로 선전하였다. 박 정권은 서승이 10개월 가량 김대중의 측근 김상현의 집에 기거한 적이 있었다는 점에 주목해 공산혁명 기도, 김대중과 관계를 자백하라고 서승을 포함한 다른 관련자들에게 혹독한 고문을 가했다.

서승이 당한 고문

서승은 "더 이상 고문을 당하면 내 뜻과는 달리 무슨 이야기가 나올지 모른다는 공포감"이 생긴데다 계속되는 고문이 너무 고통스러워 온몸에 경유 난로 기름을 끼얹고 분신을 기도했다.[13] 서승은 다음과 같이 증언한다.

> 취조는 처음부터 거칠게 시작되었다. 심문의 각본은 이미 짜여져 있었다. 그 내용의 하나는 내가 북한의 지령을 받아 서울대학에 지하조직을 만들어 학생들의 군사교련 반대투쟁과 박정희의 대통령 3선 반대투쟁을 배후 조종하여 인민봉기를 선동하고 정부 타도와 공산혁명을 기도했다는 것이다. 다른 하나는 당시 김대중 후보의 심복이자 선거참모였던 김상현 의원을 통해 그에게 일본에서 불순한 정치자금을 전달했다는 것이었다. 대통령 선거를 앞두고 반독재투쟁의 선봉인 학생운동에 일대타격을 가하고, 김대중 후보에게 '용공'의 오명을 덮어 씌움으로써 공포 분위기 속에서 박정희의 대통령 3선 야망을 이루려는 각본이었다.
> 심문은 말 그대로 무자비했다. 몽둥이로 맞고 바닥에 구르면서 고문을 이겨낼 수 없다는 절박한 공포감에 사로잡혔다. 만약 이 각본을 받아들인다면? 무서운 자문이었다. 4 · 19 이후 강물처럼

---

13) 김충식, 『정치공작사령부 남산의 부장들 1』(동아일보사, 1992), 310쪽.

피흘리며 이루어 온 민주화와 통일을 향하는 학생운동은 커다란 타격을 받는다. 민중의 군사독재 타도 열망과 미래를 향한 희망도 물거품이 되고 만다. 입이 찢어져도 각본을 받아들일 수 없다. 죽어도 그럴 수는 없다.……

창 밖으로는 연이어 연행되어 오는 학우들의 모습이 스쳐 지나갔다. 이웃 건물들에서는 밤새 학우들의 처참한 비명 소리와 신음 소리가 터져 나왔다. 각본은 움직일 수 없다. 조서 작성을 위한 고문만이 남아 있었다. '마음대로 하라'고 목구멍에서 튀어나오려는 말을 안간힘으로 눌렀으나 고문의 아픔은 죽음보다 더했다. 취조관에 매달려 "차라리 죽여라! 제발 죽여 달라"고 몇 번이나 애원했는지 모른다.……

혼자 되다니!……. 항상 감시가 원칙인데 기적과 같은 일이 일어난 것이다. 지금밖에 기회는 없다. 취조관이 다시 들어오면 각본대로 하고 말 것이다. 가물가물 타고 있는 난로가 눈에 들어 왔다.……연료탱크를 들어 올려 마개를 열고 머리에 기름을 부었다. 성냥이나 라이터를 찾았으나 보이지 않아 책상 위의 조서를 한 장 집어들고 둘둘 말아서 난롯불을 붙였다.……경비병이 눈치채지 못하게 이를 악물고 비명을 참았지만 불길이 어깨에서 얼굴로 옮겨 붙자 더 이상 견디지 못하고 "어-어-어-"하는 비명이 터져 나오고 말았다.……

비명을 듣고 경비병이 방으로 뛰어들어와 방화수 양동이의 물을 끼얹었다. 순간 불은 소리를 내어 확 타올랐다. 놀란 그는 구원을 요청하러 뛰어나갔다. 나는 불덩어리가 되어 바닥을 구르다 문 밖으로 굴러나갔다.……아무런 고통도 없고 "모든 것은 끝났다"는 안도감과 고요함만이 있었다. 들판에 버려진 아이처럼 서글픈 정적 속에서 땅에 누워 빨려 들어갈 것 같은 하늘을 올려다보고 있었다. 눈물이 흘러내렸다. 입 안에서 되뇌였다. "어머니, 미안해요. 어머니, 용서하세요."[14]

선거를 엎기 위한 음모극

물론 그 사건은 철저하게 조작된 것이었다. 서승, 서준식 형제가 1970년 서울법대 재학중 불법적으로 7박 8일 동안 북한 여행을 다녀온 건 사실이었지만, 그건 어디까지나 재일교포로서 모국에 대한 그리움에서 방문을 했던 것이다. 그러나 박 정권은 이것을 간첩 행위로 연관시키며 한 편의 무서운 음모극을 연출했던 것이다. 김대중의 측근 김상현은 이렇게 말했다.

"만일 박정희 후보가 질 경우 서승 사건과 연계시켜 선거 자체를 뒤엎어 버리려는 전략이었다고 한다. 조봉암이 그런 식으로 죽어 갔던 것 아닌가."[15]

그것뿐만이 아니었다. 중앙정보부의 조작으로 어차피 선거는 박정희가 이기게 되어 있었지만, 만일의 경우에 대비하기 위해서인지 유권자들을 위협하는 소문은 여기저기 떠돌아다녔다. 최규장은 다음과 같이 말한다.

"박정희 · 김대중 후보가 마지막 선거 유세 대결을 벌일 때 윤필용 당시 수도경비사령관이 김대중이 당선되면 '서울 거리에서 탱크를 보게 될 것'이라고 미 CIA 책임자에게 했다는 말은 언론에는 뻥긋도 안 했지만 입에서 입으로 활달하게 옮겨 다녔다."[16]

중앙정보부가 그런 중요한 일을 수도경비사령관에게만 맡겨둘 리는

---

14) 서승, 〈겨레를 찾아 나라를 찾아〉, 한승헌 선생 화갑기념문집간행위원회 편, 『분단시대의 피고들: 한승헌 변호사 변론 사건 실록』(범우사, 1994), 180~182쪽.
15) 김충식, 『정치공작사령부 남산의 부장들 1』(동아일보사, 1992), 310쪽.
16) 최규장, 『언론인의 사계』(을유문화사, 1998), 102쪽.

없었다. 중앙정보부 특명수사국에는 특명사항이 하달되었다. 당시 중앙정보부원이었던 최종선은 다음과 같이 말한다.

"하루는 지나가는 개도 웃을 특명이라는 게 내려 왔는데, 내용인즉, '총칼로 잡은 정권 쉽게 내줄 것 같으냐? 피바다가 될 거다!' 라는 식의 깡패 양아치들이나 할 상스러운 협박공갈 유언비어를 시중에 나가 퍼뜨리면서 국민을 겁주라는 게 국가안보 최고기관이라는 중앙정보부 특명수사국에 내려온 특명사항이었습니다. 이게 비싼 밥 먹고 할 일이란 말입니까? 이게 조국을 위해 생명을 바치기로 결심한 우리에게 하라는 짓거리입니까?"[17]

그러나 그게 바로 중앙정보부, 아니 박 정권의 본질이요 정체성이었다. 박정희도 나중에(1972년 2월 22일) 청와대 출입을 그만두게 된 기자들을 위해 베푼 저녁식사 자리에서 이렇게 말했다. "김(대중)씨가 당선되었다고 할지라도 모측에서 가만히 있지 않았을 것이요. 내가 극력 막는다 해도 그들은 움직였을 것이야."[18]

점쟁이들을 유언비어 유포에 이용하는 수법도 동원되었다. 최종선은 "점쟁이들까지 잡아다가 유언비어를 조작하여 유포하도록 공작하고 협박할 정도로 정권 연장을 위하여는 이미 체면도 없고 자존심도 없이 모든 추악한 방법을 다 동원"했다고 증언하고 있다.[19]

17) 최종선, 『산자여 말하라: 나의 형 최종길 교수는 이렇게 죽었다』(공동선, 2001), 220쪽.
18) 〈집중연재 박정희 육성증언: 선우연 공보비서관, 8년간의 육성 비망록 여섯 권, 역사적인 대공개!〉, 『월간조선』, 1993년 3월, 158쪽.
19) 최종선, 위의 책, 220쪽.

정권을 훔친 박정희

김대중과 박정희의 유세 경쟁

'10년 세도 썩은 정치, 못살겠다 갈아 보자', '논도 갈고 밭도 갈고 대통령도 갈아 보자'.

이와 같은 선거 구호를 외치고 다닌 신민당 대통령 후보 김대중의 선거 유세는 큰 바람을 불러일으켰다. 10만을 넘는 인파가 몰려드는 건 보통이었고 서울 장충단 공원 유세는 1백만 명이나 되는 인파가 몰려들었다. 그래서 이런 일까지 생겨났다.

"이후락 정보부의 또다른 주요 임무는 김대중 연설 청중 숫자에 관한 보도통제였다. 차장보 등은 직접 『동아일보』를 드나들며 연일 김대중의 유창한 웅변에 쏠리는 인파가 보도에 부각되지 않도록 노력했다. 그 바람에 4·27 선거를 열흘 앞두고 기자들의 불만이 폭발, '정보요원의 신문사 출입금지', '정보부의 언론간섭 중지'를 결의하는 사태가 빚어지기도 했다."[20]

김대중 바람에 대한 박 정권의 공개적인 대응은 주로 색깔론이었다. 외무장관 최규하와 공화당 대변인은 "김대중 후보의 언론·체육인 등의 남북교류, 4대국 안전보장, 예비군제 폐지 공약을 북한이 지지 표명했다"라고 발표했는가 하면, 국방장관 정래혁은 "예비군 폐지는 김일성 남침을 촉진·유도하는 이적 행위다"라는 성명을 발표했다.[21] 박정희도 질세라 열심히 전국 유세에 나서 그의 전국 유세는 130회를 기록했다.

이와 함께 박정희의 선심 공세도 쏟아졌다. 주한 미 대사관이 3월 30일자로 미 국무부에 보낸 보고서에 따르면, 30일 이전 한 주간에 발표된 조치들은 다음과 같다.

"서울시는 시내 무허가 건물 3분의 1을 양성화한다는 조치를 발표함. 건설부는 부산 지역의 대대적인 개발계획을 공표함. 교육부는 정부 및 민간단체가 출연하는 장학기금을 조성하여 내년 가을 519명의 대학생에게 장학금을 지급하고, 75년까지는 장학금 수혜자의 수를 2,535명으로 늘린다는 계획을 발표함. 농협은 3월 1일자로 소급하여 농가 부채 미상환분에 대한 연체료를 삭감해 주겠다고 발표함. 5월 5일(어린이날)까지 서울에 20개의 어린이 공원을 신설할 계획을 공표함."[22]

박정희의 대선 자금은 국가예산의 10%

4·27 대선은 언론이 자유롭지 못한 가운데 치러진데다 박 정권은 대규모의 부정선거를 자행하여 결국 정권을 재장악하는 데 성공하였다. 박정희는 6백34만 2천8백28표(53.2%)를 얻었고, 김대중은 5백39만 5천9백표(45.3%)를 얻었다. 선거가 끝나고 박정희는 94만여 표밖에 차이가 나

20) 김충식, 『정치공작사령부 남산의 부장들 1』(동아일보사, 1992), 301쪽.
21) 김옥두, 『고난의 한길에도 희망은 있다』(인동, 1999), 76~77쪽.
22) 정리 장인철, 〈미 국무부 기밀해제 문서·71년 한국 대선: 박 대통령, 정일권에 "선거 손떼라"〉, 『한국일보』, 1997년 11월 4일, 14면.

서울 장충단 공원에서 선거 유세를 하고 있는 신민당 대통령 후보 김대중.

1971년 4월 25일 공화당 대통령 후보 박정희의 서울 유세장에 모인 군중들.

지 않은 것에 대해 "하마터면 정권 도둑맞을 뻔했다"고 말했다지만, 정작 정권을 도둑맞은 건 김대중이었다.

1971년 국가예산은 5천2백42억 원이었는데, 박정희는 이 선거에서 국가예산의 10%가 넘는 600-700억 원을 썼다(600억 원은 김종필, 700억 원은 강창성의 증언).[23] 입석버스 요금이 15원, 연탄 1장 20원, 커피 50원, 정부미 80Kg이 7천 원 하던 시절이었으니[24] 지금 기준으로 따지면 조(兆) 단위를 넘는 엄청난 돈이었다.

박 정권은 대선 자금을 위해 한국에 진출해 있는 미국계 기업들에게서 약 8백50만 달러를 거두어 들였다. 여기엔 거대 석유기업인 칼텍스사가 제공한 4백만 달러와 걸프사가 제공한 3백만 달러가 포함되어 있었다.[25] 이들은 박정희에게 정치헌금을 내고 한국의 석유 산업을 사실상 집어삼켜 버렸다.

박정희의 대선 자금 창구는 공화당 재정위원장인 김성곤이었는데, 걸프사의 사장 보브 도시는 70년대 후반에 열린 미 의회 청문회에서 자신이 대선 자금을 뜯긴 것에 대해 다음과 같이 증언했다.

"문제(정치헌금)를 해결하기 위해 서울에 갔다. 김성곤 씨가 집으로 초대했다. 내가 평생 만나본 인물 가운데서 아마도 가장 다루기 힘든 인물이었을 것이다. 그 날처럼 모욕을 당한 일은 처음이었다. 그는 거칠고 깐깐한 자금 모집책이었다. 그는 1000만 달러를 요구했으나 결국 300만 달러로 낙착됐다. 그 돈은 걸프 본사의 자금에서 지출된 것이지만 일단 바하마에 있는 바하마탐사(주) 회사로 돌려져 그 회사 장부에 경비로 기록했다가 한국으로 건네졌다."[26]

걸프사는 1975년 5월 16일에 열린 미 의회 프레이저 청문회에서도

23) 김충식, 『정치공작사령부 남산의 부장들 1』(동아일보사, 1992), 296쪽.
24) 김충식, 위의 책, 296쪽.
25) 박세길, 『다시쓰는 한국현대사 2: 휴전에서 10 · 26까지』(돌베개, 1989), 171쪽.
26) 김충식, 위의 책, 183-184쪽에서 재인용.

"우리가 전 세계의 외국 정부에 제공한 5백만 달러에 달하는 정치자금 중 80%가 한국의 공화당 정권에 지불되었다"라고 증언했다.[27]

중앙정보부의 투표 결과 조작

앞서 지적한 바와 같이, 당시 언론은 이미 박 정권에 장악되어 있어 사실 보도를 제대로 할 수 없었다. 심층취재로 박 정권의 부정선거를 폭로한 거의 유일한 기사는 울산의 개표 부정을 다룬 대구『매일신문』 5월 1일자와 6일자 기사였다. 울산 주재기자 한종오는 자신이 개표장에서 본 것과는 전혀 다른 결과가 나온 데에 의심을 품고 취재를 한 결과 울산시 장이 중앙정보부의 지시를 받고 투표 결과를 조작했다는 걸 알게 되었 다.

"심증을 굳힌 한종오 기자는 울산시장 집무실로 달려갔다. 비서에게 '대검에서 시장을 잡으러 수사관들이 내려오고 있다'는 거짓말을 하고 시장면담 요청을 해놓았다고 한다. 그런데 문 밖에서 기다리는 그의 귀 에 시장실 안에서 뭔가를 찢는 소리가 들리고 이어 시장이 집무실의 다 른 문을 통해 밖으로 나가는 느낌이 들었다. 한 기자는 시장 집무실 휴지 통에서 찢어진 메모지 여섯 조각을 주워 집으로 돌아와 일일이 맞추기 시작했다. 거기엔 개표 조작에 중앙정보부가 개입되었고, 박정희의 표를 82.1%로 하라는 뜻의 메모가 씌어 있었다."[28]

당시 신민당의 울산 지구당 위원장이었던 최형우도 울산 울주 지역의 개표 결과를 보고 경악했다.

"각 투표함마다 김대중 후보 지지표가 10표를 넘지 않았다. 내가 살고

---

27) 문명자, 『내가 본 박정희와 김대중』(월간 말, 1999), 212쪽.
28) 허용범, 『한국언론 100대 특종』(나남, 2000), 153쪽.

있던 우정동의 경우 집안 식구들의 것만 합쳐도 12표였고 친척들과 친구들의 것을 합치면 100표가 훨씬 넘었다. 그런데도 김대중 후보 지지표가 집안 식구들 숫자에도 못 미치는 7표밖에 나오지 않은 것이었다. 개표부정이 얼마나 심했으면 이 지경에 이를 수 있다는 말인가. 분노 이전에 수치심으로 온몸이 부들부들 떨렸다."[29]

『조선일보』가 준 '이번이 마지막' 아이디어

박정희는 4·27 대선에서 유권자들에게 "이번이 마지막 출마"라는 것을 강조하면서 '마지막'에 약한 우리 국민의 심성을 파고들어 제법 재미를 보았다. 김대중이 4월 17일 전주 유세부터 "박 정권이 종신 총통제를 획책하고 있다"라고 폭로했기 때문에 박정희로서는 그에 대항할 필요도 있었으리라.

그런데 그 아이디어가 『조선일보』에서 나왔다는 게 흥미롭다. 박정희는 이미 군정 초기부터 당시 『조선일보』 사장 방일영의 집을 찾아가 사적인 교류를 가질 만큼 『조선일보』와는 가까웠는데,[30] 박정희와 『조선일보』의 상부상조(相扶相助) 관계는 70년대 내내 지속된다. 『조선일보』 회장 방우영이 자신의 자서전 『조선일보와 45년』에서 밝힌 말을 들어 보자.

"박 대통령의 부산 유세를 앞두고 이후락 실장이 본사를 찾아와 환담 중에 '결정적 묘안이 없느냐'고 물었다. 이때 최석채 주필이 '3선만 하고는 더 이상은 안 하겠다고 국민 앞에 공약을 하라'고 말해 주었다. 그래서인지 박 대통령은 부산 유세에서 처음으로 국민 앞에서 '이번만 하

---

29) 최형우, 『더 넓은 가슴으로 내일을』(깊은사랑, 1993), 62쪽.
30) 이상우, 『박 정권 18년: 그 권력의 내막』(동아일보사, 1986), 170쪽.

고는 다시는 여러분께 표를 달라고 하지 않겠다' 고 말했다.”[31]

박정희가 단지 말만 한 건 아니었다. 한 편의 신파극을 연출했다. 그는 4월 24일 부산 유세에 이어 25일 서울 유세에서는 눈물까지 흘리며 “더 이상 여러분들에게 표를 달라고 하지 않겠다”라고 호소했다. 아닌게 아니라 그 말은 사실이었다. 김대중의 폭로 그대로 박정희는 이후 민주주의 자체를 부정하는 유신으로 국민의 투표권을 아예 박탈해 버렸으니 말이다.

---

31) 방우영, 『조선일보와 45년』(조선일보사, 1998), 211쪽.

민족분열을 꾀하는 자는 누구인가

신라 임금을 뽑자

4·27 대선은 지역주의, 특히 영남 지역주의가 강하게 드러난 선거였다. 박정희는 경북에서 92만 표(박 133만, 김 41만 표), 경남에서 58만 표(박 89만, 김 31만 표)를 이겼는데, 영남 지역 승리는 전체 승리 득표 94만 표보다 56만 표나 많은 것이었다. 반면 김대중은 박정희를 전북에서 23만 표(박 30만, 김 53만 표), 전남에서 40만 표(박 47만, 김 87만 표), 그리고 서울에서 39만 표(박 80만, 김 119만 표)를 이겼다. 박정희는 이미 1967년 대선에서 윤보선에 비해 영남표만 1백36만 표를 앞섰는데, 그것은 전국적으로 박정희가 이긴 116만 표보다 20만 표나 웃도는 것이었다.[32]

그러한 영남 몰표는 부정선거와 더불어 박정희가 지역감정을 적극적으로 부추긴 결과였다. 1971년 대선에선 특히 국회의장 이효상의 활약이

---

32) 김충식, 『정치공작사령부 남산의 부장들 1』(동아일보사, 1992), 319-320쪽.

눈부셨다. 그는 1963년 대선에서도 9월 10일 대구 수성천변에서 열린 공화당 유세장에서 다음과 같이 말한 바 있는 지역 분열주의자였다.

"이 고장은 신라 천 년의 찬란한 문화를 자랑하는 고장이지만 이 긍지를 잇는 이 고장의 임금은 여태껏 한 사람도 없었다. 박 후보는 신라 임금의 자랑스러운 후손이다. 이제 그를 대통령으로 뽑아 이 고장 사람을 천 년만의 임금으로 모시자."[33]

이효상은 1963년 대선에서 재미를 본 수법을 또 써먹은 것이다. 그는 선거 유세 때마다 "경상도 대통령을 뽑지 않으면 우리 영남인은 개밥에 도토리 신세가 된다"라고 지역감정을 부추기는 숱한 망언을 양산해냈다.[34] 그 밖에도 공화당 정치인들은 영남 지역 유세에서 다음과 같은 발언들을 쏟아냈다.

"박 대통령은 경상도 대통령 아이가."
"문둥이가 문둥이 안 찍으면 어쩔끼고."
"경상도 사람 쳐놓고 박 후보 안 찍는 사람은 미친 사람이라."
"1천만 명에 가까운 경상도가 주동이 되고 단결만 하면 선거에 조금도 질 염려가 없다."
"경상도에서는 쌀밥에 뉘 섞이듯 야당표가 섞여 나오면 곤란하니 여당표 일색으로 통일하자."
"우리 지역이 단합하여 몰표를 밀어주지 않으면 저편에서 쏟아져 나올 상대방의 몰표를 당해낼 수 없다."[35]

33) 광주매일 정사 5·18 특별취재반, 『정사(正史) 5·18 상(上)』(사회평론, 1995), 27쪽.
34) 김충식, 『정치공작사령부 남산의 부장들 1』(동아일보사, 1992), 305쪽.
35) 이상우, 『박 정권 18년: 그 권력의 내막』(동아일보사, 1986), 343쪽.

피의 보복이 있을 것이다

공화당과 중앙정보부 요원들의 활약도 만만치 않았다.

"그들은 김대중 후보가 정권을 잡으면 경상도 전역에 피의 보복이 있을 거라는 인간의 원초적 공포심을 자극하는 터무니없는 발언을 공공연히 하고 다녔다. 아울러 '우리가 똘똘 뭉쳐 몰아주지 않으면 우리는 망한다. 서울이고 경기도고 전라도고 우리 표를 빼낼 곳이 없다. 우리가 목표를 던짐으로써 우리의 지도자, 조국 근대화의 기수를 건져내야 한다' 라고 부추겼다. 그리고 경상도 지역의 공무원들에겐 '김대중이가 만약 정권을 잡으면 모조리 모가지가 날아갈 것' 이라고 떠들어댔다. 아울러 공화당원과 경찰, 중앙정보부 요원들은 서울에서 영남 지역으로 내려온 참관인들에게 '이 전라도놈(김대중 후보를 지칭) 앞잡이들아, 모두 꺼져버려라!' 라고 스피커를 동원해 대대적으로 협박하고는 공명선거 감시단 참관인들을 모조리 쫓아버리곤 했다. 이 때문에 영남 지역에는 참관인들이 아예 발을 붙일 수가 없었다. 또한 영남 지역 야당 인사들에게는 '이 선거는 경상도와 전라도의 싸움인데 당신은 왜 전라도놈 앞잡이 노릇을 하고 다니느냐? 정 그렇게 하고 싶으면 이 마을에서 없어져라!' 하면서 여럿이 떼로 몰려와 구타·협박하였다. 혹은 술과 밥과 돈으로 매수하여, 투표 당일 야당 참관인으로 참석 못하게끔 했다. 설령 참석한다 해도 그들이 어떠한 선거부정을 저질러도 찍소리 하지 못하도록 만들었다."[36]

'럭키치약을 사지 말자'

또 영남 지역에선 중앙정보부가 저지른 것으로 의심되는, 기이한 일

---

36) 김옥두, 『고난의 한길에도 희망은 있다』(인동, 1999), 86~87쪽.

들이 벌어졌다. 선거 막바지에 대구에선 "호남인이여 단결하라", "백제권 대동 단결" 같은 유인물이 호남향우회 명의로 나돌아다녔다. "럭키치약을 사지 말자"는 유인물도 유권자들의 집에 대량 살포되었다. "호남에서는 영남인의 물건을 사지 않기로 했다", "전라도에서는 김대중이 발 씻은 물까지 마신다"라는 흑색선전도 난무했다. 부산에서도 "호남 후보에게 몰표를 주자", "호남인이여 단결하라", "때는 왔다. 전라도 사람은 뭉쳐라"라는 구호가 전봇대에 나붙고 여기저기 떠돌아 다녔다.[37]

중앙정보부는 당시 '선거 전략의 귀재'로 불렸던 김대중의 선거참모 엄창록을 김대중과 분리시키는 공작을 저질렀는데, 김대중의 측근 권노갑은 "현지 여론이 하루 아침에 들끓기 시작하는데 시간이 없어 손쓸 겨를도 없었다. 아, 이게 자취를 감춘 엄창록의 수작이라고 단정하지 않을 수 없었다"라고 말했다.[38]

이와 같은 지역 분열주의 작태에 대해 『동아일보』는 선거가 끝난 지 며칠 후인 5월 1일자 칼럼을 통해 "메뚜기 이마만도 못한 곳에서 이렇듯 민족분열을 꾀하는 자는 과연 누구인가! 아무리 정치가 좋고 대통령 자리가 탐난다 할지라도 민족을 분열하여 가면서까지 일신의 부귀와 영달을 누려야만 할 것인가?"라고 개탄하였다.[39]

---

37) 김충식, 『정치공작사령부 남산의 부장들 1』(동아일보사, 1992), 267쪽; 이상우, 『박 정권 18년: 그 권력의 내막』(동아일보사, 1986), 344쪽.
38) 김충식, 위의 책, 267쪽.
39) 김옥두, 『고난의 한길에도 희망은 있다』(인동, 1999), 89쪽에서 재인용.

국회의원 선거와 '진산 파동'

신민당 당원들의 습격을 받은 유진산

대통령 선거에 참관인으로 참여했던 대학생들은 선거부정을 들고 나와 5월 25일로 예정된 제8대 국회의원 선거를 거부할 것을 주장하였다. 5월 17일에는 27명의 서울대생들과 고려대생들이 신민당 중앙당사에서 총선거부 결의문을 전달하고 농성을 벌이다가 그 중 7명이 구속되는 사건까지 발생했다. 전국에서 학생 데모가 벌어졌고, 전북대학에서는 지역감정을 유발하는 데에 앞장 섰던 국회의장 이효상을 비난하는 규탄대회가 벌어지기도 했다.

그런 와중에서 신민당 당수 유진산은 이상한 태도를 보여 이른바 '진산 파동'이 발생하게 되었다. 원래 충남 금산을 지역구로 하고 있던 유진산은 서울 영등포 갑구로 지역구를 옮겼는데, 이때에도 공화당 길재호와 묵계설 시비가 인 적이 있었다. 그런데 이번에는 유진산이 영등포 갑구마저 포기하고 전국구 후보 1번으로 옮긴 것이다.

당의 공식기구와 일절 협의하지 않고 유진산 혼자 그렇게 결정한데다, 영등포 갑구에는 공화당 후보로 박정희의 처조카 사위이자 청와대에서 외자 담당 수석비서관을 지낸 장덕진이 나올 예정이었다. 그리고 신민당 공천은 유진산 대신 29세의 젊은 청년 박정훈에게 돌아가 의혹을 증폭시킨 것이다. 이게 바로 이른바 '진산 파동' 이 일어나게 된 배경이었다.

금품 수수설이 떠돌면서 흥분한 당원 50여 명이 유진산의 집을 습격하고 당사에 들어가 유진산의 사진을 불태우는 사태까지 벌어졌다. 유진산은 잠적했다가 5월 10일에 당수직은 사퇴하였으나 전국구 후보는 고수하였다.

민주화단체인 민주수호국민협의회는 5월 13일 진산 파동은 여야간에 오랫동안 누적된 비열한 암거래가 빙산의 일각으로 노출된 사례로서 야당의 존립 이유가 이처럼 부인되는 정치 풍토는 지양되어야 한다는 성명을 발표하였다. 박정훈은 선거 막바지에 가서 사퇴하였는데, 이때에도 거래설이 떠도는 등 잡음이 끊이질 않았다.[40]

신민당의 '실질적인 대승'

신민당이 내분으로 몸살을 앓았던 반면, 박정희는 공화당 내에 친위체제를 구축하기 위해 공천에 깊숙이 개입하였다. 박정희는 5·25 총선의 공천 과정에서 지역구 공천자 88명 중 절반에 해당하는 41명을 군부 출신으로 공천하였고, 그 외에도 경호실 출신 8명, 대구 사범학교 출신 4명, 중앙정보부 출신 4명을 공천하여 친위 세력이 전체 공천자의 3분의 2를 점하였다.[41]

---

40) 김경재, 『혁명과 우상: 김형욱 회고록 3』(전예원, 1991), 86–88쪽.
41) 한용원, 『한국의 군부정치』(대왕사, 1993), 313쪽.

5 · 25 총선의 153개 지역구에서 공화당 86명, 신민당 65명, 국민당 1명, 민중당 1명이 당선되었다. 공화당은 52.45%를 득표해 전국구 27석, 신민당은 47.55%를 얻어 전국구 24석을 얻어 전국구를 합친 의석 수는 공화당 113석, 신민당 89석이 되었다.

공화당 현역 의원 26명이 무더기로 낙선한데다 공화당은 서울의 17개 지역에서 단 1석만을 건졌고, 제7대 국회 때보다 야당의 의석이 2배로 늘어나, 5 · 25 총선 결과는 "당시의 형편으로 미루어선 야당의 실질적인 대승"으로 간주되었다.[42] 이 선거 결과를 1년 5개월 후에 나타난 유신체제와 연계시켜 다음과 같이 해석하는 시각도 있다. 정치학자 김세중의 주장이다.

"1971년 총선에서 국회의원 3분의 2 의석 확보에 실패한 박정희는 헌법개정이라는 법 절차를 밟아 장기집권을 모색하는 것이 사실상 불가능하게 되었다. 따라서 그는 이번에는 비상계엄의 선포 아래 새로운 헌법을 채택하는 식의 비상한 방법을 동원하지 않을 수 없었던 것이고 이것이 바로 유신체제 도입의 권력정치적 배경이라고 할 수 있다."[43]

언론의 김대중 보도 통제

총선 후 박정희는 대선시 경쟁자였던 김대중이 신민당 내에 뿌리를 내리지 못하게끔 김대중에 대한 탄압을 강화했다. 7월 20일 신민당 당수를 뽑는 전당대회를 전후로 하여 중앙정보부는 김대중을 '잊혀진 인물'로 만들기 위해 언론을 철저히 통제했다. 이와 관련, 김옥두는 다음과 같이 말한다.

---

42) 김충식, 『정치공작사령부 남산의 부장들 1』(동아일보사, 1992), 331쪽.
43) 김세중, 〈군부권위주의의 생성과 전개: 제3 · 4공화국의 정치 과정에 대한 권력정치적 접근〉, 한홍수 편, 『한국정치동태론』(오름, 1996), 283-284쪽.

"중앙정보부는 신문사 및 TV 방송국에 압력을 넣어 김대중 의원에 관한 것은 일체 보도가 되지 않도록 엄청난 통제를 가하고 있었다. 신문사에 보도지침을 내려 '김대중에 관한 기사는 좋든 싫든 무조건 쓰지 마라. 김대중이라는 이름 또한 쓰지 마라. 이름만 봐도 국민들이 생각한다'고 협박을 가했다. 텔레비전에 대한 통제는 어느 정도였냐 하면, 어느 날 김 의원이 아시아영화제에 초대받아 참석했다가 주최측의 배려로 한국 배우 옆에 앉은 적이 있었다. 그때 텔레비전 카메라가 배우들 얼굴 비치느라고 김 의원이 잠깐 TV에 두 번 정도 얼굴이 나온 적이 있었는데 중앙정보부는 그걸 트집 잡아 '왜 얼굴이 두 번씩이나 나왔느냐?'고 방송국을 발칵 뒤집어 놓을 정도였다."[44]

---

44) 김옥두, 『고난의 한길에도 희망은 있다』(인동, 1999), 100쪽.

사법부 파동

판사들의 자체 정화운동

70년대는 한국 사법부 역사상 최악의 세월이었음이 틀림없다. '사법 살인'이라는 말이 나올 정도로 사법부는 박정희 독재 정권의 하수인으로 전락했던 것이다. 그러나 모든 법관들이 그런 치욕에 순응했던 것은 아니었다. 나름대로 법의 최소한의 명예를 지키기 위해 치열한 노력을 한 법관들이 있었고, 그들의 그런 노력이 박 정권과 충돌하여 벌어진 사건이 바로 '사법부 파동'이었다.

1970년, 사실 여부에 관계없이 사법부가 망신을 당할 만한 일들이 있었다. 그 해 10월 사법부에 대한 국회 법사위의 국정감사 때, 법관들이 지나치게 세속화되었다는 비판이 제기되었다. 또 그 무렵 한국인 살해 사건에 국내법으로 기소된 미군 병사들이 "한국 법관들은 뇌물에 민감해 공정한 심판을 기대할 수 없다"면서 한국 법원을 기피하는 일까지 벌어졌다.[45]

당시 법에 대한 불신이 만만치 않았다는 건 분명한 사실이었다. 1971년 1월 대구고법과 대구·부산지법 등 12개 지원 판사 1백여 명이 '권력으로부터의 독립', '청탁배제', '자체쇄신' 등 3개 슬로건을 내걸고 자체 정화운동을 시도한 것도 바로 그런 이유 때문이었을 것이다. 그러나 그 운동은 곧 흐지부지 되고 말았다. 이에 대해 이상우는 다음과 같이 말한다.

"한국 사법사상 처음 있는 법원 정풍운동은 각계와 여론의 지지 속에 한동안 국민들의 주시와 기대를 모았다. 그러나 출발할 당시의 군은 다짐에도 불구하고 이 운동은 얼마 가지 않아 흐지부지 되고 말았다. 한때 법원 주변에서 서성거리고 있던 사건 브로커들을 단속하기도 했고, 사법부 직원들이 외식을 삼가고 커피를 주문하지 않기로 결의하는 등 움직임을 보였으나, 이러한 자세의 가다듬음도 별로 오래 계속되지 못했다. '거세개탁(擧世皆濁)'이라고밖에 표현할 수 없었던 당시의 사회 풍토 속에서, 그리고 더욱 비대해지고 거침없어져 가는 통치권력 앞에서, 양심과 독립을 지키려 했던 사법부의 몸부림은 너무나 미력했기 때문이었다."[46]

박 정권의 사법부 탄압 공작

박 정권은 6월 22일 대법원의 국가배상법 위헌판결에 대해 불만이 있었다. 당시 국가배상법(제2조 1항)에는 "현역 군인이 직무 수행중 사고로 다치거나 순직할 경우 국가는 손해배상 책임을 지지 않는다"라는 규정이 있었는데, 대법원은 이 규정이 위헌이라는 판결을 내렸던 것이다. 또 대법원은 위헌판결을 대법원 판사 3분의 2 찬성으로 하게 되어 있는 것도

---

45) 이상우, 『박 정권 18년: 그 권력의 내막』(동아일보사, 1986), 279쪽.
46) 이상우, 위의 책, 280-281쪽.

위헌이며 일반 판결처럼 과반수로 해야 한다고 판시했다. 박 정권이 불만을 느낀 것은 이 국가배상법 위헌판결은 당시 파월 장병 사상자가 많아 국가 재정에도 부담이 된다는 이유 때문이었다.[47]

6월 29일 서울지법 부장판사 양헌은 신민당 당사에서 총선거부를 주장하며 농성을 벌여 구속기소된 서울대생 정계성 등에 대해 무죄를 선고하였는데, 이 판결도 박 정권을 불편하게 만들었다.

박정희는 위헌판결에 찬성한 대법원 판사들을 가리켜 "나라 형편을 모르는 사람들"이라며 분노했으며, 신민당사 농성 학생들의 무죄판결에 대해서도 격분하여 대법원장 민복기에게 직접 전화를 걸어 유감을 표시했다.[48]

앞서 거론했던 『다리』 탄압 사건도 7월 16일 서울지법 단독판사 목요상이 전원 무죄판결을 했는데, 이 또한 박 정권을 화나게 만들었다. 목요상은 자신의 무죄판결 결심을 눈치 챈 검찰과 중앙정보부에서 갖은 회유와 압력을 받는데도 굴하지 않고 소신을 지킨 것이었다.

박 정권은 이와 같은 일련의 움직임을 보면서 법관들 전체에 대해 강한 위협을 할 필요가 있다고 판단했다. 박 정권은 그런 음모의 희생양으로 부장판사 이범렬을 택했다. 공안당국은 7월 28일 이범렬 등 재판부가 제주 출장시 사건담당 변호사에게 '대접' 받은 것을 꼬투리 잡아 구속영장을 신청했던 것이다.

이 영장은 증거인멸과 도주의 우려가 없다는 이유로 기각되었으나, 판사에 대한 구속 시도는 법원을 경악시켰고 급기야 서울 형사지법 판사 42명 중 37명이 즉각 항의사표를 쓰기에 이르렀다. 민사지법 판사들도 집단사퇴를 결의하였다.

47) 김충식, 『정치공작사령부 남산의 부장들 1』(동아일보사, 1992), 359–360쪽.
48) 이상우, 『박 정권 18년: 그 권력의 내막』(동아일보사, 1986), 284쪽.

재판권 침해 사례

법관에 대한 검찰의 구속영장 신청을 동료 판사들이 거부하자, 검찰은 접대부와의 '관계'까지 들춰내는 등 치졸한 공세를 펼쳤다.[49] 이에 대해 서울 민사지법 판사들은 7월 30일 그 동안의 재판권 침해 사례를 폭로하는 것으로 맞섰다. 판사들이 밝힌 침해 사례는 다음과 같은 내용이었다.

"① 반공법 등 사건에서 검찰의 뜻과 다른 판결을 한 법관은 용공분자로 취급, 압력을 가하고 신원조사를 실시했다. ② 법관이 구속영장 기각 무죄판결을 하면 '부정한 판사'라고 공공연히 비난했다. ③ 법관을 미행하고 함정수사, 가정조사, 예금조사까지 하는 일이 있었다. ④ 구속영장을 법원 창구에 신청하지 않고 판사실로 가져 와 강청하는 일이 잦다. ⑤ 법원 내에 사건이 생기면 무고한 법관을 피의자 취급해서 모욕 협박 폭언을 서슴지 않는다. ⑥ 담당 검사가 법관에게 자신의 '명맥이 걸려 있다'는 말까지 하며 재판 결과에 영향을 끼치려 한다."[50]

7월 31일 대한변호사협회도 검찰의 사법권 간여와 피의 사실 공표를 비난하는 성명을 발표했다. 법관의 사표 제출은 대구, 청주 등으로까지 확대되어 415명의 법관 중 3분의 1이 넘는 153명의 법관이 사표를 내기에 이르렀다. 법관들은 법무장관 신직수의 인책 사퇴, 이번 사건에서 발생한 피의 사실 공표에 관련된 검찰관의 의법조치, 그리고 사법권의 독립을 위협하는 일체의 행위를 금하는 등 근원적인 개선을 요구했다.

이런 요구에 대해 가장 극단적인 강경 대응을 주장한 사람은 바로 박정희였다. 박정희는 정권이 재판권을 침해한 것은 전혀 생각지 않고, 오

---

49) 김충식, 『정치공작사령부 남산의 부장들 1』(동아일보사, 1992), 360~361쪽.
50) 김충식, 위의 책, 361쪽.

히려 판사들이 행정부에 대해 부당한 압력을 가한다며 분노했다. 자신이 직접 기자회견을 통해 판사들의 행정권 침해를 비판하겠다고 펄펄 뛰었다. 박정희는 자신의 그런 분노가 적반하장(賊反荷杖)이라는 걸 전혀 깨닫지 못했다. 비서관들이 박정희의 기자회견 및 담화문 발표를 막느라 땀을 뻘뻘 흘려 박정희의 적반하장은 공개적으로 드러나진 않았지만,[51] 박정희는 이미 이때부터 3권 분립을 인정치 않는 사실상의 유신체제 중독증을 보이고 있었던 건지도 모른다.

박 정권의 하부기관으로 종속된 사법부

이 사건은 국회로까지 비화되는 등 세상을 온통 떠들썩하게 만들었으나, 법무장관 신직수와 검찰총장 이봉성이 대법원장 민복기의 집을 찾아가 타협을 모색하였고 민복기는 이에 응하는 걸로 끝나고 말았다.[52] 검찰이 두 판사에 대한 뇌물수수 사건을 기소하지 않기로 후퇴했지만, 판사들은 사법권 침해의 재발 방지 보장이 없다는 데 대해 계속 불만을 터뜨렸다. 그 해 8월 27일 대법원장 민복기는 재경 판사회의를 소집해 판사들이 타협하도록 설득했다.[53]

결국 이 사건은 양측의 타협으로 종결되었지만, 사실상 사법부의 일방적인 패배였다. 부장판사 이범렬은 사직하였으며, 파동 당시 사법권 수호운동의 주역을 맡았던 서울 형사지법 원장 송명관은 대전지법원장으로 좌천된 후 사표를 제출했다. 사법권 독립과 검찰측 인책 요구에 앞장 섰던 판사 홍성우와 김공식도 사표를 냈다. 부장판사 양헌과 판사 목요상은 유신 이후 법원에서 쫓겨났다. 두 사람은 서울에서 변호사 개업

51) 〈집중연재 박정희 육성증언: 선우연 공보비서관, 8년간의 육성 비망록 여섯 권, 역사적인 대공개!〉, 『월간 조선』, 1993년 3월, 141~147쪽.
52) 김충식, 『정치공작사령부 남산의 부장들 1』(동아일보사, 1992), 361쪽.
53) 이영석, 『야당 40년사』(인간사, 1987), 302~303쪽.

도 못한 채 대전, 대구에서 객지 생활을 해야만 했다.[54] 이와는 대조적으로 "법관들로부터 인책 요구의 대상이 되었던 검찰 관계자들은 인책은커녕 오히려 대부분이 출세와 승진의 가도를 달렸다."[55]

사법 파동이 있은 지 좀 지나서 선포된 유신체제는 아예 명시적으로 사법부를 정권의 하부기관으로 종속시켰다. 대법원장 민복기는 1973년 신년사에서 "사법권도 필경은 국가 정치권력의 한 부문에 속하는 만큼 사법권의 존재 양식도 여기에 발맞춰 나가야 함은 당연한 귀결이다"라고 말했다.[56]

최초의 유신헌법으로 실시된 1973년 3월의 법관 재임용에선 모두 48명의 법관이 무더기로 탈락했는데, 그들은 한결같이 사법부가 정권의 시녀가 되기를 거부한 경력이 있는 법관들이었다.[57]

1974년 12월 5일 대법원장 민복기는 전국사법감독관회의를 소집한 자리에서 법관들의 '확고한 국가관'을 유난히 강조했으며, 또 12월 10일 인권선언 기념식에서 "유신은 인권보장의 첩경"이라고까지 주장하게 되었다.[58] 이로써 사법부에선 '어용 판사'들만이 득세하게 되었다.[59]

"그러는 동안 이 나라의 사법부는 없어졌다/대법원장실에는/역대 대법원장의 사진 대신 임명권자인 대통령의 사진이 걸려 있었다"[60]

---

54) 김충식, 『정치공작사령부 남산의 부장들 1』(동아일보사, 1992), 361쪽; 이상우, 『박 정권 18년: 그 권력의 내막』(동아일보사, 1986), 291쪽.
55) 이상우, 위의 책, 291쪽.
56) 송인수, 〈법원 100년 세태 100년: 부끄러운 과거 '유신 암흑기'〉, 『동아일보』, 1995년 4월 23일, 21면.
57) 이상우, 위의 책, 293-294쪽.
58) 한승헌, 『불행한 조국의 임상노트: 정치재판의 현장』(일요신문사, 1997), 211쪽.
59) 서중석, 〈3선 개헌 반대, 민청학련투쟁, 반유신투쟁〉, 『역사비평』, 창간호(1988년 여름), 77쪽.
60) 고은, 『만인보 제10권』(창작과비평사, 1996), 173쪽.

앵커의 등장과 MBC 주식 분양

앵커가 진행하는 MBC 『뉴스데스크』

1967-68년에 10만 대에 불과하던 TV 수신기는 박 정권의 본격적인 전자 산업 육성과 함께 비약적으로 증가하기 시작했다. 텔레비전 보급률은 1970년 10.2%에서 1979년에는 78.5%로 늘었다.[61] 당시 방송에 적극적인 태도를 보인 건 KBS라기보다는 박정희가 깊이 관여하고 있던 MBC였다.

한국 TV 뉴스에 최초의 앵커가 등장한 것도 MBC가 1970년 10월 5일부터 시작한 『뉴스데스크』를 통해서였다. 『뉴스데스크』는 "종전의 평면적인 사건 보도 형식을 탈피하여 앵커맨을 기용하고 현장성을 살린 TV다운 뉴스 보도 방식을 취하기 시작"했다.[62] 『뉴스데스크』를 추진했던

---

61) 조항제, 〈1970년대 한국 텔레비전의 구조적 성격에 관한 연구: 국가정책과 텔레비전 자본간의 관계를 중심으로〉, 서울대학교 대학원 신문학과 박사학위 논문, 1994년 2월, 228쪽.
62) 정순일·장한성, 『한국 TV 40년의 발자취: TV 프로그램의 사회사』(한울아카데미, 2000), 94-95쪽.

김기주는 다음과 같이 회고한다.

"당시로서는 아나운서가 아니고는 감히 스튜디오에 들어가 뉴스를 전달해 준다는 것과 취재 기자들이 자기가 취재한 기사를 현장에서 직접 보도한다는 것은 상상도 할 수 없는 때였다. '앵커'라는 용어 자체가 전혀 생소한 때였고, 기자는 어디까지나 원고지에 기사를 써주는 것으로 임무가 끝나는 때였다.……이 『뉴스데스크』는 한국 TV 뉴스의 형태를 완전히 바꿔 놓는 하나의 혁명이었고, 그래서 안팎으로부터 견디기 어려운 빈정거림과 항의, 비협조 속에서 어렵게 출생했다."[63]

하긴 아나운서의 매끄러운 음성만 듣던 시청자들이 보도국장이 앵커로 앉고 취재 기자들이 직접 리포팅하는 방식에 대해 저항감을 갖지 않을 수 없었다. 그래서 다른 방송사들은 한참 후에 『뉴스데스크』의 앵커 방식을 도입했다. TBC는 1972년 4월부터, KBS는 1973년 10월부터 이와 유사한 뉴스 프로그램을 선보였던 것이다.

보도매체로서 TV의 역할 강화는 박 정권이 몹시 바라는 것이기도 했다. 특히 대선을 염두에 둘 때에 더욱 그랬을 것이다. 정순일과 장한성이 지적하듯이, "70년 후반부터 71년에 걸쳐 TV 보도는 그 위력을 발휘했는데, 이에 따라 텔레비전을 정치에 활용하여 주로 위정자의 치적 홍보와 이미지 조작에 교묘하게 활용하는 빈도가 부쩍 늘었"다.[64]

재벌과 박정희 측근에게 넘어간 MBC

MBC는 1968년부터 방송망을 확장하기 시작했는데, 그 결과 1970년 1월 24일 부산 MBC를 개국하였고 이어 11월에는 KBS도 부산국을 개국

---

63) 김기주, 〈남기고 싶은 이야기: 뉴스데스크의 탄생〉, 문화방송, 『문화방송 30년사』(문화방송, 1992), 336쪽.
64) 정순일·장한성, 『한국 TV 40년의 발자취: TV 프로그램의 사회사』(한울아카데미, 2000), 94-95쪽.

했다. 이 두 방송사는 부산의 터주대감 DTV를 제치고 마이크로웨이브를 통해 서울과 동시 방송을 할 수 있었는데, 이로 인해 여전히 마이크로웨이브를 이용할 수 없는 DTV의 불만은 이만저만이 아니었다.[65]

MBC는 1970년에 대구의 영남 TV, 제주의 남양 TV, 광주의 호남 TV와 제휴하여 지방 방송망을 형성하였으며, 1971년에는 울산 TV, 전주의 전북 TV, 대전 TV와도 제휴하여 방송망을 확장했다. MBC는 그 과정에서 1971년 3월 부산·대구·대전·전주·광주의 직할국 경영권을 넘겨받아 독립된 주식회사로 탈바꿈하였으며, 그 해 10월 1일을 기해 각 지방국들을 각 소재 도시명 밑에 문화방송을 붙여 '○○문화텔레비전방송'으로 상호를 변경 통일하였다.[66] 그리하여 1971년 말엔 전국 20개 지역의 네트워크를 연결하여 동시 방송을 할 수 있게 되었다.

MBC TV의 사장 조증출은 1971년 1월 4일 연두사에서 '최고의 시청률', '최고의 청취율'을 '금년의 목표'로 삼아 '제2의 약진운동'을 벌이자고 역설했지만,[67] 6월 30일 박정희 특명을 받은 이환의가 MBC 사장 겸 5·16 장학회 이사로 취임하였다. 이환의는 취임하자마자 3억 원이던 MBC의 수권 자본금을 10억 원으로 증자하면서 본사 주식의 70%를 7개 재벌에게 분양하고 지방사 역시 민간에 분양하였다. 박정희는 당시 전라북도 도지사에서 물러난 이환의를 청와대로 불러들여 다음과 같이 말했다고 한다.

"내가 임자에게 맡기고 싶은 일이 생겼어. 이번 대통령 선거 때, 야당 측이 나와 내 사람(부인)을 공격하는 말 가운데 MBC 재산의 60퍼센트가 내 개인 재산이라 주장하면서 신문에 광고로까지 낸 것을 봤지? 나와 안 사람은 (MBC 주를) 단 한 주도 갖고 있지 않아. 아마 나와 대구사범 동창

---

65) 김재길, 『"KBS야, 너 참 많이 컸구나!"』(세상의창, 2000), 89쪽.
66) 최창봉·강현두, 『우리 방송 100년』(현암사, 2001), 180–181쪽.
67) 문화방송, 『문화방송사사(1961–1982)』(문화방송, 1982), 653쪽.

재벌과 박정희 측근의 손아귀에 들어간 MBC는 '방송논리'가 아닌 '정치논리'로 운영되었다. 현재 서울 여의도의 MBC.

인 조증출 씨가 사장을 맡고 있고, 나의 동서 조태호 군이 5 · 16 장학회를 맡고 있다 보니 그런 말이 나온 것 같아.……MBC 사장과 5 · 16 장학회 이사를 같이 맡길 테니 MBC와 장학회 재산을 정리해서 국민 앞에 공개해 줘야겠어."[68]

그렇게 해서 증자한 MBC의 본사 주식 7억 원어치는 7명의 새 주주들에게 할당되었는데, 박병규(해태), 정주영(현대), 구자경(금성), 최준문(동아건설), 신용호(교육보험) 등에 1억 원씩, 김성곤(쌍용)에게 1억 5천만 원, 임채홍(미원)에게 5천만 원에 각각 양도되었다. 지방사 주식도 재벌 및 측근들에게 분양되었는데, 임대홍(전주), 김성곤(대구), 최준문(대전),

---

68) 정순일, 「한국방송의 어제와 오늘: 체험적 방송 현대사」(나남, 1991), 195쪽.

최승효(광주), 한병기(강릉), 백태훈(제주), 박종규(마산), 이후락(울산 · 포항), 이도영(청주), 김진만(춘천 · 삼척), 구자경(부산 · 진주) 등에게 85%씩을 팔고 나머지 15%는 서울 MBC가 소유하는 방식으로 처리했다.[69]

MBC 분양 비리

이와 같은 주식 분양에 대해 청와대 비서관을 거쳐 당시 부산문화방송 사장으로 있던 김종신은 다음과 같이 말한다.

"들리는 말에 의하면 지방국을 매수하는 재벌들은 현금으로 결재하지 않고 방송국을 담보로 한 은행 대출로 사들이고 있었다. 앞으로 방송 특히 TV는 호경기를 누리게 될 것이 기약되는 커다란 이권에 속하는 것인데, 돈 많은 재벌들에 의해 그것도 회사를 담보로 해서 은행 대출까지 알선해 팔려나가는 데는 납득이 되지 아니하였다. 부익부 빈익빈(富益富貧益貧)이란 비판을 들을 만한 일이었다."[70]

방송을 '방송논리'가 아닌 '정치논리'로 주무른 데다 자격 없는 사람들에게 방송을 맡겨 그로 인한 부작용도 만만치 않았다. 이에 대해 정순일은 다음과 같이 말한다.

"68년에서 71년에 이르는 MBC 방송망의 확장은 (대통령 선거와 총선거가 71년에 있었으므로) 정치적인 의미는 컸겠지만, 구매력이 그리 크지 못해서 광고주들로부터 외면당하기 쉬운 시장성 없는 도시에도 그 타당성 한번 제대로 따져 보지 않고 방송국을 세웠기 때문에 개국 초부터 경영상에는 문제가 많았던 것이다. 터가 좋지 않아 방송국이 영세해지면 해질수록, 돈을 벌기에 열을 올리게 되고, 열을 올리면 올릴수록 방송은

---

69) 정순일, 『한국방송의 어제와 오늘: 체험적 방송 현대사』(나남, 1991), 202쪽.
70) 김종신, 『박정희 대통령과 주변 사람들』(한국논단, 1997), 228쪽.

나빠지게 마련이다. 이런 이치를 뻔히 알면서 여기저기 방송국을 마구 세운 데다가 요샛말로 '방송'의 '방'도 모르는 유지들을 모셔다 일부 지방 방송사를 맡겼으니, 방송이 어디로 갔겠는가?…… '방송 출연자들에게 출연료는 왜 주느냐? 반대로 그를 선전해 준 사례를 방송국이 받아야지……' 하고 호통을 친 사장님, 사모님의 꽂꽂이 선생을 출연시키거나, 주치의를 건강 상담에 출연시키고 좋아하는 국장님……."[71]

MBC 주식 분양이 보여 준 정권의 부정부패

가톨릭 원주교구장인 주교 지학순이 민주화운동에 나서게 된 계기도 박정희가 만든 5·16 장학회의 부패 때문이었다.

"일찍부터 매체의 중요성을 감지, 70년에는 5·16 재단과 60 대 40의 비율로 원주문화방송주식회사 설립에 참여했다. 이때 운영권자인 5·16 재단의 방송국 운영 비리에 항의, (1971년 10월 5일) 원주교구 사제 및 신도들을 이끌고 원주시 원동성당에서 '사회정의구현과 부정부패 규탄대회'를 3일간 벌였다. 지 주교에게는 최초의 직접적인 현실참여라고 할 수 있는 규탄대회 이후 지 주교의 사회운동이 본격적으로 시작된다."[72]

MBC의 주식 분양 사건이 시사하듯이, 당시 부정부패는 매우 심각한 수준이었다. 오죽하면 국무총리 김종필이 1971년 9월 4일 국무총리 취임 후 가진 최초의 기자회견에서 다음과 같이 말했을까.

"지금 우리 사회에는 3불(不) 즉, 불신·불안과 부정이 만연돼 있다. 이 3불(不)을 없애는 데 최선을 다할 생각이다. 부정부패는 하루 아침에

---

71) 정순일, 『한국방송의 어제와 오늘: 체험적 방송 현대사』(나남, 1991), 188-189쪽.
72) 임박미리, 〈70년대 암흑 밝힌 양심의 등불 정의구현의 사제, 지학순 주교〉, 『민주유공』, 1997년 3·4월, 33-34쪽.

일어난 것이 아닌 만큼 그것을 일소하는 작업도 하루 이틀에 되는 것이 아니라는 것을 알아야 할 것이다."[73]

그러나 김종필 자신도 부정부패에서 자유롭지 못했거니와 무엇보다도 박정희가 부정부패 피라미드의 꼭대기에 앉아 있었기 때문에 3불(不)을 없앤다는 건 원초적으로 불가능한 일이었다.

범여권계 매체의 계열화

이환의는 또 한번 박정희의 특명을 받아 1974년 7월 24일 적자에 허덕이던 『경향신문』을 병합하였는데, 이렇게 해서 '주식회사 문화방송 · 경향신문' 이 탄생하게 되었다. 이환의는 그 해 6월 하순 어느 날 오후 청와대에서 15분 이내에 들어오라는 연락을 받고 달려가 박정희에게 다음과 같은 지시를 받게 되었다.

"이 사장……임자는 원래 『경향신문』 출신이지.……여봐, 『경향신문』이 지금 존폐 위기에 있는데 MBC가 『경향신문』을 인수해서 함께 경영해보면 어때……. 이모(李某)로부터 기아산업의 김철호 회장이 인수받았다가 다시 신진그룹에 넘어간 뒤로 계속 적자인 모양인데 그나마 신진이 부실기업으로 정리당하게 됐으니 이대로 두면 경향은 문을 닫아야 돼.……내가 어제 마지막 방안으로 선경의 최종건 회장에게 경향을 인수해 보라고 권유해 봤는데 선경도 어렵다는 거야.……그러니 이 사장이 인수해서 방송과 함께 운영해 봐. 전통이 있는 신문인데 이대로 죽이기에는 너무 아깝지 않아."[74]

이환의는 박정희의 그 말에 『경향신문』 출신으로서 '가슴이 찡함을

73) 조용중, 〈1971년 '10 · 2 항명 파동' 의 전말: 대정객 김성곤, 박정희에 항명하다!〉, 『월간조선』, 1995년 4월, 662쪽에서 재인용.
74) 경향신문사 사사편찬위원회, 『경향신문 50년사』(경향신문사, 1996), 354-355쪽에서 재인용.

느꼈다' 지만, 이걸 통해 알 수 있는 것은 박정희가 언론 문제에 관한 한 믿기지 않을 정도로 시시콜콜한 것까지 간섭을 했다는 사실이다. 사실 이건 시시콜콜한 사안은 아니었다. 일개 기자나 기사 하나에도 많은 신경을 쓴 박정희로선 『경향신문』 문제는 아주 큰 문제였을 것이다.

1975년엔 여권 신문인 『서울신문』의 증자분을 전액 KBS가 인수, 사실상 소유함으로써 일종의 범여권계 매체가 계열화되었다.[75] 이러한 매체 계열화로 다음과 같은 경제적 효과를 얻을 수 있었다.

"MBC는 『경향신문』의 인수 후인 1974년 7월 25일의 지면부터 바꾸기 시작하여 우선 연예오락면을 확충하는 한편으로 MBC 텔레비전과 라디오 프로그램의 소개를 강화하였다. 이것은 비단 신문 독자의 기호를 충족시킨다는 뜻에서 뿐만 아니라 활자매체에 의한 전파매체의 보완을 강화한 것이라고 할 수 있다. 또한 MBC도 『경향신문』을 소개함으로써 신문에 대한 지원을 한층 강화했다. 『주간경향』은 MBC에서 방영하는 영국 BBC 영어를 게재하는 등으로 방송의 파급력을 이용하였다. TBC의 모기업인 삼성과 경쟁 관계에 있었던 금성의 경우에도 MBC의 지분과 지방사 소유를 이용, MBC의 네트워크를 자사 홍보를 위해 충분히 이용할 수 있었다. MBC는 이때에 한국연합광고까지를 합병해 종전까지 분리된 법인체로 광고판매를 하던 MBC 광고의 판매 기능을 직접 담당케 함으로써 신문제작과 방송제작이 광고판매와 직접 연결되어 기업경영의 효율화를 꾀할 수 있었다."[76]

가장 큰 효과를 본 건 『주간경향』이었다. MBC TV의 무료 광고 효과를 톡톡히 봐 판매부수가 수직 상승하면서 당시 최대의 주간지였던 『선데이서울』과 『주간중앙』을 따돌리고 1등을 하는 기염을 토했던 것이다.

---

75) 조항제, 〈1970년대 한국 텔레비전의 구조적 성격에 관한 연구: 국가정책과 텔레비전 자본간의 관계를 중심으로〉, 서울대학교 대학원 신문학과 박사학위 논문, 1994년 2월, 121쪽.
76) 조항제, 위의 글, 225-226쪽.

매주 10만 부의 판매부수로 월 수익 1억 원을 올렸는데, 이는 급여를 뺀 『경향신문』 전체의 경상비에 해당하는 액수였다. 70년대 후반 『주간경향』을 진두지휘하던 이중석은 그때를 다음과 같이 회고한다.

"당시 정말 대단했다. 그땐 『경향신문』·문화방송 통합시대였는데 이환의 사장 주재 부장회의 때마다 칭찬을 받았다. 우린 부장단 회의를 어전회의라고 불렀다. 120여 명 부장들이 좌우로 늘어선 모양이 궁궐의 어전회의를 방불케 해서 그렇게 이름을 붙였다. 아무튼 회의 때마다 사장은 '다들 『주간경향』만큼만 하라!' 고 말했다."[77]

한국연합광고는 1974년 MBC가 동아제약, 럭키그룹, 해태, 『동아일보』, 태평양화학, 미원 등과 함께 주주로 참여하여 창립한 것으로, 이는 1973년에 설립된 삼성 계열의 광고대행사 제일기획과 함께 한국 광고시장에 큰 영향을 미치게 되었다.

---

77) 경향신문사 사사편찬위원회, 『경향신문 50년사』(경향신문사, 1996), 598쪽에서 재인용.

그린벨트와 산림녹화

수도권 인구 억제를 위한 그린벨트

박정희 정권의 주요 업적 가운데 하나로 평가받는 것이 바로 그린벨트(개발제한구역) 제도다. 『중앙일보』 특별취재팀은 세간의 평가를 다음과 같이 전하고 있다.

"외국에선 '20세기 각국의 국토계획 중 대표적 성공 사례로 환경보전 정책의 백미(白眉)'라는 극찬을 받고, 국내에선 '대도시 주민들의 숨쉴 공간을 마련했다'는 얘기와 함께 '박정희의 최대 걸작'이란 평가를 받은 그린벨트."[78]

그린벨트는 1971년 7월 30일 건설부 고시 제447호로 태어났다. 이는 수도권 일부를 묶는 것을 시작으로 종국엔 전 국토의 5.4%까지 지정하

---

78) 특별취재팀, 〈실록 박정희 시대·그린벨트: 한뼘 땅도 예외 불허… '최고 치적' 각국 선망〉, 『중앙일보』, 1997년 9월 25일, 5면.

기에 이르렀다. 그린벨트는 1969년 말인가 1970년 초 박정희가 '수도권 인구 억제 대책을 연구, 보고하라'는 지시를 내린 결과 탄생한 것이었다. 급속한 공업화와 도시화로 인해 서울 인구는 1955년 157만(전체 인구의 7%)이던 것이, 1960년 244만(10%), 1970년 543만(18%)으로 늘어 심각한 사회 문제들을 낳게 되었다. 〈80년 836만(22%), 90년 1028만(24%)〉.[79]

"변두리에 즐비한 판자촌은 안양, 의정부 등으로 마구 뻗어나가고 있었다. 일부 기업과 부유층에 의한 부동산 투기 열풍은 백약이 무효였다. 그러나 그린벨트라는 기상천외한 조치로 수도권 일대의 부동산 투기는 가라앉았다."[80]

그건 일시적인 진정에 불과한 것이었지만, 박 정권은 이후 계속 그린벨트 제도를 엄격하게 시행하였다. 1972년부터 1979년까지 그린벨트 관리 잘못으로 징계를 받은 공직자가 2천5백26명(파면 191명, 감봉 114명, 견책 229명, 직위해제 2명, 경고·주의·훈계 1천9백90명)이나 될 정도였다.[81]

성공적인 산림녹화

산림녹화도 그린벨트처럼 긍정적인 평가를 받는 박 정권의 주요 업적 가운데 하나다. '1984년 임업 통계 요람'에 따르면, 남한 전체 임목 면적의 84%가 20년생 이하다. 이는 나무 10그루 중 8그루 이상이 박정희 시대에 심어졌다는 걸 의미하는 것이다. 유엔이 한국을 이스라엘과 함께 20세기의 대표적 녹화사업 성공 국가로 꼽는 것도 결코 우연이 아니

79) 최종헌, 〈도시화와 종주성 문제〉, 임희섭·박길성 공편, 『오늘의 한국 사회』(나남, 1993), 289쪽.
80) 중앙일보 특별취재팀, 『실록 박정희』(중앙 M&B, 1998), 159-160쪽.
81) 중앙일보 특별취재팀, 위의 책, 162쪽.

다.[82)]

산림녹화는 경부고속도로와 마찬가지로 박정희가 1964년 서독 방문 시 결심했던 것으로 전해진다. 서독의 푸른 숲을 보고 충격을 받았던 것인지 귀국 후 산림 관계자들에게 "산이 푸르게 변할 때까지 구라파(유럽)에 안 간다"라는 말을 했다는 것이다. 그러나 산림녹화는 경부고속도로와는 달리 시급한 것은 아니라고 생각했던 것인지 손을 놓고 있다가 1973년 1월 16일 경기도 지사 손수익을 산림청장으로 임명하고 특별 당부를 내리면서 본격적으로 진행되기 시작했다.[83)]

산림녹화는 산에 나무만 열심히 심는다고 되는 일이 아니었다. 동시에 같이 해야 할 다른 일들이 많았다. 1973년부터 벌어진 농가 아궁이 개량사업, 1975년부터 나무와 수자원 보호를 위해 취해진 낙엽채취 금지령, 1974년부터 1979년까지 5개년계획으로 펼쳐진 화전(火田) 정리사업(30여 만 가구 정리) 등이 동시에 추진되었다. 이게 다 박정희의 지시에 따른 것이었으며, 박정희는 1977년 11월 첫째 토요일을 육림일로 지정하고 1978년 4월 '산불 예방에 관한 대통령 특별 담화문'을 발표하는 등 산림녹화를 위해 강력한 군사작전식 추진과 더불어 세심한 주의를 기울였다.[84)]

반론이 없는 건 아니다. 일부 육종 전문가들은 녹화에만 급급해서 리기다소나무, 아까시나무, 오리나무 등 지질을 산성화하는 수종을 너무 많이 심었고 경제적인 가치가 없는 수종이 너무 많다는 점을 지적한다. 이런 지적에 대해 산림청 임업정책국장 안상국은 다음과 같이 반박한다.

"잡초조차 제대로 자랄 수 없는 당시의 척박한 토양에서 좋은 수종만

---

82) 중앙일보 특별취재팀, 『실록 박정희』(중앙 M&B, 1998), 163-164쪽.
83) 특별취재팀, 〈실록 박정희 시대·산림녹화: 일제도 두손 든 치산 5년 만에 기틀〉, 『중앙일보』, 1997년 9월 29일, 5면.
84) 특별취재팀, 위의 글, 5면.

산림녹화를 진두 지휘하는 박정희(위)와 서울~수원간 산림녹
화에 대한 박정희의 메모(오른쪽).

고집하는 것은 설사하는 사람에게 한사코 고기를 먹이려는 것과 같다.
산림녹화의 질을 따지는 것은 민둥산 황폐지를 우선 푸르게 만들어 놓은
다음의 일이다."[85]

이와 같은 반박은 비단 산림녹화에만 해당되는 것이 아니라 경부고속
도로를 포함하여 박 정권 시절에 진행된 모든 것에 다 적용될 수 있을 것
이다. 즉, 당시의 급박했던 '상황'을 오늘의 잣대로 평가하는 건 무리라
는 것이다.

---

85) 중앙일보 특별취재팀, 「실록 박정희」(중앙 M&B, 1998), 169쪽.

철거당하는 판자촌

그린벨트는 원래 수도권 인구 집중 억제를 위한 목적으로 생겨난 것이었지만, 그 기능을 제대로 수행하지 못했으며 의도하지 않았던 '자연보호'라는 효과를 후세에 남겨 주는 것이 되었다. 그러나 그린벨트의 시행 과정에서 '환경 파시즘'의 요소가 있었다는 것만큼은 분명히 짚고 넘어갈 필요가 있을 것이고, 그 탄생의 배경이 되었던 판자촌의 비극도 평가하는 것이 공정할 것이다.

1960년 전체 인구 가운데 58.3%를 차지했던 농민은 박 정권의 공업화 정책과 그에 따른 저곡가 정책, 그리고 미국에서 들어오는 엄청난 잉여농산물로 인해 생계비조차 확보하기 어려워졌다.[86] 1971년에 빚을 지고 있는 농가는 당시 전체 농가의 75.7%에 이르렀다.[87]

당연히 농민들은 살길을 찾기 위해 도시로 떠나게 되었다. 1969년 농업 인구는 1천5백59만 명으로 전체 인구의 49.6%로 줄었고, 1970년에는 44.7%로, 그리고 1975년에는 37.5%까지 줄어들었다.

1967년과 1976년 사이에 약 6백70만 명의 인구가 농촌에서 도시로 이주하였는데, 이는 1949년과 1955년 사이의 이동 인구가 약 1백80만 정도였다는 점에 비추어 볼 때에 엄청난 규모이다. 최장집이 지적한 바와 같이, "10년 동안의 기간에 거의 20%의 인구가 포함되는 이러한 인구 이동은 한국전쟁의 기간 동안보다 그 규모가 더욱 심대한 것이었다."[88]

여기서 중요한 것은 이농(離農) 인구가 도시에서 겪은 고통일 것이다. 1967년 이후 1970년 중반까지 3년 6개월 동안 서울에서는 14만여 동의 판잣집이 세워지고, 그 가운데 약 9만 동이 철거된 것으로 집계되었다.[89]

---

86) 역사학연구소, 『강좌 한국근현대사』(풀빛, 1995), 341쪽.
87) 역사학연구소, 위의 책, 342쪽.
88) 최장집, 『한국민주주의의 이론』(한길사, 1993), 171쪽.

하루 벌어 하루 먹고사는 사람들이 판잣집에서마저 쫓겨났을 때 가야 할 곳은 어디인가?

박 정권은 아무런 대책도 세우지 않았다. 수도권 인구 억제를 위해 그린벨트를 시행하라는 군사작전은 충실히 진행되었지만, 왜 사람들이 자신이 살던 고향을 떠나지 않으면 안 되었는지, 그들에게 어떻게 최소한의 삶의 근거를 마련해 줄 것인지, 이에 대한 대책은 전혀 없었던 것이다. 아니 전혀 없진 않았다. '광주대단지'는 그런 대책의 일환으로 구상되고 만들어진 것이었다. 그러나 그 실상은 어떠했던가?

---

89) 한국기독교교회협의회 인권위원회, 『1970년대 민주화운동 (I)』(한국기독교교회협의회, 1987), 63~64쪽.

버려진 사람들의 분노

쓰레기처럼 내버려진 사람들

하루가 다르게 서울의 스카이라인을 바꾸어 놓는 판자촌은 수출을 국가 종교로 삼은 박 정권의 아킬레스건이었다. 서울시는 판자촌과 도시빈민 문제를 해결하기 위해 신도시(광주)를 개발하여 빈민들을 이주시키는 정책을 세웠다. 그리하여 서울의 청계천 일대를 비롯한 판자촌을 대거 철거하면서 주민들을 1969년 5월부터 경기도 광주로 강제 이주시켰다. 그렇게 해서 모인 빈민들의 수는 14만 5천여 명에 이르렀는데, 전태일도 그들 중의 한 명이었다.

그러나 서울시는 쓰레기 내버리듯 그들을 광주에 내팽개쳤을 뿐 아무런 대책도 세워 주지 않았다. 광주대단지는 문자 그대로 황무지였다. 도로도 없고 배수 시설도 없었다. 빈민들은 천막을 치고 살았는데, 더욱 큰 문제는 그들에게 일감이 없다는 것이었다. 그러니 굶을 수밖에.

땅은 어느 곳에서건 미쳐 돌아가고 있었다. 개발 소식이 전해지면서 광주대단지 황무지에도 투기꾼들이 몰려들어 그곳마저도 땅값이 뛰기 시작했다. 이런 상황에서 서울시가 당초 약속을 어기고 광주대단지의 토지 유상불하 및 가옥취득세 부과를 발표했다. 주민들이 술렁거리는 건 너무도 당연한 일이었다. 내 집 내 땅을 가지려는 희망 하나로 그간 쓰레기처럼 버려진 삶을 간신히 지탱해왔는데, 그것마저 연기처럼 사라진다는 건 견디기 어려웠을 것이다.

주민들은 1971년 7월 대책위원회를 구성해 토지불하 가격과 가옥취득세 인하를 요구했다. 주민들은 7월 7일 '광주단지 토지불하 가격 시정 대책위원회'를 조직했고, 7월 14일 서울시가 애초의 약속을 어기고 분양지 유상불하 통지서를 발부하자 주민들은 이 위원회를 중심으로 여러 차례 서울시에 진정하고 산발적인 시위도 벌였지만 서울시는 묵묵부답이었다. 결국 주민들은 대책위원회를 '투쟁위원회'로 바꾼 다음 8월 10일을 대규모 시위일로 택했다.[90]

그 날 이른 아침부터 '모이자, 뭉치자, 궐기하자, 시정 대열에'라는 제목의 전단이 집집마다 뿌려졌다. '배가 고파 못 살겠다', '토지불하 가격을 인하해 달라', '일자리를 달라', '백 원에 산 땅 만 원에 파는 폭리를 하지 말라'는 내용이 적힌 피켓, 플래카드 3만여 개가 준비되었다. 그들의 가슴에는 '허울좋은 선전말고 실업군중 구제하라'고 씌어진 노란 리본이 달려 있었다.

당황한 서울시는 시장 양택식과 직접 면담을 오전 11시에 주선해 주겠다고 제의했다. 오전 10시경 5만여 명의 주민들은 성남출장소 뒷산에 모여 양택식을 빗속에서 기다렸다. 그러나 11시 40분이 되어도 양택식은 나타나지 않았고, 주민들은 폭발하고 말았다.[91]

---

90) 오미환, 〈이농민들 '내 집 내 땅 꿈' 짓밟히자 71년 광주대단지 폭동〉, 『한국일보』, 1999년 8월 3일, 14면.
91) 박세길, 『다시쓰는 한국현대사 2: 휴전에서 10 · 26까지』(돌베개, 1989), 225-226쪽.

굶주린 사람들

누가 먼저라고 할 것도 없이 파출소와 경찰차에 방화하고 관공서 건물과 차량을 파괴·탈취하는 사건들이 잇달아 발생했다. 『신동아』 1971년 10월호에 박기정이 쓴 〈광주대단지〉라는 기사는 당시의 한 장면을 다음과 같이 기록하고 있다.

이들 중 일부는 몽둥이를 들고 서울로 향하는 길목마다 막고 서서 택시를 타고 나가는 사람들에게 "우리는 몇 끼니를 걸러 죽을 지경에 이르렀는데 팔자 좋게 택시만 타느냐", "죽어도 같이 죽자. 왜 도망치려 하느냐"면서 온갖 욕설과 위협을 주어 모조리 차에서 내리게 했다. 취재하던 보도 차량도 마찬가지였다. "굶어 죽게 된 마당에 신문이 무슨 필요가 있느냐"면서 덤벼들었다. 대단지 일대는 민란의 조짐 같은 무시무시한 기운이 감돌아 마치 공포의 도가니 속 같았다. 경찰관들에게 뭇매를 맞아 뒷머리가 터졌다는 수진리 김정규 씨(21)는 피투성이가 된 채 "나를 때린 경찰을 죽이겠다"면서 식칼을 휘두르며 날뛰기도 했다. 오후 1시 40분경 서울시경과 경기도경 소속 기동경찰 700여 명이 나타나자 군중들의 흥분은 오히려 가열됐다. "배고픈 우리에게 밥을 줄 생각은 안 하고 몽둥이로 막으려 하느냐"면서 2천이 넘는 주민들은 십여 대의 시영버스에 분승하여 서울로 나가려 했다. 경찰의 저지로 실패하기는 했지만 일부는 걸어서 빠져 나갔다. 경찰의 최루탄과 주민의 투석으로 맞선 데모가 한창일 무렵 때마침 참외를 가득 실은 삼륜차가 지나갔다. 데모를 하던 군중들은 남녀노소를 가릴 것 없이 모두 정신없이 차에 달려들어 흙탕에 떨어진 것까지 주워먹기 시작했다. 순식간에 참외 한 차분이 없어지고 말았다. 수진리 김

모양(12)은 "배고파 죽겠어요" 울부짖으며 자기 키보다 훨씬 큰 몽둥이를 고사리손에 힘겹게 들고 발악이나 하듯 뛰고 있었다. 난동을 지켜보며 서 있던 한 여인은 "세상에 한창 먹을 어린것이 몇 끼니씩 굶었으니 저럴 수밖에······쯧쯧" 혀를 차고 있었다.[92]

끝나지 않은 판자촌 빈민 문제

앞서 지적하였다시피, "굶주리다 못해 말하기조차 끔찍하게 인육을 먹었다는 소문까지 떠돌 정도로"[93] 그들의 굶주림은 심각하였던 것이다. 사태의 심각성을 뒤늦게 깨달은 서울시장이 주민 요구를 무조건 들어 주겠다고 발표한 것이 오후 5시경이었다. 이로써 6시간의 비극적인 드라마가 끝나게 되었다. 이 사건의 내용을 보고받은 박정희의 답은 너무도 간단명료했다. "난동을 부린 폭도들은 전원 즉각 구속해서 처단하라고 알리시오."[94]

이 사건으로 주민과 경찰 100여 명이 부상했고 주민 23명이 구속되었다. 이 사건은 "학생이 아닌 일반인 시위로는 사상 유례없는 대규모 사건"이었으며, "이를 계기로 광주대단지의 비참한 실상이 사회에 알려지게 됐고 이후 각종 민원성 소요가 폭발했다."[95] 광주대단지는 1973년 성남시로 승격되었지만, 판자촌 빈민 문제는 70년대 내내 해결되지 않은 채로 남게 되었다.

---

92) 한국기독교교회협의회 인권위원회, 『1970년대 민주화운동 (I)』(한국기독교교회협의회, 1987), 192쪽에서 재인용.
93) 양길승, 〈1970년대-김지하: '오적' 그리고 '타는 목마름으로'〉, 『역사비평』, 제31호(1995년 겨울), 208쪽.
94) 〈집중연재 박정희 육성증언: 선우연 공보비서관, 8년간의 육성 비망록 여섯 권, 역사적인 대공개!〉, 『월간조선』, 1993년 3월, 147쪽.
95) 박진도, 〈현대사 다시 쓴다 · 이농과 도시화: 급격한 산업화···남부여대(男負女戴) 무작정 서울로〉, 『한국일보』, 1999년 8월 3일, 14면.

북파 공작원들의 한맺힌 세월

서울시내 한복판에 출현한 무장공비?

전태일 사건은 물론 광주대단지 사건은 빈곤의 문제이기에 앞서 기본적으로 인권의 문제였다. 8월 23일에 일어난 이른바 '실미도 사건'도 박정권의 인권유린 수준이 어느 정도였던가를 잘 보여 준 사건이었다.

인천 앞바다 실미도에서 비밀리에 북파 특수훈련을 받아오던 공군 특수부대 소속 요원 24명이 경비원 등 14명의 관리 요원들을 사살하고, 민간인 배를 빼앗아 타고 송도 해안에 상륙했다. 이들은 때마침 운행중인 시내버스를 탈취해 승객들을 그대로 태운 채 서울을 향해 달리다가 부천 근처 검문소에서 검문 군인과 1차 교전을 벌인 끝에 다시 주안에서 승객이 탄 시외버스를 빼앗아 타고 검문소마다 총격전을 벌이며 나아갔다.

이들은 영등포를 거쳐 시내 노량진까지 진출했으며, 이들을 저지하는 군·경과 무력 충돌을 벌이게 되었다. 이들은 버스 안에서 수류탄이 폭발해 죽거나 부상당한 채로 생포되었다. 이 사건의 결과 난동을 벌인 특수부대원 16명이 죽고 경찰과 민간인 5명이 숨지는 등 모두 35명의 사망자와 수십 명의 부상자를 남겼다.[96] 난동자 가운데 생존자들은 그 해 가을 총살형에 처해졌다.

이 사건으로 인해 김포공항이 폐쇄되고 한강교가 차단되었기 때문에 시민들은 한동안 불안과 공포에 떨어야 했다. 게다가 박 정권은 처음에 이 사건을 북괴 무장공비들의 서울시내 한복판 침입 사건으로 발표했기 때문에 시민들의 공포감은 더욱 컸다.

그러나 그들이 버스를 탈취했을 때 타고 있던 시민들이 그들과 나눈 대화 내용이 입소문을 통해 알려지면서 당국의 발표에 대한 의구심은 커져 갔다. 그들은 버스 승객들에게 다음과 같이 말했다는 것이다.

"놀라지 마라. 우리는 당신네들을 해치러 온 게 아니다. 우리의 목표는 높은 사람들이다. 조금만 훈련받으면 팔자를 고치게 해준다고 약속해 놓고 4년 동안 10원짜리 동전 한 닢조차 구경시켜 주지 않았다. 깡보리밥에 매만 실컷 두들겨 맞고 죽을 고생을 했다. 동료 가운데 맞아 죽은 사람도 있다."[97]

박 정권은 나중에는 군 특수범으로 정정 발표했지만, 곧 장성 출신 야당 국회의원 이세규가 특수부대원의 난동이라고 진상을 폭로했다. 하는 수 없이 총리 김종필도 9월 16일 난동자들은 군 특수범이 아니라 군 특수부대 요원이라고 실토하는 등 박 정권은 이 사건에 대해 여러 차례 말을 바꾸었다.

진상을 폭로한 이세규는 나중에 유신 이후 나체로 물고문을 당하는 등 엄청난 보복을 당했으며, 또다른 신민당 의원 김한수는 엉뚱하게도 '실미도 사건 부대 이름을 공표해 반공법 등을 어겼다'는 이유로 징역 3년

---

96) 김희경 외, 『어처구니없는 한국 현대사』(지성사, 1996), 66~67쪽.
97) 전미숙, 〈한국을 뒤흔든 사건·사고/①실미도 사건: 격리수용·처우불만 집단 총기난동〉, 『토요신문』, 1995년 2월 18일, 22면.

을 선고받기까지 했다.[98]

김일성 암살을 위해 만든 특수부대

실미도 특수부대는 원래 중앙정보부장 김형욱이 만든 것이었다. 60년
대 말부터 이 특수부대를 조직하고 관리해 온 김형욱은 후일 "1969년 1월
21일, 김신조 일당의 무장공비 청와대 습격 사건으로 북한에 허를 찔린
나는 계속 이렇게 당하고만 있을 수는 없지 않겠느냐는 생각에서 보복
작전을 펴기로 특공결사대를 조직하기로 결심하였다"면서 다음과 같이
말한다.

"박정희는 이 작전계획을 처음부터 알고 있었고 재가를 내려 주었
다.……나의 전례 없이 강경한 엄명을 받은 이철희는 우선 각군 형무소
에서 사형수나 무기수로 극형에 처해져 복역하고 있던 죄수들에게 조국
을 위해 봉사하면 죄를 사면시켜 주고 새로운 삶을 시작하게 해준다는
조건을 붙여 결사대 인원을 선발하였다.……우리는 실미도에 특수훈련
장소를 개척, 김일성의 관사와 허봉학의 대남공작지휘본부의 모형을 가
건축해 놓고 6개월간의 맹훈련에 들어갔다. 이들 결사대는 평양 투입시
완전히 북한 인민군의 복장으로 가장하기로 했으며 이들의 공수작전을
미 CIA가 책임져서 낙하산 투입을 기도하는 한·미 합동으로 작전을 전
개하기로 합의하였다.……69년 5월 하순 어느 날이었다. 계절이 여름으
로 들어서자 난 날씨가 이만하면 결사대가 야영을 하는 경우에도 얼어죽
진 않겠다고 판단하고 만반의 준비 후에 박정희를 방문하여 평양에 결사
대 투입 준비완료를 보고하였다. 처음에는 그다지도 열렬한 관심을 보이
던 박정희가 웬일인지 시큰둥한 반응을 보였다. 나중에 안 일이지만 박

---

98) 김진, 『청와대 비서실 1』(중앙일보사, 1992), 189쪽.

정희는 그때 이미 평양당국과 비밀교섭을 모색하고 있었다.”[99]

그래서 실미도 특수부대의 북파 공작은 전면 보류되었다. 1969년 10월 17일 3선 개헌안이 국민투표로 확정되면서 김형욱은 '용도 폐기' 되었다. 박정희는 사흘 뒤인 10월 20일 중앙정보부장에 김형욱 대신 김계원, 비서실장에 이후락 대신 김정렴을 앉혔다. 김계원과 김정렴은 “모두 비교적 소리나지 않게 일하고 박 대통령에겐 지극히 고분고분했던 인물들이었다.”[100] 박정희로선 3선 개헌에 성공한 이상, 사나운 '돌격대' 보다는 차분한 실무형을 원했던 건지도 모른다. 물론 나중에 대선 공작을 위해 이후락은 다시 중앙정보부장으로 기용하긴 했지만 말이다.

인간 이하의 취급을 받은 특수부대원들

문제는 김형욱의 '용도 폐기' 로 인해 실미도에서 훈련중이던 결사대들의 원래 임무도 공중에 붕 떠버렸다는 점이었다. 그들을 다시 죄인 취급하고 그들에게 지급되던 부식비마저 중간에서 누군가가 떼먹는 일까지 발생했다. 그들은 굶주리면서 인간 이하의 취급을 받았던 것이다. 그런 불만이 누적되어 폭발한 것이 바로 '실미도 사건' 이었다.

당시 공군참모총장이었던 장지량은 후일 “김형욱이 이 특수부대의 관리·운영과 관련한 사항을 제대로 인수인계하지 않은 채 물러난 것이 사건 발생의 근본 요인”이라고 말했다.[101]

박정희 정권의 문화공보부 장관을 지낸 김성진도 “실미도 특수 요원의 난동 사건은 중요한 안보 문제를 관계부처와 횡적인 협조도 없이 어느 특정 기관이 독단으로 추진해 오다 관리 부실로 인해 터져 나온 지극

---

99) 김경재, 『혁명과 우상: 김형욱 회고록 3』(전예원, 1991), 92-93쪽.
100) 김충식, 『정치공작사령부 남산의 부장들 1』(동아일보사, 1992), 167쪽.
101) 김영철, 〈 '실미도 특수부대' 김형욱 씨가 창설〉, 『한겨레』, 1998년 8월 6일, 1면.

히 부끄러운 후진적 인력 관리의 난맥상을 드러낸 불상사였다"라고 말했다.[102]

그러나 이 사건은 결코 그 수준의 문제에서 발생한 것이 아니었다. 이 사건은 전태일의 분신 자살 사건처럼 박 정권의 본질적인 성격을 드러낸 사건으로 보는 것이 타당할 것이다. 실미도 사건은 북파 공작 특수부대원들을 인간 이하의, 아니 동물보다 더 못한 대접을 한 박 정권의 인권 무감각에서 비롯된 것이었다. 왜냐 하면 서울 한복판까지 쳐들어오는 난동만 일어나지 않았을 뿐, 실미도 특수부대원들에게 가해진 인간 이하의 취급은 이후 다른 북파 특수부대원들에게도 계속되었기 때문이다.

동료들에게 맞아 죽은 탈영자

2002년 3월 15일 북파공작특수임무부대동지회 전국연합 회원 2백여 명은 서울 세종문화회관 앞에서 집회를 열고 '실체 인정과 명예회복 및 대통령 면담'을 요구했다. 이들은 한때 광화문 앞 도로를 점거하고 청와대로 가려는 행진을 가로막는 경찰에 맞서 쇠파이프와 가스통을 앞세우고 격렬한 시위를 벌였다.

이들은 국군정보사령부 소속 물색조에게 '전과기록 말소·퇴소 후 거액의 보상금과 직장 알선' 등을 약속받고 입소했으나, 하나도 지켜지지 않았으며 죽을 고생만 하고 이용만 당한 채 내버려졌다고 말했다. 또 이들은 "탈영자는 재판도 없이 동료들의 손에 구타 끝에 죽임을 당했다.……70년대 후반까지 적진 후방에 침투, 교량 파괴·요인 암살 등 임무를 수행했다"라고 말했다.

이들 가운데 한 명은 "복모라는 동기는 혹독한 훈련을 견디다 못해 탈

---

102) 김성진, 『한국 정치 100년을 말한다: 우리들이 꼭 알아야 할 한국 정치의 실상』(두산동아, 1999), 313쪽.

영했다가 3일 만에 잡혀와 '배신자'라는 간판을 목에 걸고 동기들로 하여금 3시간 동안 끌고 다니면서 때려죽이게 했다"라며 "아직도 죄책감에서 헤어나지 못하고 있다"라고 고백했다.[103]

또다른 북파 공작원 단체인 대북참전국가유공자연대 회장 박부서는 다음과 같이 말한다. "휴전선 지역에 제3땅굴이 발견되면서 간첩신고 보상금은 3천만 원에서 1억 원으로 뛰었고, 98년 북한잠수정 신고자는 3억 원을 받았다. 우리는 적진에서 싸우고도 아무 보상을 받지 못했다.…… 집 문패에 '국가와 민족을 위해 헌신적으로 봉사한 집'이라는 글귀라도 써 붙여 달라."[104]

이들은 왜 뒤늦게 이제 와서 그런 문제제기를 하는 걸까? 이들은 그간 "입 다물고 있지 않으면 가족까지 몰살해 버리겠다"는 관계 기관의 공갈과 협박 속에 살아왔기 때문이라고 말했다.[105]

---

103) 성홍식, 〈"탈영자, 동료 손에 맞아 죽었다"〉, 『내일신문』, 2002년 3월 18일, 22면.
104) 〈"우리는 목숨을 걸었지만 돌아온 것은 무엇인가": 참전연대 박부서 회장, 당국의 책임 회피에 분노〉, 『뉴스위크』(한국판), 2002년 6월 26일, 55면.
105) 임을출, 〈다시 거리에 선 북파 공작원〉, 『한겨레21』, 2002년 3월 28일, 20면.

공화당 '4인 체제'의 몰락

박정희의 용인술

　말을 듣지 않으면 사람을 개 패듯이 패고 혹독한 고문을 저지르는 박 정권의 만행 앞에선 공화당 의원이라고 해서 예외가 되는 건 아니었다. 1971년에 일어난 이른바 '10·2 항명'은 박 정권의 포악함이 어느 정도였는지 그걸 잘 말해 주는 사례였다.

　당시 공화당 의원 김성곤, 길재호, 김진만, 백남억 등 4인 체제는 막강한 위력을 발휘하고 있었다. 이상우는 "처음 이 4인 체제는 다분히 JP(김종필) 라인의 견제용으로 박정희가 등장시킨 것이었다"면서 다음과 같이 말한다.

　"67년의 제7대 국회의원 공천 때부터 서서히 그 영향력이 나타나기 시작한 4인 체제는 60년대 말까지 당의 재정, 공천, 운영 등 전반적인 주도권을 장악하여 명실상부한 주류 세력을 형성하기에 이르렀다. 그러나 이 4인 체제의 주도권 장악은 어디까지나 박정희의 묵인과 이용 가능성의 한계 내에서 있을 수 있는 일이었다.……4인 체제는 이런 역학 관계를 잘 터득하지 못했다. 특히 개헌과 71년의 박 대통령 3선이 이루어지고 난 다음에는 최대의 공로자로 자부하며 우쭐댔다. 그때가 사실은 가장 위험했던 시기였는데도 불구하고. 김성곤 같은 사람은 박정희가 3선 임기가 끝나는 70년대 중반을 내다보면서 권력구조의 개편까지를 구상했었다. 즉 박정희가 3선 임기가 끝나면 헌법을 개정하여 대통령의 권한을 약화시키고, 내각에 실권을 주는 이른바 2원집정 제안을 구상하고 있었다는 것이다. 이 이야기가 박정희의 귀에 들어갔을 때 박정희는 '소름 끼칠 듯한 무서운 눈매로 노려보았다'고 한다."[106]

김성곤은 박정희의 정치자금 창구

4인 체제의 리더격이었던 김성곤에 대해선 평가가 엇갈린다. 박정희 이후를 내다본 비전 있는 의회주의자였다는 호평과 함께, 박정희식 금권정치의 자금 조달 창구역을 도맡아 하면서 그 자신도 금권정치를 했다는 점을 주로 문제삼는 비판적 시각이 있다.

김성곤은 1965년부터 공화당 재정위원장을 맡은 이후로 재벌들의 돈을 거두어 박정희에게 갖다 바치는 역할을 해왔다. 김성곤이 거둬들인 자금 명세서는 박정희가 직접 결재를 했다. 김성곤은 정부가 발주하는 사업에서 무조건 10%를 정치자금으로 떼내는 식으로 돈을 거두었다. 정부 발주 공사가 워낙 남는 장사이기 때문에 재벌들은 10%를 떼이면서도 서로 하겠다고 경쟁을 벌였고 박정희의 대리인인 김성곤에게 10%의 돈을 바치면서도 "앞으로 이런 기회를 자주 달라"는 식으로 고마워했다. 그래서 기업들의 돈을 뜯었다고 말썽이 날 일도 없었다. 김성곤의 돈 심

---

106) 이상우, 『박 정권 18년: 그 권력의 내막』(동아일보사, 1986), 203-204쪽.

부름을 맡았던 이용호는 중앙정보부장 김형욱에게서 지급받은 중앙정보부 신분증과 권총을 몸에 지니고 다니면서 정치자금을 나르는 역할을 맡았으니, 이는 부정부패의 국책사업화라 할 만한 것이었다.[107]

그렇듯 박정희의 정치자금 창구역을 맡은 김성곤이 이끄는 4인 체제는 여러 분야에 걸쳐 실세로 군림하였으며, 심지어 돈으로 경찰 조직까지 장악해 경찰서장들이 치안국장이나 내무장관보다는 4인 체제를 더 받들었다고 한다.[108] 이들은 "우리(4인 체제) 빼놓고 누구하고 정치할 거야"라는 말을 자주 했고, 그 말이 박정희의 귀에까지 들어갔다는 이야기도 있다.[109]

그러나 4인 체제에 대한 그런 비판은 부당하지는 않을망정 부적절한 것일 수 있다. 왜냐 하면 그들은 국회를 완전 무력화시키고자 했던 박정희 1인 지배체제의 변화를 추구했기 때문이다. 그들의 금권정치 행태나 월권 행위는 이러한 대전제하에서 평가하는 것이 타당할 것이다.

주동자는 공화당에서 내쫓으시오

박정희는 4인 체제를 견제할 필요를 느껴 그 일을 신임 내무부 장관 오치성에게 맡기면서 직접 친필로 작성한, 김성곤의 영향권 내에 있던 내무 관료와 경찰의 명단을 주고 그들을 '정리'할 것을 지시했다.[110] 오치성은 장관이 된 지 두 달여 만인 1971년 8월 16일 경찰간부 220명을 권고 해임시키거나 인사 이동시켰고, 이어 8월 19일엔 시장, 군수, 구청

---

107) 우종창, 〈중정 신분증에 권총 차고 정치자금 날랐다〉: '박정희 정치자금 창구' 성곡 김성곤 씨의 비서 '미스터리' …24년 만의 고백〉, 『주간조선』, 1995년 5월 4일, 42~46면.
108) 김충식, 『정치공작사령부 남산의 부장들 1』(동아일보사, 1992), 363쪽.
109) 김충식, 위의 책, 366쪽.
110) 특별취재팀, 〈실록 박정희 시대 · 2인자 관리: 권력누수 허용 않는 '유아독존'〉, 『중앙일보』, 1997년 12월 11일, 18면.

장 및 도청 국·과장 204명을 인사 이동시켰는데, 이는 모두 4인 체제 세력의 기반을 제거하기 위한 것이었다.[111]

오치성에 대한 4인 체제의 불만은 극에 이르렀다. 김성곤과 길재호는 때마침 내무부 장관이 책임져야 할 큰 사건들이 여러 건 발생한 점에 주목하여 야당에 영향을 미쳐 오치성의 해임결의안을 제출케 했다. 김형욱은 이들이 "사람을 놓아 야당을 부추겨 오치성 해임건의안을 발의케" 했다고 주장하는데,[112] 이심전심으로 양쪽 모두 뜻이 맞았다고 보는 시각도 있다. 즉, 신민당도 공화당의 그런 내부 사정을 이용하려는 생각이 있지 않았겠느냐는 것이다.

신민당은 9월 30일 오치성 해임건의안을 발의하였는데, 해임안 이유는 '실미도 특수군 난동, 광주단지 시위, 한진빌딩 난동, 기동경찰 총기 난사, 무장공비 마을 점거, 독침간첩 자살 등 흐뜨러진 치안에 대한 문책'이라는 것이었다.

10월 2일 개표 결과 총 투표수 203 가운데 가 107, 부 90, 무효 6표로 오치성의 해임결의안은 통과되었다. 이는 찬성에 표를 던진 공화당 표가 20표가 넘는 것으로 해석되었다. 박정희는 해임건의안을 부결시키라는 자신의 지시를 거부한 일부 공화당 의원의 항명에 격노해 중앙정보부장 이후락에게 항명 주동자를 색출해 '엄중히' 조사할 것을 명령했다.[113] 박정희가 "주동자는 누구든지 잡아다가 반쯤 죽여 가지고 공화당에서 내쫓으시오"라고 말했다는 주장도 있다.[114] 실제로 일어난 일로 보아 이게 맞는 것 같다.

---

111) 김충식, 『정치공작사령부 남산의 부장들 1』(동아일보사, 1992), 364쪽.
112) 김경재, 『혁명과 우상: 김형욱 회고록 3』(전예원, 1991), 100쪽.
113) 김충식, 위의 책, 52쪽.
114) 김경재, 위의 책, 100쪽.

공화당 의원들에게 가해진 가혹한 고문

그 결과 다음 날 23명의 공화당 의원이 연행되어 중앙정보부에서 조사를 받았는데, 극심한 구타와 고문이 자행되었다. 신민당 의원들이 국회에서 문제삼을 정도였다. 김대중은 '국회 모독'이라 했고, 당시 김한수의 국회 발언 속기록엔 이렇게 묘사되어 있다.

"9명의 국회의원이 보자기에 씌워져 발길에 채이고 몽둥이에 맞는 고문을 당했다. 얼마나 치고 때렸는지 생으로 무엇을 쌌다는 얘기입니다. 나는 개를 잡아 몽둥이질을 할 때 생으로 싸는 것을 본 적이 있다."[115]

김재홍은 다음과 같이 말한다. "김성곤 의원은 중앙정보부 수사관에 의해 콧수염을 반만 뽑혀 밖에 나다니지도 못했다. 육사 8기로서 5·16 주체 세력 중 한 사람인 길재호 의원은 고문 후유증으로 그 후에도 지팡이에 몸을 의지해야 하는 처지가 됐다. 대통령 한 사람에게만 충성하는 중앙정보부는, 마치 암흑가 폭력조직의 보스가 등 돌리는 부하를 잡아다 린치하는 것과 조금도 다르지 않은 행동을 했다."[116]

의회정치의 사망

10월 5일 김성곤과 길재호는 강제 탈당의 절차를 밟아 국회의원직이 박탈되었다. 두 사람은 정치적으로 모든 걸 다 잃고 한동안 미국으로 유랑 생활을 떠났으며, 공화당 지도부는 대대적으로 개편되어 박정희의 친정체제가 강화되었으며, 공화당은 이후 박정희가 죽으라면 죽는 시늉까지 할 정도로 청와대에 종속되었다. 박정희의 정무수석 비서관을 지낸

---

115) 김충식, 『정치공작사령부 남산의 부장들 1』(동아일보사, 1992), 372쪽.
116) 김재홍, 『박정희의 유산』(푸른숲, 1998), 228쪽.

유혁인은 다음과 같이 말한다.

"그분은 이 시점에서 4인 체제를 휘어잡지 못하면 그 뒤로는 대통령 행세를 제대로 할 수 없고, 공화당도 컨트롤할 수 없을 뿐 아니라 4인 체제에 얹혀서 잔여 임기를 보내야 한다는 위기감을 느꼈던 것 같아요. 우리가 보기에는 그럴 위기감을 느낄 만한 상황은 아니었던 것 같은데, 박대통령은 승부의 기미를 읽는 데는 도통한 사람이었으므로 그것이 합당한 대응이었는지 아닌지는 쉬 가늠할 수가 없다고 봅니다. 어쨌든 10·2 항명 파동 이후 여권 분위기는 싸늘하게 식어 버렸습니다. 공화당은 독자성을 잃고 슬슬 기기만 했습니다. 공화당 운영은 위탁경영에서 대통령 직영체제로 바뀐 것이지요."[117]

그런가 하면 『성곡 김성곤전』을 쓴 조용중은 다음과 같이 말한다. "박대통령은 김성곤 백남억 김진만 김재호라는 4인 체제로 하여금 정국을 주도하게 하여 김종필을 견제했지요. 그러나 결국은 김종필을 총리로 기용하며 이번에는 오치성을 통해 4인 체제를 견제한 것이지요.……(10·2 항명 파동)은 박 대통령에 대한 마지막 도전이자, 의회가 대통령에게 마지막으로 도전해 본 것이었습니다. 10·2 항명 파동의 좌절로 의회는 무력화되고 말았지요. 그 후 권력은 더욱 기승을 부리게 되어 결국 10월 유신으로 이어지게 되는 것입니다."[118]

조용중은 김성곤이 박정희에게 항명을 한 것이 아니라 "대통령의 막강한 힘을 믿고 의회를 깔보는 관료체제와 맞부딪친 것"이었다고 말한다.[119] 그러나 그 관료체제가 박정희의 수족이었고 박정희는 의회주의를 원하지 않았던 만큼 사실상 박정희에 대한 항명을 했다고 보아도 무리는

---

117) 조갑제, 『유고! ①』(한길사, 1987), 52쪽에서 재인용.
118) 강인선, 〈인터뷰 『성곡 김성곤전』의 저자, 조용중 ABC협회장: "그는 세상에서 말하던 것보다 더 배짱이 있는 인물이었다"〉, 『월간조선』, 1995년 4월, 687~688쪽.
119) 조용중, 〈1971년 '10·2 항명 파동'의 전말: 대정객 김성곤, 박정희에 항명하다!〉, 『월간조선』, 1995년 4월, 673쪽.

없을 것이다.

박정희의 잔인한 인간관

4인 체제의 리더격이었던 김성곤과 길재호의 비극은 그들이 이미 자신들의 '이용 가치' 가 끝났으며 박정희가 어떤 사람인지 그걸 몰랐다는데에 있었던 건 아닐까? 박정희건 그의 정보부장인 이후락이건 마음만 먹으면 얼마든지 오치성 해임안은 부결시킬 수 있었다. 그러나 그들은 부결시켜야 한다는 입장 표명만 했을 뿐 그 이상의 노력은 기울이지 않았다.

왜 그랬을까? 함정을 파놓고 기다렸다고 보는 것이 정확할 것이다. 게다가 이후락의 경우엔 과거 4인 체제가 3선 개헌을 앞두고 자신에게 퇴진 압력을 가했던 것[120]에 대한 보복 차원에서 일부러 방관하며 그 사태를 즐겼던 것인지도 모르겠다.

5 · 16 쿠데타 주도 세력 가운데 한 명인 강성원도 최근 "10 · 2 항명 파동을 4인 체제를 제거하기 위한 박정희 대통령의 계략"이라고 단정하면서 다음과 같이 말한다.

"박 대통령은 10 · 2 파동으로 국회 내에 자신의 뜻을 거스르는 세력을 때려부수었습니다. 이것은 박 대통령이 일으킨 일종의 정변입니다. 이들은 박 대통령의 술수에 걸려든 것입니다."[121]

김성곤은 오치성 해임안이 가결되더라도 기껏해야 박정희에게 싫은 소리나 듣게 될 걸로 예상했을 것이다. 그러면 그 자리에서 오치성의 해임이 박정희 자신을 위한 것이었다는 걸 납득시키겠다는 생각을 했던 것

---

120) 조용중, 〈1971년 '10 · 2 항명 파동' 의 전말: 대정객 김성곤, 박정희에 항명하다!〉, 『월간조선』, 1995년 4월, 666쪽.
121) 이상훈, 〈집중인터뷰 '영원한 JP맨' 강성원의 박정희 비사 증언: "우리 모두는 그의 계략에 놀아났다"〉, 『월간조선』, 2002년 9월, 519-520쪽.

으로 보인다. 나이는 김성곤이 네 살 위였지만, 박정희와는 술자리 같은 데서 자녀들의 혼인 문제까지도 터놓고 서로 걱정하고 지낼 정도로 친하게 지냈기 때문에,[122] 김성곤은 박정희가 자신에게 고문까지 가하는 보복을 하리라곤 꿈에서도 생각하지 못했을 것이라는 이야기다. 박정희의 그런 잔인한 인간관에 허를 찔려 당한 사람이 어찌 김성곤 하나뿐이었으랴. 시인 고은이 김성곤에 대해 다음과 같은 시를 썼다는 게 흥미롭다.

"눈 서글서글/코 아래 수염 서글서글/마음속 휑뎅그렁하다/아이들이 돈 10원 달라 하면 듬뿍 2백원 준다/해방 직후/대구의 어느 해 10월/박상희 황태성과 함께/그 가을의 항쟁을 주도한 재정부장이었다/그 뒤 사변 지나/두 마리 용으로 이름 지어/쌍용시멘트/쌍용증권/그리고 동양통신/그 두꺼운 손바닥/그 깊숙한 주머니 항상 두둑했다/궂은 날 질퍽질퍽한 인심/70년대 초/정계에 발 들여놓아/여당 공화당을 손아귀에 쥐었는데/항명 파동으로/그 수염 몽땅 뽑혔다 온몸 짓이겨졌다/남산 지하실에서/ '이 새끼 이 빨갱이새끼 제 버릇 못 버리고!' /그곳에서 나와/정치도/사업도/그리고 삶도 허허벌판/떠도는 구름이 차라리 옳았다/그렇게 구름이 되어 불현듯 떠나갔다"[123]

122) 조용중, 〈1971년 '10·2 항명 파동' 의 전말: 대정객 김성곤, 박정희에 항명하다!〉, 『월간조선』, 1995년 4월, 674쪽.
123) 고은, 『만인보 제15권』(창작과비평사, 1997), 54-55쪽.

'10 · 15 위수령'과 '12 · 6 국가비상사태'

수경사 병력 고려대 난입

10 · 2 항명 파동 이후 박정희의 친정체제가 구축되었고 본격적인 강권통치가 시작되었다. 물론 대학생들을 대하는 것도 더욱 강경해졌다. 4 · 27 대선이 끝난 뒤엔 서울대 문리대 등을 중심으로 한동안 4 · 27 선거 무효화투쟁이 전개되다가 2학기부터는 교련반대투쟁이 일어났다. 이에 발맞춰 서울대 등 각 대학에서는 교수들의 대학자주선언이 나와, 9월 한 달은 교수의 자주선언에 대한 학생들의 지지와 교련철폐운동이 광범위하게 전개되었다.

10월 4일 고려대에서는 특권층 부패자로 관계의 이후락, 정계의 김진만, 군부의 윤필용 등의 명단을 공개하면서 박 정권의 부정부패를 규탄하는 철야농성이 벌어졌다. 이에 대해 김형욱은 다음과 같이 말한다.

"흥미 있는 사실은 부정축재자로 따지면 김성곤이가 정계뿐만 아니라 한국에서 제일가는 인물이었는데도 고려대학생들은 그가 고려대 출신이고 더욱이 고려대 교우회장으로 모교를 많이 도와 준다는 정상을 참작하였는지 김성곤 대신 김진만의 이름을 발표한 것이었다. 김진만도 부정축재자임에는 분명하였으나 질량(質量)에 있어서 김성곤과는 비교가 안 될 만큼 초라한 형편이었으니 말이다."[124]

고려대 학생들이 그 시점에서 이틀 전에 일어난 10·2 항명 파동의 내용을 알고서 그랬던 건지 그건 분명치 않다. 고려대 학생들의 철야농성에 가장 격분한 건 수도경비사령관 윤필용이었다. 10월 5일 새벽 수도경비사 헌병대 병력 30여 명이 고려대에 난입해 농성 학생들을 구타하고 학생 5명을 불법 연행해 가는 사건이 일어났다. 이 같은 군의 학원 난입 사건에 자극받아 부정부패 규탄데모는 연세대, 전남대 등으로 확산되었다. 이와는 별도로 10월 5일 원주에서는 지학순, 김지하 등 1천여 명의 교인과 학생이 박 정권의 부정부패를 규탄하는 횃불데모를 전개하였다.[125]

위수령 발표

10월 12일에는 국방부 장관과 문교부 장관의 공동 명의로 교련거부 학생 전원을 징집한다는 담화가 발표되었다. 그러자 학생들의 학원자유 수호시위는 한층 격렬해져 12일, 14일에는 1만여 명의 학생들이 거리로 쏟아져 나왔다. 학생들은 부정부패자의 공개를 요구하면서 군인들의 학원 난입을 규탄하였으며, 중앙정보부의 철폐를 요구하는 구호를 외쳤다. 이 구호는 박 정권의 최대 약점들을 건드린 것이었다. 이에 박 정권은 '10·15 위수령' 발표로 대응하였다.

---

124) 김경재, 『혁명과 우상: 김형욱 회고록 3』(전예원, 1991), 102쪽.
125) 한용원, 『한국의 군부정치』(대왕사, 1993), 314쪽.

1971년 10월 23일, 위수령으로 연세대에 주둔했던 병력들이 철수하고 있다.

10월 15일 박정희는 특별법령 9개항을 발표하면서 서울 8개 대학에 무기휴업령을 내렸다. 서울대 등 주요 대학들엔 위수군이 진주하면서 1천 8백89명의 학생들이 연행되었다. 이어 전국 23개 대학에서 177명의 학생이 제적되어 그 중 대부분이 강제 징집되었으며 군대에서도 끊임없는 보안사의 감시를 받게 되었다.[126] 10월 16일엔 고려대 무장군인 난입에 항의하는 '지식인 64인 선언'이 나왔고, 이로 인해 리영희, 천관우 등 언론인들이 언론계에서 쫓겨났다.

---

126) 서중석, 〈3선 개헌 반대, 민청학련투쟁, 반유신투쟁〉, 『역사비평』, 창간호(1988년 여름), 76-77쪽.

전 서울대생 '내란예비음모' 사건

이와 같은 일련의 사태에 대해 국면 전환을 꾀하고자 했던 박 정권은 11월 12일 사법연수원생 조영래, 전 서울법대『자유의 종』발행인 이신범, 장기표, 전 민주수호전국청년학생연맹 위원장 심재권 등 전 서울대생 4명을 내란예비음모 등 혐의로 구속하였다. 서울 지역에 위수령이 발동되어 주요 대학에 군 병력이 진주한 지 한 달 만에 발표된 이 사건은 이듬해에 있을 유신선포의 정지 작업이었다.[127]

"네 피고인은 법정에서 범행 사실 전부를 부인하였으나, 대법원까지 가서 유신 선포 직후인 72년 12월 26일 조영래 피고는 징역 1년 6개월, 이신범 피고는 징역 2년, 장기표 피고와 심재권 피고는 각각 징역 1년 6개월에 집행유예 3년의 실형이 확정되었다. 불법 연행 후의 고문 수사, 제시된 시나리오에 의한 자백 강요, 정보기관의 재판 간섭, 공소장과 판결문의 동일화 등을 두고 볼 때 이 사건은 유신 이후 폭주하는 시국 사건의 처리 절차를 제시한 모델 케이스나 다름없었다. 특히 대통령 선거에서 낙선한 김대중 씨를 선거가 끝난 지 반년 만에 법망으로 엮으려고 시도했다는 점은 김씨에 대한 박 정권의 양심과 탄압을 암시했다고 볼 수 있다."[128]

국가비상사태 선포

박 정권은 여기서 한 걸음 더 나아가 12월 6일 국가비상사태를 선포했다. 이는 헌법적인 근거가 박약한 것이었다. 박 정권은 대통령 취임 선

---

127) 김종환, 〈70년대 운동권 기수들의 오늘〉, 조영래 변호사를 추모하는 모임 엮음, 『진실을 영원히 감옥에 가두어 둘 수는 없습니다』(창작과비평사, 1991), 306–307쪽.
128) 김종환, 위의 글, 306–307쪽.

서의 "나는 국가를 보위하고"라는 구절에 그 근거가 있다고 우겼지만 스스로 말이 안 된다고 생각했던 건지 법적인 근거를 갖추겠다고 '국가보위에 관한 특별조치법'을 내놓았다. 야당은 박정희에게 광범위한 비상대권을 부여하는 이 법을 '독일 히틀러 시대의 수권법(授權法)', '군국 일제의 국가동원법'에 비유하며 비판하였다.[129]

이 법과 관련, 『동아일보』는 "언론은 무책임한 안보 논의를 삼가야 한다고 말하는데, 어떤 논의가 무책임한지 좀더 상세한 설명을 해주기 바란다. 최악의 경우에 자유의 일부도 유보할 결의를 해야 한다고 하는데, 최악의 경우가 어떤 것인지 구체적인 설명이 필요하다"라고 논평하였는데, 이 때문에 사장 김상만이 중앙정보부에 연행되어 취조를 받았다.[130]

박정희는 "혹세무민의 일부 지식인들은 언론자유를 빙자하여 무책임한 안보론을 분별없이 들고 나와 민심을 더욱 혼란케 하고 있다"라고 주장하였다. 또다른 일부 지식인들은 현실을 긍정하였다. 이즈음 시인 미당 서정주는 당대의 현실에 초조해 하지 말고 영생을 먼저 생각하라고 권고하는 등 기존 현실을 수긍하는 주장을 펼쳤다.[131] 그러나 미당은 당대의 현실에 초조해 하며 온갖 통제 장치와 탄압 조치를 해대는 박 정권에 대해선 그 어떤 고언도 하지 않았다.

---

129) 김충식, 『정치공작사령부 남산의 부장들 1』(동아일보사, 1992), 376-377쪽.
130) 林建彦(하야시 다께히꼬), 최현 옮김, 『한국현대사』(삼민사, 1986), 311쪽.
131) 황종연, 〈문학적 연대기: 신들린 시, 떠도는 삶〉, 『작가세계』, 제20호(1994년 봄), 43-44쪽.

프레스카드제 실시

민심에 편승한 언론통제

12 · 6 국가비상사태 이후 언론은 박 정권에 더욱 굴종적인 자세를 보이기 시작했다. 신문 발행인들로 구성된 한국신문협회는 '정부의 비상사태 선언을 강력히 뒷받침할 국민의 총단결을 호소한다', '국가안전보장 논의에 있어 언론이 지켜야 할 절도를 자인한다'는 성명서를 발표하였다.

12월 17일엔 문공부의 종용에 따라 이른바 '언론자율에 관한 결정사항'을 채택하고 언론사 기자가 정부가 발급하는 프레스카드를 소지해야만 활동할 수 있는 이른바 '프레스카드제'를 수용하였다. '언론자율에 관한 결정사항'에 의하면 서울에서 발행되는 일간 종합지는 부산과 도청 소재지에 지국, 기타 지역에 보급소를 설치하되 주재기자는 시 단위만 주재하고 그 수는 45명을 넘지 못하도록 못박았다.[132]

반대는 없었다. 아니 딱 한 명이 있기는 했다. 『동화통신』(1973년 4월

30일 폐간) 사장 홍종인은 소속사에 사표를 내고 프레스카드제 실시에 대해 시정을 촉구하는 건의문을 국무총리 문공장관 신문협회 회장 및 회원사에 보냈는데, 그 내용은 다음과 같았다.

"① 한국 신문계의 언론 활동을 정부 통제하에 두게 되는 위험을 범할 우려가 있다. ② 신문협회가 주장하는 건전한 민주언론의 신장·발전을 위한 것이라는 취지에 어긋난다. ③ 헌법상의 언론자유 규정과 그 정신에도 위배된다."[133]

프레스카드제는 1970년 10월 박정희가 도산서원 보수정화사업 준공식 참석이 빌미가 되었다는 견해도 있다. 박정희가 헬기편으로 경북 안동군 도산면 토계동 현지에 도착했을 때 청와대·문공부 출입기자, 사진기자단을 제외하고도 '보도완장'을 두른 현지 기자 1백여 명이 몰려 수라장을 방불케 했는데, 이걸 본 박정희가 수행중이던 문공부 장관 윤주영에게 "웬 기자들이 저렇게 많으냐"라고 질책한 것이 계기가 되었다는 것이다.[134]

이 에피소드가 시사하는 것처럼, 프레스카드제는 대단히 강력한 언론 통제 장치였지만, '기자가 너무 많다'는 민심에 편승한 것이기도 했다. 이에 대해 『중앙일보 30년사』는 다음과 같이 말한다.

"『중앙일보』만 하더라도 지방기자 주재지가 군 단위까지로 분포되어 있었던 데다 선발 다른 신문사들의 선례에 따라 읍·면 단위 지국장들 (전국 15-16명)에게도 기자증을 발급해 전체 기자 수가 90여 명에 이르렀다. 이 같은 상황은 중앙지나 지방지나 할 것 없이 같은 실정이어서 전국적으로 엄청난 지방 주재기자들이 설쳐댔고, 이들 중에는 기자직을 악용해 온갖 이권·청탁에 개입하거나 비리를 저질러 국민들의 지탄이 끊

132) 경향신문사 사사편찬위원회, 『경향신문 50년사』(경향신문사, 1996), 287쪽.
133) 경향신문사 사사편찬위원회, 위의 책, 287쪽.
134) 중앙일보사, 『중앙일보 30년사』(중앙일보사, 1995), 302쪽.

이지 않던 때이기도 했다. 때마침 군사 정권도 이 같은 사이비 기자 문제로 골치를 썩히던 중 이를 꼬투리 잡아 언론통제의 좋은 기회로 삼게 되었던 것이다."[135]

프레스카드제 악용

그 결과 1972년 2월부터는 프레스카드 없이는 취재를 못하게 되었으며 프레스카드를 받지 못한 기자들은 언론계를 떠났다. 『경향신문 50년사』는 다음과 같이 말한다.

"카드제의 위력은 대단했다. 주재기자의 집단 감원과 관청에서 '찍힌' 기자들에 대한 발급 거부 등 예상했던 우려가 현실로 나타났다."[136]

언론 쪽에서 프레스카드제를 악용하는 시도도 빈발했고 정부의 악용 가능성도 제기되었다. 이에 대해 『미디어오늘』은 다음과 같이 말한다.

"프레스카드제 실시 이후 지방 주재기자의 대폭적인 집단 해고 이외에도 이를 빙자로 한 기자 집단 해고 사건이 경향 각지에서 속속 발생하여 그 중에는 부당한 처분의 취소를 요구하는 법정투쟁으로까지 번지는 사례가 속출했다. 한편 프레스카드의 발급을 미끼로 기자들로부터 도리어 보증금을 받아 회사를 경영하고 전체 기자들에게 책·시험지·예술제회원권 등을 강매케 하거나 지방 관공서로부터 기부 행위를 강요했다는 혐의로 『대구일보』, 『호남일보』(군산) 등이 입건, 관련자가 구속되는가 하면, 사건 경위를 조사한 신문협회 이사회는 양사에 대한 프레스카드 발급 추천을 자진 취소하고 문공부에 대해 그 회수를 의뢰(72년 3월 22일)함으로써 이 프레스카드제가 사실상 신문의 자동적 폐간을 가져올

---

135) 중앙일보사, 『중앙일보 30년사』(중앙일보사, 1995), 302쪽.
136) 경향신문사 사사편찬위원회, 『경향신문 50년사』(경향신문사, 1996), 286쪽.

수도 있게 하는 요소를 가졌음을 강력히 시사했다. 이 때문에 『대구일보』는 자진 폐간(72년 3월 30일)했고 『호남일보』는 그 추천 취소의 철회를 요구, 법정투쟁을 벌였다."[137]

신문 산업의 경영 합리화

문공부가 12월에 밝힌 전국의 기자 수는 7천90명이었는데, 프레스카드를 발급받은 3천9백75명(KBS는 제외)과 카드를 발급하지 않기로 한 주간 및 월간 등 잡지 기자 828명을 제외하면 모두 2천2백87명이 프레스카드를 발급받지 못해 기자직을 그만두게 되었다. 이는 불과 3개월 만에 32.3%의 기자가 도태되었음을 의미한다.[138]

『중앙일보』의 경우 지방 주재기자들의 수는 90여 명이었고, 『경향신문』은 121명이었는데, 모두 다 45명으로 줄였다.[139] 결국 프레스카드제는 국가의 언론통제 수단인 동시에 신문 산업의 경영 합리화를 위한 수단으로 이용되었던 것이다.

1971년 당시 전체 언론기업의 은행 융자금은 138억 원을 넘어섰고, 43개의 일간지 가운데 적자 운영을 면하고 있는 신문은 중앙지 1개, 지방지 1개에 불과했다. 더욱 문제는 이런 문제가 일종의 악순환 구조를 형성하고 있어서 해결될 가능성이 거의 없었다고 하는 점이다.[140]

1972년에 '자진 폐간 형식'으로 추진된 언론통폐합도 언론 산업의 그런 문제도 해결해 주면서 언론통제를 강화할 수 있는 방안으로 기획된

137) 〈'프레스카드제' 란〉, 『미디어오늘』, 1995년 12월 20일, 9면.
138) 김해식, 『한국언론의 사회학』(나남, 1994), 137쪽.
139) 중앙일보사, 『중앙일보 30년사』(중앙일보사, 1995), 302~303쪽; 경향신문사 사사편찬위원회, 『경향신문 50년사』(경향신문사, 1996), 287쪽.
140) 조항제, 〈1970년대 한국 텔레비전의 구조적 성격에 관한 연구: 국가정책과 텔레비전 자본간의 관계를 중심으로〉, 서울대학교 대학원 신문학과 박사학위 논문, 1994년 2월, 61쪽.

것이었다. 박 정권은 『대구일보』와 『대구경제일보』를 문닫게 하였고, 『전북일보』·『전북매일』·『호남일보』를 통폐합하여 『전북신문』(1973년 6월 1일)을, 『대전일보』와 『중도일보』도 통폐합하여 『충남일보』(1973년 5월 25일)를, 『연합신문』·『경기일보』·『경기매일신문』을 통폐합하여 『경기신문』(1973년 9월 1일)을 창간케 했다. 목포의 『호남매일신문』도 5월 31일에 자진 폐간케 했다. 이러한 1도 1사 원칙에 따라 모두 11개 지방 신문이 없어지고 대신 3개 지방 신문이 새로 창간되었다.[141]

또 박 정권은 1972년 3월 7일 정부 각 부처의 기자실을 줄이고 출입기자를 제한하는 내용의 이른바 '정부 출입기자 대책' 을 발표해 행정부처의 기자실을 한 부에 한 개씩만 두도록 통폐합하고 출입기자도 한 부처에 1사 1인으로 제한했다.

박 정권은 4월 7일 '신문의 날' 에 '언론인 기금' 을 설치하겠다고 밝혔으며, 다음날 문공부는 '신문 통신 방송의 편집국 계통 종사자들의 퇴직 후 생계비를 비롯한 각종 경제적인 혜택을 준다' 는 내용의 구체안과 함께 기금 목표액을 5억 원으로 설정하겠다고 밝혔다. 이로써 박 정권의 언론통제는 언론기업의 이윤을 보장해 주면서 언론인에게 특혜를 베풀어 포섭하는 이른바 '권언유착' 의 방식으로 전환하게 되었다.

141) 김민남·김유원·박지동·유일상·임동욱·정대수, 『새로 쓰는 한국언론사』(아침, 1993), 354쪽.

포크 음악, 라디오 DJ, 미팅

김민기와 양희은의 〈아침이슬〉

70년대 내내 젊은이들에게 큰 인기를 누렸던, 김민기가 작곡하고 양희은이 부른 〈아침이슬〉이라는 노래는 1970년에 나와 1971년 여러 번안곡과 함께 김민기의 독집 음반으로 출시되었다. 이 음반엔 김민기의 〈친구〉도 수록되었다. "70년대는 김민기의 〈아침이슬〉로 시작되었다"[142]는 평가에서부터 "한국 대중음악을 세계 수준으로 올려놓은 곡"[143]이라는 평가에 이르기까지 〈아침이슬〉은 70년대의 중요한 문화적 현상으로서의 위상을 누렸다. 대중음악평론가 강헌은 이 노래와 관련하여 양희은을 다음과 같이 평했다.

"〈아침이슬〉과 함께 양희은이 등장했을 때, 이미 한국의 대중음악사

---

142) 음악평론가 이상만의 말. 김창남, 『삶의 문화, 희망의 노래』(한울, 1991), 174쪽에서 재인용.
143) 음악평론가 최동욱의 말. 김창남, 위의 책, 174쪽에서 재인용.

는 이 젊고 당돌한 보컬리스트를 경의의 눈으로 바라보았다. 예술에 대한 허위 의식과 대중에 대한 아부를 원천적으로 봉쇄해버린 듯한 이 어린 대학생의 생목소리는 바로 혁명적 낭만주의로 불타오른 신세대들의 표상으로 추인되었다. 양희은의 당당하고 또렷한 발성은 대중음악에 있어서 가사의 의미 전달을 확장시켰을 뿐만 아니라 '사랑'으로 범벅된, 한국 대중음악의 과잉된 습기를 단숨에 제거시켰다. 그는 이 앨범에서 강력한 보컬 카리스마를 발현했던 전작을 한꺼번에 뛰어넘는 위대함을 수놓는다. 깔끔함에 단호함을 새겨 넣은 그의 보컬 톤은, 이후 많은 여성 보컬리스트들의 과제가 되었으며 수많은 추종자들이 그 뒤를 잇기 시작한다."[144]

라디오 DJ 프로그램과 음악 다방

기존의 트롯 가요와는 다른, 〈아침이슬〉류의 노래는 '포크 음악'으로 분류되었는데, 라디오 DJ 프로그램은 이런 포크 음악과 외국의 팝송 중심으로 큰 인기를 누렸다. 가요평론가 선성원은 다음과 같이 말한다.

"MBC에서 『별이 빛나는 밤에』(이종환)를 필두로 DBS에서 『0시의 다이얼』(최동욱, 이장희, 윤형주), TBC에서 『밤을 잊은 그대에게』(황인용), CBS에서 『꿈과 음악사이』(임문일) 등 4파전이 일어나며 팝 프로그램의 인기 비중이 심야 시간대로 옮겨가는 현상이 나타난 가운데 초기의 전문 DJ 시대에서 개그맨이나 가수 DJ로 바뀌면서 신변 잡담이나 늘어 놓는 등 백해무익한 프로로 전락, 마침내 1972년 관계기관으로부터 심야방송에서 전화 리퀘스트에 대한 제재 조처가 취해지는 등, 별로 명예롭지 못

144) 강헌, 〈양희은 2집(1972)-역사에 걸터앉아 미래를 향해 외치는 젊은 세대의 요약〉, 『리뷰』, 1998년 봄호, 19쪽.

한 결과를 낳기도 했다."[145]

초기 라디오 DJ들 가운데 상당수는 음악 다방 DJ 출신이었는데, 음악 다방은 명동과 대학가에 많이 몰려 있었다. 당시의 상황을 아들에게 들려주는 어느 아버지의 증언을 들어 보자.

"아빠가 젊었을 때는 음악 다방이라는 게 있었단다. 네가 좋아하는 DJ DOC이라는 그룹이 부른 〈허리케인 박〉이라는 노래 있지? 그런 사람들이 뮤직박스라는 데 앉아 음악을 틀고 멘트를 넣어가면서 왜 서세원의 '왠지' 하는 그런 투로 음악을 틀어대곤 했지. 우리는 여자 친구와 함께, 혹은 심심한 남자 친구들끼리 떼로들 모여서 음악 다방에 가서 시간을 죽이곤 했단다. 그러면서 음악을 알았지. 라디오 역시 음악을 전해 주는 전파사였어. 요새로 치면 디스코 테크(하긴 디스코 테크도 요즘은 거의 없어졌지), 록카페 정도 되는 고고장이라는 게 있었어. 술 한 잔 마시면서 마루 바닥에 초를 칠해 가며 춤을 마구 추는 거야. 고고춤, 막춤이라고 불렀지. 무대 위에선 밴드들이 록 음악을 연주했다가 나중에는 밴드가 없어지고 음반에서 음악이 흘러 나왔어. 그러고들 놀았단다. 그때는 명동에 그런 음악 다방이나 고고장이 많았어. 그리고 통기타 가수들이 나와서 노래를 부르던 생맥주집도 있었지.(그땐 모두들 생맥주 한 잔 마셔보는 게 소원이었다. 맥주는 굉장히 비싼 술이었거든. 대부분 가난한 학생들은 막걸리와 소주를 마셨으니까.) 너 혹시 트윈폴리오라고 들어본 적이 있는지 모르겠다. 송창식, 윤형주, 양희은 그런 사람들이 나와서 노래를 불렀어."[146]

145) 선성원, 『8군쇼에서 랩까지』(아름출판사, 1993), 49쪽.
146) 백영선, 〈고고장을 가득 채운 미국식 리듬과 선율〉, 『IMAZINE』, 1997년 4월, 117쪽.

대학생들의 미팅 문화

미팅도 빼놓을 수 없는 70년대 초 대학가의 중요한 문화적 현상이었다.

"대학생들이 본격적으로 미팅 행각에 나선 것은 70년대입니다. 대개는 다방, 회관 같은 데서 미팅을 했지요. 특히 명동의 초원다방, 광화문의 청자다방 등은 미팅의 명소였습니다. 명동의 초원다방이 유명해지니까 다른 지역, 지방에서도 초원다방이 우후죽순으로 생겨났습니다. 특히 종로나 영등포에는 초원다방이 열 몇 군데씩이나 됐다는 전설이 있습니다. 어떤 대학 근처에는 초원여관이 아주 오랫동안 있었지요."[147]

『한국일보』 1971년 5월 14일자엔 대학생들의 미팅에 관한 장문의 기사가 실려 있다. 미팅에 대한 당시 대학생들의 코멘트는 지금 기준으론 한결같이 촌스러운 발언들이지만, 그래도 그때는 꽤 심각하게 여겨지는 것들이었다. 먼저 '미팅 무용론'을 펼치는 대학생들은 다 여자다.

"그저 그런 것 아니겠어요? 나쁜 것은 없는 무해무익한 거죠. 그러나 두 번 했지만 싱겁기만 해요."(이대 국문과 1년 S양)

"미팅이 본래의 순수성을 상실, 남자들의 희롱장이 되었어요. 따라서 제 경우 불참하는 입장입니다."(서울대 음대 2년 P양)

"비용이 너무 무거워요. 또한 건전한 이성교제에 눈뜨려면 먼저 부담을 느끼지 않고 이성과 만나 서로의 세계를 엿보거나 타진할 수 있는 것 아니겠어요. 미팅이 끝난 후 서로 '친구'나 '애인'이 되는 경우는 99% 없습니다. 선배들의 표현처럼 '말짱 헛 거'예요."(이대 법학과 2년 L양)

반면 미팅의 순기능을 강조하는 대학생들은 다 남자다.

"소비 풍조요 시간 낭비의 모임이라고 흔히들 얘기하고 있지만 이성

---

147) 이승호, 『옛날 신문을 읽었다 1950-2002』(다우, 2002), 76-77쪽.

을 모르는 것보다는 이런 모임을 통해서 단편적으로나마 아는 것이 좋지 않겠습니까."(고대 농화학과 4년 L군)

"우리 나라에서는 단 한 군데의 교제 장소에서 이성의 또다른 세계를 엿볼 수 있다는 점에서 권장할 만한 것이 아닐까요."(연세대 기악과 2년 L군)

"산 경험을 때때로 얻고 있어요. 미팅을 통해서 한국 현실에 맞는 이상적인 여성상을 정립해 나가고 있습니다."(서울대 상대 경제과 2년 C군)[148)

---

148) 이승호, 『옛날 신문을 읽었다 1950-2002』(다우, 2002), 77-79쪽에서 재인용.

제3장

영구집권을 위한 '10월 유신'

닉슨의 중공 방문과 남북적십자회담

중공의 닉슨 초청

1971년 2월 6일 한국과 미국 정부는 공동성명을 발표하여 6월 말까지 6만 3천여 명의 주한미군을 4만 3천여 명으로 줄이기로 합의한 바 있었다.[1] 그러나 미국은 부통령 애그뉴의 공언과는 달리 3개월 앞당겨 1971년 3월 28일 주한 미 7사단을 철수시켰다.

이에 대해 박 정권은 큰 위기 의식을 느껴 미 행정부와 의회를 대상으로 하는 로비를 벌이게 되었다. 그러나 어제와 내일이 없이 오늘만 생각하는 외교 솜씨가 하루 아침에 바뀔 수 있었겠는가. 이 로비는 나중에 이른바 '코리아게이트'로 비화되었고, 닉슨 독트린으로 인한 국가안보의 문제는 국내적으로 자주국방 계획을 구상하게 하는 동시에 박정희의 철

---

1) 『동아일보』, 1971년 2월 6일; 양재인, 〈정치엘리트의 역할과 공과〉, 이우진 · 김성주 공편, 『현대한국정치론』(사회비평사, 1996), 329쪽.

권통치를 강화시키는 결과를 낳게 되었다.

닉슨 독트린은 주한미군의 문제를 넘어서 훨씬 더 큰 구도에서 작동하고 있었다. 미 7사단이 철수한 지 꼭 10일째 되던 4월 7일 일본 나고야에서 열린 세계탁구선수권대회에 참석하고 있던 중화인민공화국(중공) 대표단은 미국 탁구 팀이 중공을 방문하도록 초청하였고 미국 대표단은 이를 수락했다. 이건 다음 달부터 개시된 중국과 '핑퐁 외교', 곧이어 발표된 닉슨의 중공 방문 계획을 염두에 둔 정치적 이벤트였던 것이다.[2]

미국 탁구 팀의 중공 방문 그 자체만으로도 놀라운 사건이었지만, 더욱 놀라운 사건은 3개월 후인 7월 16일 중공이 닉슨 초청을 발표한 것이었다. 당시 미국의 『워싱턴 포스트』는 그 놀라움을 다음과 같이 표현했다.

"닉슨 대통령이 달나라에 가겠다는 발표를 했던들, 키신저가 중공을 극비리에 방문하여 닉슨 대통령의 중공 방문을 주선했다는 발표만큼은 전 세계를 놀라게 하지 못했으리라. 미국인들에게는 개인적으로나 정치적으로나 가장 발을 들여놓기 어려웠던 중국 대륙이 미국 탁구 선수들뿐만 아니라, 이제 열렬한 반공주의자였던 한 미국 대통령에게까지 방문의 문호가 열렸다는 점에서 그것은 실로 엄청난 뉴스였다."[3]

김일성의 대화 제의

1971년 10월 26일 유엔총회에서는 자유중국이 축출되고 중공이 가입하는 사건이 벌어졌다. 이에 남북한 양쪽 다 쇼크를 받았다. 남북 모두 "긴장 완화를 지향하는 국제 정치의 새 흐름에 호응하며 서로 상대방에

---

2) 오원철, 『한국형 경제건설 7: 내가 전쟁을 하자는 것도 아니지 않느냐』(한국형경제정책연구소, 1999), 32쪽.
3) 오원철, 위의 책, 377-378쪽에서 재인용.

대한 새로운 접근을 모색"하지 않을 수 없게 되었다.[4]

　김일성은 1971년 8월 6일 캄보디아의 전 국가원수 시아누크를 환영하는 연설을 통해 박 정권을 비판하면서도 협상할 뜻이 있음을 비쳤다.[5] "민주공화당을 포함한 남조선의 모든 정당, 사회단체 및 개별 인사들과 아무 때나 접촉할 용의가 있다"라는 것이었다.[6]

　이와 같은 김일성의 '기습 제의'에 대해 북한에서 노동당 간부로 남북 관계에 관여했다가 해외로 망명한 황일호는 다음과 같이 말했다.

　"1971년 미국중앙정보국(CIA)과 선이 닿아 있는 한국인 재미학자 여러 명이 북한을 방문했어요. 그들이 북한의 생각을 떠보면서 남쪽이 적십자회담 제안을 준비하고 있다고 알려 주었지요. 7월 하순에는 재일 조총련으로부터 적십자회담 제의가 8월 15일로 잡혔다는 정보가 평양에 날아들었어요."[7]

남북적십자회담

　그래서 박정희는 8월 12일 대한적십자사를 통해 '남북이산가족찾기운동'을 북한에 제의하고, 8·15 경축사에선 평화통일을 강조하였다. 북한도 이에 응해 8월 20일 남북한 적십자 관계자의 판문점 회담이 열렸고, 그 후 닉슨의 중공 방문(1972년 2월 21일-28일)이 있기 직전인 2월 17일까지 19회에 걸쳐 회동을 하였다.[8]

　2월 27일엔 닉슨·주은래 공동성명이 발표되었다. 이에 대해 김학준은 "이 공동성명은 한반도 문제에 관해 두 나라가 합의하지 못했음을 보

---

4) 김학준, 『북한 50년사: 우리가 떠안아야 할 반쪽의 우리 역사』(동아출판사, 1995), 272쪽.
5) 김학준, 위의 책, 272쪽.
6) 중앙일보 특별취재팀, 『실록 박정희』(중앙 M&B, 1998), 30쪽.
7) 중앙일보 특별취재팀, 위의 책, 30-31쪽에서 재인용.
8) 오원철, 『한국형 경제건설 7: 내가 전쟁을 하자는 것도 아니지 않느냐』(한국형경제정책연구소, 1999), 378-380쪽; 김정렴, 『아, 박정희: 김정렴 정치회고록』(중앙 M&B, 1997), 150쪽.

여 주었다"라고 전제하면서도 그 숨은 의미에 대해 다음과 같이 말한다.

"그러나 공동성명의 행간을 읽어 보면 두 나라가 몇 가지 기본적인 문제들에 대해서는 암묵적으로 합의에 이르렀음을 알 수 있었다. 그것들은 남북 대화가 본격적으로 추진돼야 한다는 것과 언커크(코리아의 통일과 부흥을 위한 국제연합위원단)는 해체돼야 한다는 것이었다. 한 마디로, 이 역사적 문서는 한반도 문제가 민족 내부 문제인 만큼 국제연합에 의해서가 아니라 한민족 스스로에 의해 해결돼야 한다는 미·중 합의를 반영하고 있었다. 이것은 북한의 지도층을 크게 고무시켰다. 북한이 통일 문제와 관련해 정권 수립 이후 일관되게 추구해 온 목표가 마침내 실현되게 됐다고 낙관한 것이다."[9]

이와 같은 국제 환경의 변화와 더불어 박정희와 김일성은 각자 나름대로의 정치적 계산을 하면서 남북적십자회담을 훨씬 능가하는 수준의 접촉에 나서게 되었다. 남한 적십자사의 예비회담 대표인 정홍진은 1972년 3월 28일부터 31일까지 평양을 비밀리에 방문하였고, 북한 적십자사 예비회담 대표 김덕현도 그 해 4월 19일부터 20일까지 서울을 비밀리에 방문하였다. 바로 여기서 중앙정보부장 이후락의 평양 방문과 북한 조선노동당 조직지도부장 김영주의 서울 방문에 대해 합의를 이룰 수 있었다.[10]

9) 김학준, 『북한 50년사: 우리가 떠안아야 할 반쪽의 우리 역사』(동아출판사, 1995), 273쪽.
10) 김학준, 위의 책, 273쪽.

7·4 남북공동성명

평화통일의 3대 원칙

1972년 7월 4일 박정희 정권은 이른바 '7·4 남북공동성명'을 발표해 전 국민을 통일 열기에 들뜨게 만들었다. 그럴 만도 했다. 7월 4일 오전 10시 중앙정보부장 이후락이 내외신 기자회견에서 발표한 다음과 같은 사실에 국민이 놀라는 건 너무도 당연한 일이었다.

"서울의 이후락 정보부장은 72년 5월 2일부터 5일간 평양을 방문했다. 이 부장은 평양에서 김영주 노동당 조직지도부장과 회담했으며 김일성과는 두 차례 회담했다. 평양의 김영주 부장을 대리해 박성철 부수상이 5월 29일부터 6월 1일까지 서울에 왔다. 박성철은 이 부장과 두 차례 박정희 대통령과 한 차례 회담했다."[11]

그 결과 합의했다는 남북공동성명은 첫째로 민족 통일은 외세에 의존

---

11) 김충식, 『정치공작사령부 남산의 부장들 1』(동아일보사, 1992), 342쪽.

하거나 외세의 간섭을 받지 않고 자주적으로 해결되어야 한다고 했다. 둘째는 통일은 무력 행사에 의하지 않고 평화적인 방법으로 실현해야 하고, 셋째는 사상과 이념·제도의 차이를 초월하여 무엇보다 하나의 민족으로서 민족적 대단결을 도모해야 한다고 했다. 즉, 평화통일의 3대 원칙으로서 자주·평화·대단결을 내걸었던 것이다.[12]

이 3대 원칙은 김일성이 제시한 것으로 이후락이 서울과 상의도 하지 않고 받아들여 북한의 전략에 넘어갔다는 등 두고두고 논란이 되었다.[13] 박정희도 영 마땅치 않게 생각했다는데, 박정희의 외무장관을 지낸 이동원의 증언을 들어 보자.

"박 대통령은 '이북이 얘기하는 자주라는 것은 미국 나가라는 소리 아닌가. 아무래도 이후락이 이북에 가서 놀림당하고 온 것 같아'라며 이후락이 북한의 주장을 그대로 수용한 것을 대단히 불쾌하게 생각했어요. 7·4 남북공동성명에 박 대통령이 사인하지 않고 이후락이 사인한 것도 그런 이유였어요."[14]

박정희의 정치적 필요

공동성명 발표 이틀 후 박정희의 심복이라 할 차지철이 이동원의 집에 놀러와 했다는 다음과 같은 이야기도 심상치 않다.

"아무래도 이후락이 김일성한테 끌려다니는 것 같습니다. '7·4 공동성명'에 있는 '민족대동단결'이니 '외세 배제'란 말 결국 북이 주장하는 '연방제'나 '미군 철수'와 같은 말 아닌가요. 물론 이후락은 주한미군은 유엔군이라 외세에 포함되지 않는다 하지만, 그거야 어디까지 우리 생각

---

12) 지명관, 『한국을 움직인 현대사 61장면』(다섯수레, 1996), 110쪽에서 재인용.
13) 중앙일보 특별취재팀, 『실록 박정희』(중앙 M&B, 1998), 42~45쪽.
14) 중앙일보 특별취재팀, 위의 책, 47쪽에서 재인용.

7·4 남북공동성명이 발표되고 남북한 사이에 화해 분위기가 조성되었다. 1972년 12월, 북한 부수상 박성철이 청와대에서 박 대통령을 만나고 있다.

이지 북쪽 애들이 그렇게 생각하겠습니까.……형님, 그래 제가 어제 각하게 내 생각을 말씀드렸더니 각하도 끄덕끄덕하며 내 말이 맞다고 하더군요. 그러면서 이북하고 얘기해 본 게 중요한 거지……, 하며 크게 의미를 두진 않았습니다. 근데 앞으로가 걱정입니다. 분명 북의 페이스에 끌려다녀야 할 텐데 뭔가 국면 전환이 필요하게 될 것 같단 말입니다."[15]

그런 중대한 문제가 있었는데도 박정희는 왜 그걸 공식적으로 발표할 생각을 하게 되었을까? 그 어떤 정치적 필요 때문이었을 것이다. 차지철은 사후에 뭔가 '국면 전환'이 필요하다는 생각을 했지만, 박정희는 이

---

15) 이동원, 『대통령을 그리며』(고려원, 1992), 128-129쪽에서 재인용.

제3장 영구집권을 위한 '10월 유신'·1972년___**213**

미 다 계획하고 있었던 게 아니었겠느냐는 것이다. 서울에 온 북한 부수상 박성철이 제의한 남북정상회담을 박정희가 거절했던 것도[16] 그런 계획과 무관치 않았을 것이다.

7·4 공동성명이 발표된 지 약 30분 후 미 국무성은 즉각 환영성명을 발표했다. 당시 미국의 입장은 70년대 데탕트 분위기에서 미·중 관계가 해빙되는 데 남북 관계가 긴장되어 있으니 말썽이 생기지 않도록 남북이 서로의 체제를 인정하면서 대화하고 긴장을 완화하는 것이 좋다는 입장이었을 것이다. 그래서 미국의 권유 때문에 박정희가 먼저 북한에 대화를 제의했다는 주장도 제기되고 있다.[17]

남한도 북한에 배울 게 있다

박정희는 미국의 권유를 받아들이면서 차지철이 뒤늦게 생각한 '국면 전환'을 위한 무엇인가를 이미 생각하고 있었다고 보아야 하지 않을까. 이동원은 '7·4 남북공동성명' 발표 직후에 들었다는 박정희의 또다른 발언을 소개했는데, 이게 핵심이 아니었을까?

> "이 장관, 내 이후락을 통해 김일성 얘길 들었는데 완전히 김일성이 갖고 놀았더라고. 그런데 이 부장 얘기론 이북의 김일성을 모시는 그곳 사람들 자세가 남달라 우리도 배울 게 있다는구먼. 물론 거긴 공산국가라서 그렇겠지만 우리완 비교도 안 된다는 거야."
>
> "각하, 문제는 질이 아닐까요. 게다가 조선민족은 근성이 있는

---

16) 강인덕, 〈박정희는 왜 김일성의 정상회담 제의를 거절했나: 강인덕 극동문제연구소장의 '7·4 공동성명 전후' 증언〉, 『신동아』, 1993년 1월, 360-382쪽.
17) 신준영, 〈"김일성은 10월 유신 알고 있었다"〉, 『월간말』, 1997년 7월, 101-104쪽.

데 그런 맹목적 충성이 오래 가겠습니까?"

회의적인 내 표정에 박 대통령은 조심스레 입을 열었다.

"글쎄, 나도 그렇게 생각하는데……, 이 부장 보고는 그게 아닌 것 같아. 그래 이 부장은 앞으로 통일까지 일구려면 김일성의 파트너인 나도 그만큼 권위와 격을 갖춰야 한다는 거야. 그래야 정상회담도 가능하다나."[18)

30여 명 사상범, 서두른 사형 집행

7·4 남북공동성명은 나중에 남북 양쪽에서 동시에 일어난 체제상의 대변화로 인해 '정치적 쇼'였다는 평가를 받게 되었지만, 그런 문제들을 떠나서도 그 기본 정신이 관련 사안에서도 전혀 지켜지지 않았다는 것이 지적되어야 할 것이다. 7·4 남북공동성명이 발표된 지 며칠 후 전 중앙정보부장 김형욱은 법무장관 신직수와 점심 식사를 하면서 다음과 같은 대화를 나누었다고 한다.

"요사이 남북공동성명 발표 후 정신 없이 바쁩니다. 사형이 확정된 간첩들이 30여 명이 되는데 이 자들의 사형 집행을 서두느라 식사 때도 놓칠 지경입니다. 김 부장님은 요새 어떻게 지내십니까? 참! 골프협회 회장직을 맡으셨다고요."

"그거야 작년 일이요. 그런데 신 장관, 남북공동성명이 발표됐으면 그런 사상범의 처형은 좀 연기하는 것이 정치적 예의가 아닐까?"

"글쎄요, 대통령께서 급히 처형하라는 엄명이니 난들 어떻게

---

18) 이동원, 『대통령을 그리며』(고려원, 1992), 324쪽.

할 수 있습니까?"……

아니나 다를까 유럽거점 간첩 사건으로 사형언도를 받고 복역 중이던 김규남은 7·4 남북공동성명이 발표된 9일 후인 7월 13일에 그리고 박노수는 7월 28일에 전격적으로 사형당했다. 그 외 임자도 간첩 사건 정태홍 등 30여 명의 사상범들도 그때를 전후하여 모조리 처형되었다.[19]

---

19) 김경재, 『혁명과 우상: 김형욱 회고록 3』(전예원, 1991), 121-122쪽.

8·3 긴급경제조치

사채(私債) 동결

70년대 초, 박정희의 호언장담과는 달리 한국 경제는 엉망이었다. 외국 차관을 가져다 쓴 기업체들이 대규모로 부실 기업이 되었기 때문이다. 이미 1969년 5월, 83개 업체 중 45%가 부실 기업체로 분류되었다. 부실 기업들은 더욱 사채에 의존하게 되고 그래서 금융 부담이 가중되어 부실화되는 악순환의 덫에 갇혀 있었다.[20]

이런 상황에서 전국경제인연합회(전경련)는 무소불위(無所不爲)의 권력을 쥔 박 정권에게 사채를 동결시켜 달라는 희한한 요청을 했다. 그 사정은 이랬다. 당시 기업들이 쓰는 돈의 30%가 사채였는데, 금리가 연리 30% 이상이었다. 1970년 들어 국내 경제가 불황으로 접어들자, 미국이

---

20) 서중석, 『비극의 현대 지도자: 그들은 민족주의자인가 반민족주의자인가』(성균관대학교 출판부, 2002), 295쪽.

경제 침체에서 벗어나려고 10%의 수입부가세를 만들어 한국을 비롯한 개발도상국들의 수출에 큰 타격을 주었다. 그 여파로 기업 부도가 급증했다. 물가가 뛰고 경제성장률은 1969년 13.8%, 1970년 7.6%, 1971년 8.8%, 1972년 5.7%로 떨어졌다.[21]

사정이 그와 같은 바, 기업들과 운명을 같이하기로 한 박 정권은 그 요청을 받아들였다. 사채를 동결하는, 거칠게 말해 빌린 돈을 사실상 떼먹어도 되는, 고상하게 말해 사유재산권을 제한하는, 반(反)자본주의적 조치가 취해진 것이다.

1972년 8월 3일에 발표된 이른바 '8·3 긴급경제조치'의 주요 내용은 8월 9일까지 신고된 기업보유 사채는 앞으로 3년간 갚지 않고(3년 거치) 그 후 5년간 월리 1.35%(연리 16.2%)로 분할 상환토록 하며, 정부가 2천억 원을 마련해 기업이 은행에서 빌린 단기 고리의 대출금 중 30%를 연리 8%, 3년 거치, 5년 분할 상환으로 대환해 준다는 것 등이었다.[22]

8월 3일부터 7일간 신고된 기업의 사채는 4만 6백77건에 3천4백56억 원에 이르렀는데, 이는 전체 통화량의 약 80%, 국내 여신잔액의 34% 수준에 이르는 것이었다. 신고 예상액을 2천억 원으로 잡았던 박 정권은 대성공이라며 만세를 불렀다. 그 성과도 즉시 나타났다. 1972년 7월부터 1973년 6월까지의 수출 실적은 전년 동기 대비 75.6%, 1973년 상반기는 전년 동기보다 91%의 높은 증가율을 기록했다. 1973년 상반기 경상수지는 전년 동기의 적자에서 1억 2천4백만 달러의 흑자로 반전되었다.[23] 부가소득도 있었다. 사채 전주 노릇을 하던 5·16 주체들의 부정축재 규모가 이때에 꼬리를 잡힌 것이다.[24]

---

21) 주태산, 『경제 못살리면 감방간대이: 한국의 경제부총리, 그 인물과 정책』(중앙 M&B, 1998), 93-94쪽.
22) 주태산, 위의 책, 92쪽.
23) 주태산, 위의 책, 95쪽.
24) 김충식, 『정치공작사령부 남산의 부장들 1』(동아일보사, 1992), 381-382쪽.

8·3 조치로 억울하게 당한 사람들

박 정권과 기업들은 만세를 불렀지만, 충격받아 자살한 사람들도 있었다. 『신동아』에 보도되었던 비극적인 사례 두 가지만 살펴보자.

"부산 민락동 하모 여인(42세)은 집을 300만 원에 팔아 전셋집으로 옮긴 뒤, 섬유회사에 200만 원을 월 4% 이자로 빌려주고 월 8만 원의 이자를 받아왔다. 그녀는 이 돈으로 일곱 식구의 생계와 대학교, 고등학교, 중학 등에 다니는 네 자매의 학비를 대왔는데, 이젠 2만 7,000원밖에 이자를 못 받게 되어 앞으로 살길이 막막하다고 한탄했다."

"월남전에서 전사한 아들이 있는 서울 강모 노인(72세)은 그 아들이 생전에 전선에서 보내준 돈을 모아 사채로 놓고는 부인과 함께 생계를 이어가고 있었다. 그런데 돈을 3년 후에나 갚아준다니 그때까지 살아 있을지 모르겠다며 눈물지었다."[25]

악덕 기업주들에게 날개를 달아준 부작용도 컸다. 『동아일보』 1972년 8월 4일자 〈횡설수설〉은 "빚을 쓴 어떤 이는 '단비가 내렸다'고 한다. 그러나 돈 준 이가 사색이 되고 있는 판에 돈 쓴 기업주들이 고급외제차나 별장에 눈독을 들일까 걱정이다"라고 지적했는데,[26] 이런 걱정은 현실로 나타났다. 성균관대 교수 이대근은 사채업자나 일반 국민에게 희생을 강요하기 전에 기업의 책임부터 물었어야 했을 것이라면서 다음과 같이 말한다.

"당시 사채 신고액 중에서 약 3분의 1이 소위 위장사채, 즉 자기 기업에 스스로 사채놀이를 하여 기업은 적자로 만들고 기업가만 살찌는 식의 사채로 되어 있었다고 하는 사실 한 가지만으로도 이러한 주장은 충분히

---

25) 주태산, 『경제 못살리면 감방간대이: 한국의 경제부총리, 그 인물과 정책』(중앙 M&B, 1998), 92쪽에서 재인용.
26) 김충식, 〈창간특집-횡설수설 휴지통의 80년사〉, 『동아일보』, 2000년 3월 30일, A10면에서 재인용.

근거가 있는 것이다. 또한 신고건수 기준 90%에 이르는 소액(건당 300만 원 미만) 사채업자들에게는 본의 아닌 피해를 준 것도 사실이다. 그리고 이 8·3조치와 같은 제도적인 대기업 육성 정책은 그 후 중동건설 진출 등에서의 기업 부실화에 따른 특별금융의 제공 등에서도 그대로 적용되고, 나아가 오늘과 같은 우리 나라 독점적 재벌경제를 형성하는 발판을 마련해 준 것으로 평가될 수 있다."[27]

정경유착과 재벌 중심 경제

서울대 교수 한상진은 8·3조치에 대해 "경제적 상황에 못지 않게 정치적 변수도 중요하게 작용했을 가능성도 있다"라면서 다음과 같이 말한다.

"다시 말해 얼마 뒤에 올 유신의 정치적 손실을 보상하기 위해서는 지속적인 경제성장이 필요했을 것이고, 8·3조치는 바로 이 성장을 정책적으로 이끌어내기 위한 준비였다고 보아도 좋다면, 이 조치에 정치적인 동기가 강하게 작용했다고 할 수 있다. 그러나 우리가 이 점을 강조한다 하더라도 70년대 초의 한국 경제가 직면한 어려움은 객관적으로 부정할 수 없는 일이다."[28]

또 한상진은 가장 중요한 문제는 8·3조치가 낳은 정경유착이라면서 다음과 같이 말한다.

"우리는 8·3조치를 통해 70년대를 관통하는 정경유착의 기본 유형을 발견하게 된다. 위기에 처한 기업들을 살리기 위해 비정상적인 방법으로 미증유의 특혜를 이들에게 부여함으로써 이 정책은 대기업과 국가

---

27) 이대근, 〈오도된 논리로 자찬되는 3공 경제정책: 김정렴 회고록을 보고〉, 『세계와 나』, 1991년 1월, 236쪽.
28) 한상진, 『한국 사회와 관료적 권위주의』(문학과지성사, 1988), 136쪽.

관료제의 연합을 선명히 보여 주었던 것이다. 관료는 경제 운영의 결정권을 갖게 됨으로 해서 재화의 배분과 사용에 있어서 기업을 조종하는 유리한 입장에 서게 되었지만, 대기업은 이 정책을 통해 정부가 그들을 보호하고 또 그럴 수밖에 없다는 확신을 가지게 되었기 때문에 상호 유착을 심화시키면서 경영 합리화를 외면하는 역설적인 결과가 나오게 되었던 것이다."[29]

8·3 조치는 그 어떤 장점에도 불구하고 이후 5개월여 후에 선포된 중화학공업화 정책과 더불어 한국 경제를 더욱더 재벌 중심으로 편성하면서 정경유착을 강화시키는 주범이 되었다.[30]

---

29) 한상진, 『한국 사회와 관료적 권위주의』(문학과지성사, 1988), 136쪽.
30) 서중석, 『비극의 현대 지도자: 그들은 민족주의자인가 반민족주의자인가』(성균관대학교 출판부, 2002), 295쪽.

'10월 유신' 선포

대통령 종신제를 위하여

1972년 10월 17일 중앙청 앞에 탱크가 등장했다. 탱크가 겨냥한 건 북한이 아니라 남한 국민이었다. 박정희 정권은 '7·4 남북공동성명'으로 국민의 통일 열기를 한껏 고조시킨 뒤, 그로부터 3개월여 후인 10월 17일, 통일을 위해서라는 핑계를 대고 자신의 대통령 종신제를 보장하기 위한 이른바 '10월 유신'이라는 것을 선언하였던 것이다. 박정희가 보기에 '10월 유신'에 반대하는 건 북한 공산당이나 할 짓이었기 때문에, 반대자들은 수단과 방법을 가리지 않는 고문으로 '빨갱이'라고 실토케 한 다음 죽이거나 오랫동안 감옥에 가둬야 마땅했고, 이는 이후의 역사가 증거하였다.

박정희는 그 날 약 10분간 계속된 '10월 유신' 선언문 낭독에서 몇 가지 단어를 계속 반복해서 썼다. '민족(22번)', '남북(20번)', '통일(19번)', '평화(18번)', '조국(14번)', '개혁(9번)', '비상조치(9번)', '번영(7

유신헌법이 확정되었음을 선포하는 중앙선거관리 위원장.

번)' 등이었다.[31] 이런 단어들에서 짐작할 수 있듯이, 대(大)를 위해서 소
(小)는 희생되어야 한다는 것이었다.

　'유신(維新)'이란 무엇인가? "모든 것을 고쳐 새롭게 함. 묵은 제도를
아주 새롭게 고침"이라는 뜻이다. 일본의 '명치유신'을 흉내낸 거라고
보는 시각이 있는가 하면,[32] 서울대 철학과 교수 출신으로 박정희의 특
별보좌관을 맡은 박종홍과 또다른 특별보좌관 임방현이 중국의 『시경』
과 『서경』에 나와 있는 '유신'을 빌려 와 '10월 유신'으로 부르자고 박정

---

31) 오원철, 『한국형 경제건설 7: 내가 전쟁을 하자는 것도 아니지 않느냐』(한국형경제정책연구소, 1999),
　　498-499쪽.
32) 오원철, 위의 책, 501쪽.

희에게 건의했고 이게 받아들여졌다는 증언도 있다.[33] 아마도 두 가지 다 합해진 결과가 아닌가 싶다.

법이요 진리가 된 박정희

박정희는 '10월 유신' 선언 말미에서 "나 개인은 조국통일과 민족중흥의 제단 위에 이미 모든 것을 바친 지 오래"라고 말했다.[34] 박정희의 일관성만큼은 알아줘야 한다. 그는 70년대 후반엔 "내가 죽거든 내 무덤에 침을 뱉어!"라고 말했다. 아마도 그가 살아 생전 수백, 수천 번 발언했을 '조국 근대화'를 위해 자신이 악마가 되겠다는, 자신이 희생하겠다는 것이었을 게다. 이에 감동한 일부 사람들은 박정희의 이런 자세를 높이 평가하여 숭배하고 흠모하는 글을 써대고 있지만, 이는 인간의 정체성이 과연 무엇인가 하는 문제와 관련되어 있는 게 아닐까?

굶주렸다는 이유 하나로 굶주림을 해결하기 위해선 그 해결책에 반대하는 인간을 개나 돼지처럼 다루어도 좋다고 보는 결연한 의지와 각오에 박수를 보내는 사람들을 과연 어떻게 이해해야 하는 걸까? 이런 의문조차 배가 불러서 나오는 사치스러운 생각에 지나지 않는 것일까?

10월 17일 오후 7시 전국에 비상계엄이 선포되었다. 국회를 강제 해산했고 정당과 정치 활동도 금지되었다. 헌법 기능은 정지되었고 그 권한은 박정희가 장난감처럼 주무르는 비상국무회의가 가져갔다. 쉽게 말해, 박정희 개인이 곧 법이요 진리인 그런 철권통치 체제가 구축되었던 것이다. 물론 언론은 사전 검열을 받았으며 대학은 아예 문을 닫아 버렸다.

---

33) 김정렴, 『아, 박정희: 김정렴 정치회고록』(중앙 M&B, 1997), 170쪽; 홍윤기, 〈박종홍 철학 연구: 철학과 권력의 퇴행적 결합〉, 『역사비평』, 제55호(2001년 여름), 208-209쪽.
34) 한국기독교교회협의회 인권위원회, 『1970년대 민주화운동 (I)』(한국기독교교회협의회, 1987), 209쪽.

북한도 두려워한 국제정세 변화

'10월 유신'을 발표하기 직전 미국은 닉슨의 중공 방문 이야기는 빼달라고 요청했다. 뒤이어 일본도 일본-중공 수교와 수상 다나카의 방중 부분을 빼달라고 요청했다. 그 요청을 다 받아들여 주고 나니 '10월 유신'의 발표 내용이 엉망이 되었다는 주장이 있다.[35] 당시 새마을 담당 경제특보였던 교수 박진환은 다음과 같이 말한다.

"국제정세와 유신의 당위성을 맺어주는 페이지에 닉슨, 다나카를 빼고 나니 앞뒤가 맞지 않아 상당 부분이 삭제되고 말았다. 그러다 보니 남북대화 추진이 동기처럼 되고 장기집권 부분만 선명하게 노출되었다."[36]

즉, 국제정세의 변화에 따른 국가안보의 중요성이 빠져 '10월 유신'이 부당한 평가를 받게 되었다는 불만일 것이다. 그러나 닉슨의 중공 방문에 대해 북한도 두려움을 느끼고 있었다는 걸 과연 박정희가 모르고 있었을까? 달리 말해, 국제정세의 변화는 오히려 철권통치를 완화시켜야 할 이유가 될 수도 있지 않겠느냐는 것이다. 국제정세의 변화에 대한 북한의 입장에 대해 김학준은 다음과 같이 말한다.

"북한은 막상 미국과 중국 사이에 관계 개선이 급속히 이루어지자 상당히 당황스러워했다. 자신이 오랫동안 제국주의의 원흉으로 여겨온 미국을 자신의 혈맹인 중국이 받아들인다는 점에, 그리고 그러한 큰 변화가 결국 한반도의 긴장 완화를 낳을 것이고, 그것은 긴장 위에서 유지되어 온 자신의 독재체제에 나쁘게 영향을 줄 수 있을 것이라는 점에서, 김일성은 본능적으로 놀라움을 느꼈다."[37]

---

35) 김충식, 『정치공작사령부 남산의 부장들 1』(동아일보사, 1992), 390-391쪽; 조갑제, 『유고! ①』(한길사, 1987), 53쪽.
36) 김충식, 위의 책, 391-392쪽.
37) 김학준, 『북한 50년사: 우리가 떠안아야 할 반쪽의 우리 역사』(동아출판사, 1995), 270쪽.

'10월 유신'과 국회

사쿠라만 핀 신민당

'10월 유신'이 발표된 날 8대 국회는 국정감사를 벌이다가 날벼락을 맞게 되었는데, 그 날의 국정감사가 16년 뒤 1988년에 부활되기까지 마지막 국정감사가 되고 말았다.

국회의 시련은 그것만으로 끝난 게 아니었다. 박정희는 보안사령관 강창성에게 평소 혼을 내겠다고 별러 온, 자신이 '악질'로 분류한 15명의 야당 의원 명단을 건네 주었다.[38] 이 가운데 이세규, 조윤형, 조연하, 이종남, 강근호, 최형우, 박종률, 김한수, 김녹영, 김경인, 나석호, 홍영기 등이 구속되었다.

'악질' 이외의 정치인들은 군인들에 의해 가택 연금되었다. 유진산의 집 앞엔 군인들이 없자 유진산은 "날 진짜 왕사쿠라 만들 거요. 왜 정치

---

38) 김충식, 『정치공작사령부 남산의 부장들 1』(동아일보사, 1992), 392쪽.

를 그리 몰라. 왜 우리 집만 보초가 없느냐 말야'라고 박 정권에 항의해 곧 파병이 이루어졌다.[39]

그러나 어차피 '사쿠라'만이 살아 남게 된 세상이었다. 중앙정보부는 야당 의원들의 각서를 받아냈다. 유신을 인정 및 지지하면서 '관제 야당' 노릇을 하겠다는 각서였다. 물론 거의 다 각서에 도장을 찍었다.[40] 각서만으론 성이 안 차 심지어는 유신을 지지한다는 혈서를 써서 정보부에 보낸 의원도 있었다. 각서의 힘은 컸다. 그때부터 신민당 의원들은 박 정권의 정치자금을 받는 특혜를 누릴 수 있게 되었다.[41]

돈은 어떤 식으로 건네 주었던가? 중정 간부 C는 다음과 같이 증언한다.

"야당 거물은 정보부장이 직접 줬고, 비중이 낮은 의원은 남산(정보부)으로 불러 주기도 했다. 남산에서 부르면 안 오는 경우는 거의 없었다."[42]

'악질' 의원들에게 가해진 고문

박정희가 '악질'로 분류한 의원들은 정보부, 보안사 요원들이 발가벗긴 채 고문을 하는 인간 이하의 만행을 겪게 되었다.[43] 실미도 사건을 폭로한 이세규는 발가벗긴 채 물고문을 당하자 자살을 기도하기도 했다. 다른 의원들도 다 물고문과 '통닭구이'를 당했다.[44] 『대한일보』 기자 출신인 김한수의 경우 1971년 10·2 항명 파동 때 고문받은 공화당 의원들

39) 김충식, 『정치공작사령부 남산의 부장들 1』(동아일보사, 1992), 393-394쪽.
40) 김충식, 위의 책, 395-396쪽.
41) 김진, 『청와대 비서실 1』(중앙일보사, 1992), 215쪽.
42) 특별취재팀, 〈실록 박정희 시대·철권통치: "정치는 낭비" 행정 돌파력에 강한 신념〉, 『중앙일보』, 1997년 12월 18일, 10면.
43) 김충식, 위의 책, 393쪽; 한용원, 『한국의 군부정치』(대왕사, 1993), 315쪽.
44) 김진, 위의 책, 191쪽.

을 취재해 국회에서 폭로한 게 박정희에게 '악질'로 찍힌 이유였다.

"부끄러운 얘기지만 팬티까지 완전히 벗기더군요. 벌거숭이 몸을 시멘트 바닥에 굴리면서 각목으로 마구 때렸어요. 그래도 내가 버티자 '이 새끼, 너 같은 놈은 죽어서 마대자루에 담아 한강에 내다버리면 돼'라면서 물고문을 시작하더군요. 먼저 목욕 타월을 물에 적셔 양 팔목을 감더라고요. 그 위로 로프를 감아 두 손을 꽁꽁 잡아맨 후 무릎을 올려 양팔 안으로 집어넣으래요. 그리곤 솟아오른 무릎 오금 사이로 야전침대 각목을 끼워 책상 두 개 사이에 걸쳐 올려놓더군요. 통닭처럼 매달리니 자연히 무거운 머리가 뒤로 젖혀지잖아요. 얼굴 위에 수건을 덮고 소주 대병들이 주전자로 물을 붓는 거예요. 답답해 입을 벌리면 물이 들어와 배가 남산만해지더라고요."[45]

'내가 인간의 세상에 살고 있는가'

최형우는 80여 일 전 국회 본회의에서 국무총리 김종필에게 묻는 형식으로 유신 음모를 폭로했거니와 새마을운동에 대해 북한의 천리마운동과 관련시켜 강도 높은 질의를 했다는 이유로 '악질'로 분류되었다.[46] 최형우는 비상계엄이 선포되자마자 영등포 군부대에 끌려가 문제의 발언 제보자를 대라는 혹독한 고문에 시달렸다. 김충식은 이렇게 말한다.

"고문은 광기에 가까웠다. 실오라기 하나 걸치지 않은 알몸으로 벗겼다. 두 손을 모아 무릎을 끌어안고 깍지 끼게 한 뒤 포승으로 묶었다. 각목을 최의 팔과 다리 사이에 끼워 양편 책상 사이로 통닭 바비큐처럼 매달았다. 얼굴에 수건을 덮고 그 위에 물을 부었다. 숨이 막혀 어쩔 수 없

45) 김진, 『청와대 비서실 1』(중앙일보사, 1992), 189쪽에서 재인용.
46) 최형우, 『더 넓은 가슴으로 내일을』(깊은사랑, 1993), 87쪽.

이 물을 들이켜야 했다. 살려달라고 애원하자 시멘트 바닥에 팽개쳤다. 잠을 재우지 않고 구타하며 전기고문도 가했다. 제보자를 대라, 김영삼의 조직을 불라고 요구했다. 핀셋으로 국부를 잡아당기고 툭툭 치며 굴욕감을 주었다. '아, 아, 내가 인간의 세상에 살고 있는가.' 최형우는 그렇게 탄식했다고 한다."[47]

최형우의 말을 더 들어 보자.

"인간으로서 동족으로서 차마 이럴 수 있는가. 일제시대 왜놈들도 차마 이런 식의 고문은 하지 않았을 터였다. 어쩌면 저들은 인간에 대한 믿음 그 자체를 말살하려고 하는지도 몰랐다. 그렇지 않고서야 어떻게 이처럼 비인간적인 짓을 저지른단 말인가. 인간의 속성 중에 이처럼 사악한 면이 있는데 어떻게 역사의 발전이 가능하다는 말인가. 어떻게 민주화가 가능하다는 말인가. 고문에 따른 고통보다 이러한 온갖 상념이 오히려 더 나를 괴롭혔다."[48]

최형우의 측근들도 당했다.

"김형식의 경우는 초기에 재빨리 도망을 쳐 아내가 대신 잡혀간 모양이었다. 그런데 놈들은 남편이 숨은 곳을 빨리 대라며 젖먹이 어린애가 두 눈 똑바로 뜨고 지켜 보는데도 그녀에게 사정없이 전기고문을 했다고 한다."[49]

47) 김충식, 『정치공작사령부 남산의 부장들 1』(동아일보사, 1992), 385쪽.
48) 최형우, 『더 넓은 가슴으로 내일을』(깊은사랑, 1993), 99-100쪽.
49) 최형우, 위의 책, 107쪽.

'10월 유신' 국민투표와 '체육관 선거'

강요된 부정선거

박 정권은 10월 27일 대통령 종신제를 기조로 하는 헌법 개정안을 발표했는데, 이 헌법 개정안은 11월 21일 공포 분위기 속에서 실시된 국민투표에서 91.9%의 투표율과 91.5%의 찬성률로 통과되었다.

투표를 앞두고 대대적인 홍보 공작이 전개되었다. 심지어 어린아이들까지 이용했다. 시골 벽지 초등학교에까지 홍보용 동요가 시달되었는데, "10월의 유신은 김유신과 같아서 조국통일 되듯이 남북통일 이뤄요. 우리 몸에 알맞는 민주나라 만들어……" 운운하는 내용이었다.[50]

유신헌법 통과를 두고 박정희는 '통일을 향한 국민 의지의 발현'이라고 주장했지만, 그건 국민에게 무력감과 공포감을 조장한 폭력 정치의 승리라고 해야 옳을 것이다. 부정선거가 워낙 심했기 때문이다. 보안사

---

50) 김충식, 『정치공작사령부 남산의 부장들 1』(동아일보사, 1992), 399쪽.

대령으로 예편한 백동림은 자신이 목격했던 일을 다음과 같이 말한다.

"투표장에서 나는 상상할 수 없는 일을 목격했다. 공무원들이 줄을 서서 투표하고 있는 장면이었다. 투표하는 사람들은 투표함 앞에 앉아 있는 참관인에게 투표한 부분이 보이도록 투표용지를 접어 투표함에 투입하고 있었다. 즉 자기는 찬성으로 기표했노라 하고 고지하는 투표였다. 이 장면을 목격한 나는 그대로 간과할 수 없었다. 즉각 참관인 대표자를 불러 따졌다. '지금 공개투표를 하고 있습니까? 비밀투표를 하고 있습니까?', '…….' 초등학교 교장인 그 참관인은 대답을 하지 못했다."[51]

군에선 이런 일이 벌어졌다. 한 민주화 인사(양관수)의 증언이다.

"나는 10월 유신 때 전방 근무 사병이었다. 국민투표 때 반대표를 찍으려 했더니 중대장이 붓뚜껑을 빼앗았다. '네가 아무리 반대표를 찍어도 사단에 가면 모두 찬성표로 바뀐다' 면서 중대장이 찬성표를 찍었다."[52]

입법부와 사법부 무력화

유신헌법에 따라 대통령은 통일주체국민회의에서 간접선거로 선출하게 되었다. 대통령은 국회를 해산할 수 있으나 국회는 대통령을 탄핵할 수 없고, 각급 법관에 대한 임명권을 모조리 대통령에 귀속시켜 사법부까지 행정부에 종속시켰다.[53]

국회의원의 선출은 임기 6년에 전국 73개 지역구에서 1구 2인의 국회의원을 뽑는 중선거구제로 바뀌었다. '동반 당선' 또는 '나눠먹기식' 제도였다. 또 제6대 국회부터 채택한 비례대표제를 폐지하고, 대통령이 일괄 추천한 통일주체국민회의 대의원들이 국회의원 정족수의 3분의 1에

---

51) 백동림, 『멍청한 군상들: 전 보안사 베테랑 수사관의 자전적 수사 실화』(도서출판 답게, 1995), 68쪽.
52) 김충식, 『정치공작사령부 남산의 부장들 1』(동아일보사, 1992), 398~399쪽.
53) 역사학연구소, 『강좌 한국근현대사』(풀빛, 1995), 332쪽; 양재인, 〈정치엘리트의 역할과 공과〉, 이우진·김성주 공편, 『현대한국정치론』(사회비평사, 1996), 329~330쪽.

유신헌법에 따라 장충체육관에서 새로운 대통령을 뽑기 위해 선거를 하고 있는 통일주최국민회의 대의원들.

1972년 12월 27일, 임기 6년의 제8대 대통령으로 선출된 박정희의 취임식 장면.

해당되는 73명을 일괄 선출하는 제도가 도입되었다. 대통령이 마음대로 임명하는 새로운 전국구 제도였던 것이다.

대통령이 만들어내는 전국구 의원 집단을 '유신정우회(유정회)'라 불렀는데, 유정회 국회의원들은 임기를 6년으로 하되 3년마다 대통령의 추천에 따라 교체할 수 있게 하였다. 이로써 박정희는 공화당 의원과 유정회 의원을 합쳐 국회의원 정수의 3분의 2를 지배할 수 있게 되었다.

99.99% 지지가 나온 '체육관 선거'

혼자 출마해 당선되는 게 쑥스러웠던 걸까? 박정희는 11월 30일, 1981년에 1인당 국민소득 1천 달러, 수출 1백억 달러를 달성하겠다고 약속해 '10월 유신, 100억 달러 수출, 1,000달러 소득'이라는 유신 구호가 생겨났다.[54] 그게 일종의 선거운동이었던 셈이다. 박 정권은 12월 13일 0시를 기해 비상계엄을 해제하고 12월 15일 통일주체국민회의의 대의원 선거를 실시하였다. 이 선거에서 당선된 2천3백59명의 대의원들로 구성된 선거인단이 장충체육관에 모여서 대통령을 뽑도록 되어 있었기 때문에 이른바 '체육관 선거'라는 말이 나오게 되었다.

12월 23일 통일주체국민회의는 장충체육관에서 박정희를 제8대 대통령으로 뽑았다. 전체 대의원 2천3백59명 가운데 2천3백57명이 지지한 99.99%의 지지율이었다. 영남대 교수 김태일의 말마따나, "부조리극 같은 이 선거 제도가 있는 한 박정희의 종신집권은 의심할 바 없는 사항이었다. 사람들은 이 선거를 가리켜 '체육관 선거'라는 말로 희화했는데, 선거라기보다는 차라리 '박정희 지지대회'라는 표현이 옳았다."[55]

---

54) 오원철, 『에너지 정책과 중동진출』(기아경제연구소, 1997), 395쪽.
55) 김태일, 〈유신체제를 어떻게 볼 것인가〉, 『역사비평』, 제30호(1995년 가을), 83쪽.

박정희는 12월 27일에 정식으로 제8대 대통령에 취임함으로써 김대중과의 경쟁 끝에 당선된 제7대 대통령 임기는 1년 5개월 만에 끝나게 되었다. 박정희 부부와 가깝게 지냈던 재미 언론인 문명자는 취임식에 참석해 느낀 소감에 대해 다음과 같이 말한다.

"박정희와 육 여사는 단상 위에 높이 앉아 있었다. 그들은 오른쪽 어깨에서 왼쪽 옆구리로 가로지르는 휘황한 휘장을 걸치고 있었다. 전에 못 보던 모습이었다. 취임식이 끝난 후 나는 육 여사에게 말했다. '두 분은 드디어 덴노헤이카(천황), 고고헤이카(황후)가 되셨군요.' 그것은 물론 죽을 때까지 계속 대통령을 하게 된 박정희의 유신체제를 빗대어 한 말이었다. 그러나 육 여사는 나의 진의를 못 알아듣고 단지 휘황한 휘장을 두른 자기 부부의 모습에 대해 말하는 것으로 생각하는 눈치였다."[56]

---

56) 문명자, 〈문명자의 박정희 취재파일 ⑤ 비운의 영부인 육영수: "청와대는 영원한 나의 집이 아니다"〉, 『월간말』, 1997년 12월, 114-115쪽.

'10월 유신'과 북한

'박정희는 유신, 김일성은 유일'

"박정희는 권력의 위기를 '적과의 동침'으로 풀었다. 이 얼마나 기발한 위장전술인가? 박정희와 김일성이 30년 만에 이룬 '적과의 동침'은 '하룻밤 풋사랑'이 아니었다. 이 역사적 동침으로 둘은 쌍둥이를 낳았다. 그 이름은 유신과 유일이다. 박정희는 남에서 유신체제를 선언하고, 김일성은 북에서 유일체제를 선포했다."[57]

역사학자 최상천의 말이다. 그렇게 볼 수 있는 소지가 충분했다. 7·4 남북공동성명 이후 다시 남북적십자회담이 열리게 되었다. 이 회담은 1972년 8월 30일부터 1973년 8월 30일까지 서울과 평양을 오가며 모두 일곱 차례 열렸다. 그와 병행하여 남북조절위원회 회담도 1972년 11월 30일부터 12월 1일까지 서울에서, 1973년 3월 14일부터 16일까지 평양

---

57) 최상천, 『알몸 박정희』(사람나라, 2001), 231쪽.

에서, 6월 12일부터 14일까지 서울에서, 모두 세 차례 열렸다. 마음에도 없는 괜한 행사였다. 박정희의 공보비서관 선우연이 당시 남긴 다음과 같은 기록을 보자.

"1972년 7·4 남북공동성명이 발표되고 난 뒤 남북적십자회담이 열리고 있던 어느 날. 북한 대표가 서울로 오기로 결정된 뒤 유혁인 비서와 함께 대통령과 식사를 했다. '선우 비서관, 자네도 이북 사람이지만 이북 사람 특기 있잖아. 서북청년회 사람들은 때리는 것도 잘하잖아 왜. 영락교회 한경직 목사에게 얘기해서 계란 좀 던지라고 해요. 국민들이 반대하는 사건도 있어야 회담도 잘 되는 거야.' 나는 영락교회에 대통령의 이런 뜻을 전달했다. 영락교회 신도들은 나중 북한의 적십자회담 대표가 서울에 왔을 때 던지기 위한 계란까지 준비했는데 이것을 정보부가 알고 사전에 막아 실제로 계란을 던지는 일은 발생하지 않았다."[58]

당시 남북은 각자 동상이몽(同床異夢)이었다. 이에 대해 김학준은 다음과 같이 말한다.

"남한은 주한미군과 국제연합을 외세로 보지 않았으며, 따라서 한반도 문제를 국제연합에서 떼어 내고 주한미군을 철수시키려는 북한의 노력에 반대했다. '국가보안법'과 '반공법' 역시 대한민국의 안보를 위해 필요하다는 입장을 지켰으며, 연방제를 받아들일 수 없다는 태도를 분명히 했다. 북한이 또 '남북조절위원회'의 5개 분과위원회를 일제히 가동시켜 남북한의 다각적 합작을 꾀하자고 주장했을 때, 남한은 북한의 그러한 자세를 '현실성 없는 일거(一擧) 해결론'으로 못박고, 점진적이며 단계적이고 기능주의적인 접근 방법을 제시했다."[59]

---

58) 〈집중연재 박정희 육성증언: 선우연 공보비서관, 8년간의 육성 비망록 여섯 권, 역사적인 대공개!〉, 『월간 조선』, 1993년 3월, 160~161쪽.
59) 김학준, 『북한 50년사: 우리가 떠안아야 할 반쪽의 우리 역사』(동아출판사, 1995), 276쪽.

대외 관계에서 얻은 북한의 성과

북한은 남한의 속셈을 몰랐을까? 몰랐을 리 없다. 각자 계산법이 달랐을 뿐 남북 양쪽은 나름대로 실리를 취하기 위한 계산에 몰두하고 있었다. 우선 북한이 남북대화로 대외 관계에서 큰 성과를 얻었다는 점이 지적되어야 할 것이다. 남북공동성명을 계기로 1973년 4월 이후 북유럽 5개국이 북한을 승인하였다. 북한은 1973년 5월 국제연합 산하기구인 세계보건기구(WHO)에 가입하였으며, 이에 따라 그 해 9월 5일 뉴욕의 국제연합 본부에 대표부를 설치할 수 있게 되었다. 남북공동성명 발표 이후 1973년 말까지 북한을 승인한 나라는 20개국에 이르렀다.[60] 북한이 국제연합에서 거둔 또 하나의 성과에 대해 김학준은 다음과 같이 말한다.

"한반도 문제의 민족 내부화에 대한 명시적 보장이었던 '남북공동성명'을 계기로 우선 1973년의 제28차 국제연합 총회는 언커크를 해체하기로 결의했으며, 2년 뒤의 제30차 국제연합 총회는 주한국제연합군총사령부의 존속을 꾀한 서방측 결의안과 해체를 못박은 공산측 결의안을 함께 통과시킨 것이다. 이로써 한반도 문제의 탈유엔화라는 북한의 목표는 사실상 성취됐다. 이처럼 국제적으로 '2개의 코리아' 추세가 굳어지고, 국제연합에 북한의 대표부가 설치되기에 이르자, 대한민국은 여기에 대응하는 조처를 취했다. 박 대통령은 1973년 6월 23일에 특별 선언을 통해 사실상 한반도의 분단을 잠정적으로 합법화시킨다는 전제 아래 상호 내정 불간섭과 불가침을 제도화하는 한편 남북한의 국제연합 동시 가입을 추진하자고 제의했다."[61]

---

60) 김학준, 『북한 50년사: 우리가 떠안아야 할 반쪽의 우리 역사』(동아출판사, 1995), 277쪽.
61) 김학준, 위의 책, 277-278쪽.

김일성의 1인 지배체제 및 세습 강화

김일성은 대내적으로 더욱 큰것을 얻었다. 북한 노동당 조직지도부 과장을 지내다 1988년 귀순한 김정민은 7·4 남북공동성명 당시의 북한 상황에 대해 다음과 같이 말한다.

"7·4 당시 북한 주민들의 기대는 대단했습니다. 『노동신문』에 크게 실린 김일성과 이후락 부장이 포옹하는 사진을 보고 이제 뭐가 되는가 보다 하고 흥분했던 것입니다."[62]

김일성은 '10월 유신'을 예상하지 못했을까? 김정민은 다음과 같이 말한다.

"박 정권이 유신을 준비하고 있다는 것은 환히 알고 있었습니다. 그리고 남한 여당측이 7·4 공동성명을 이용해 자신들의 정치적 입지를 강화할 수 있다는 것을 생각 안 한 것은 아닙니다. 그러나 7·4 3원칙이 장차 어떤 불이익도 가져오지 않을 내용이고 회담 추진 과정에서 그 같은 원칙을 남한 민중에게 인식시키는 것이 중요하다는 결론에서 대화를 추진했던 것입니다."[63]

그러나 김정민은 모든 걸 다 말하진 않고 있다. 북한도 북한식 '10월 유신'을 꿈꾸었으며 박정희의 '10월 유신'과 거의 동시에 그걸 해치웠다는 점이 지적되어야 할 것이다. 북한은 '10월 유신'이 있은 지 2개월여 후인 12월 27일, 1948년에 제정된 '조선민주주의인민공화국 헌법'을 폐기하고 '조선민주주의인민공화국 사회주의 헌법'을 새로 만들어 1인 지배체제를 강화하였다.

새 헌법은 집단 지도체제에서 후퇴하는 것과 기존의 '수령의 유일적

---

62) 신준영, 〈"김일성은 10월 유신 알고 있었다"〉, 『월간말』, 1997년 7월, 102쪽에서 재인용.
63) 신준영, 위의 책, 105쪽에서 재인용.

영도'를 강화한 것이었다. 즉, "헌법에 내놓고 김일성 1인의 절대적 독재체제를 보장"한 것이다.[64] 김일성은 그러한 체제 구축의 다음 수순으로 1973년 9월 김정일을 조선노동당의 최고 권력기관인 비서국의 비서로 격상시켰다. 1970년에 발행된 『정치용어사전』은 '세습적 계승'을 '착취사회의 반동적 관행'이라고 비난했으나, 1973년 12월에 대체 출판된 『정치사전』은 이 항목을 삭제했다.[65]

---

64) 김학준, 『북한 50년사: 우리가 떠안아야 할 반쪽의 우리 역사』(동아출판사, 1995), 284–285쪽.
65) 김학준, 위의 책, 294–295쪽.

'10월 유신'과 언론

대대적인 유신 홍보

유신은 엄청난 규모의 여론 조작을 통해 정당화되고 예찬되었다. 언론은 유신헌법의 홍보에 적극 협조하였다. 김해식은 이렇게 말한다.

"10월 27일 개헌안이 공고된 뒤 11월 21일 국민투표가 실시되기까지 신문의 많은 지면과 방송의 많은 시간은 당국에서 배급한 새 헌법에 관한 해설기사와 할당된 연사들의 출연으로 메워졌다. 또한 10월 27일부터 12월 말까지는 모든 신문의 1면과 7면에 '통일 위한 구국 영단 너도나도 지지하자', '새 시대에 새 헌법, 새 역사를 창조하자', '뭉쳐서 헌정유신, 힘모아 평화통일'이라는 등의 문공부 제정 표어가 날마다 6단 크기로 실렸다."[66]

당연히 방송도 유신의 홍보 도구로 총동원되었다. 문공부 방송관리국

---

66) 김해식, 『한국언론의 사회학』(나남, 1994), 148쪽.

모니터에 나타난 구체적인 통계에 따르면 10월 17일부터 11월 21일까지 방송은 단독 해설 218회, 좌담 398회, 유신과 관련된 비전 제시 특별 프로그램 58회, 유신을 내용으로 한 스폿 드라마가 1천2백68회에 이르렀다.[67]

이어령의 파리 피난

유신 치하의 세상은 자유로운 생각을 가진 사람에겐 숨쉬기조차 어려웠다. 유신을 찬성할 자유만 있을 뿐 반대할 자유는 전혀 없었다. 부분적인 비판조차 허용되지 않았다. 당시 한국을 대표하는 지식인 가운데 한 명이었던 이어령이 1973년 2월 8일 『경향신문』의 파리 특파원으로 서울을 떠난 건 자유로운 숨을 쉬기 위해서였다. 이어령이 파리로 떠나기 위해 1972년 12월 중순 『경향신문』 편집국장 김경래에게 한 다음과 같은 말은 유신 선포 직후 언론 상황에 대한 좋은 증언이 될 것이다.

"아무래도 서울에서는 못 살겠구먼……. 이 땅을 떠나야 되겠는데 어디 좋은 수가 없을까? 유신이다 계엄령이다 하고 검열을 지나치게 하니 어디 글 써먹겠어? 속된 말로 앉은뱅이 그것 잘라 버리는 꼴 아닌가? 지난달 내가 쓴 여적(『경향신문』 1면 하단 칼럼)들 읽었지요? 그게 글입디까? 교양 없는 녀석들, 제멋대로 깎고, 넣고……. 도대체 계엄사 검열관들은 먹물도 못 마신 불학무식한 인종들이지."[68]

취재 기능을 거세당한 언론

유신 이후, 유신헌법에 대한 반대 의견을 표현하는 것은 말할 것도 없

67) 김민환, 『한국언론사』(사회비평사, 1996), 546쪽.
68) 『64가지 만남의 방식: 서정주에서 장영주까지』(김영사, 1993), 64~66쪽에서 재인용.

고 그런 의견을 다른 사람에게 알리는 것조차 범죄 행위로 간주되었다. 유신 발표 당시 동대문경찰서 출입기자였던 『동아일보』 편집위원 정구종은 당시를 다음과 같이 회고했다.

"하루는 '기독교회관에서 목사들의 집회가 있다. 취재해보라'는 지시를 회사로부터 받고 본인 등 각 언론사 기자들이 기독교회관으로 달려갔다. 이해학 목사 등 10여 명의 젊은 성직자들이 '유신반대 성명'을 발표하는 현장이었다. 일단 모두들 회사에 전화보고는 했으나 어느 신문·방송도 유신반대 성명을 싣지는 못했다. 그 날 오후 동대문경찰서의 정보과장이 기자실에 와서 모두들 모여 달라는 통보를 했다. 영문도 모르고 기자실에 모이자 정보과장은 '오늘 기독교회관의 취재 관계로 중앙정보부에서 기자들을 만나자고 한다. 내 차에 타고 가보자'고 했다. 반강제 연행식으로 모두들 남산 중앙정보부 6국 수사과로 실려갔다. 그리고는 밤새 피의자 조사를 받았다. 옆방에는 목사들이 이미 연행돼 와 밤새 구타당하며 취조받는 소리가 생생히 들렸다. 기자들에게 씌워진 혐의는 간단했다. 목사들의 유신반대 성명 내용을 회사에 전화로 알림으로써 '유신헌법 반대 의견을 타인에게 고지·전달했다'는 것이며 이는 법에 저촉된다는 것이었다. 옆방에는 그 날 현장에 취재 나왔던 정치부의 강성재 기자도 연행돼 와 조사를 받고 있었다. 밤을 세운 조사와 조서 작성, 범죄인 도표 작성 등으로 겁을 준 뒤 중앙정보부측은 새벽에 취재기자들을 모두 돌려보냈다. 다시는 유신반대 관련 취재를 않겠다는 내용의 각서를 받은 뒤였다. 말하자면 유신체제를 왈가왈부하는 어떤 움직임도 용납하지 않겠다고 협박과 공갈을 하기 위한 일막극이었다. 물론 그 같은 전말은 신문·방송에 한 줄도 보도되지 않았으며 각 언론사 젊은 기자들의 허탈함과 불만은 안팎으로 쌓여갔다."[69]

---

69) 동아일보사 노동조합, 『동아 자유언론실천운동 백서』(동아일보사, 1989), 31~32쪽.

'10월 유신'과 지식인

'헝가리 헌법'으로 불린 유신헌법

박정희의 유신체제 구상은 대만의 총통제 연구를 위해 한 대학교수를 대만으로 파견하는 것으로 시작되었다. 그 교수의 이름은 지금도 밝혀지지 않았다. 그 교수를 알고 있는 전 공화당 의원 강성원은 어느 인터뷰에서 다음과 같이 말했다.

"그 사람이 아직 직책을 맡고 있어서 밝힐 수 없어요."[70]

유신헌법을 가리켜 일명 '헝가리 헌법'이라고도 했다. 이는 유신헌법 제정에 참여해 이름이 널리 알려진 두 헌법학자(서울대 교수 한태연과 중앙대 교수 갈봉근)의 성씨를 빗댄 명칭이었다.[71] 두 교수는 1973-79년 9·10대 유정회 의원을 지냈다.

---

70) 이상훈, 〈집중인터뷰 '영원한 JP맨' 강성원의 박정희 비사 증언: "우리 모두는 그의 계략에 놀아났다"〉,
『월간조선』, 2002년 9월, 522쪽.
71) 노재현, 『청와대 비서실 2』(중앙일보사, 1993), 99쪽.

그들은 박정희 사후에도 "유신은 소신이었으며 그때가 다시 온다 해도 똑같이 행동할 것"이라고 주장했다.[72] 그러나 한태연의 경우 5·16이 난 지 얼마 되지 않아 군인들에게 강제 연행되어 1주일 동안 연금 상태에서 새 헌법 작업에 동원된 과거를 갖고 있었다.[73] 강압에 의한 것이었을망정 한태연은 군사 정권과 한 배를 탄 처지가 되어 버렸으니 그 이후부턴 자신의 처신을 정당화하기 위한 이론과 논리를 개발하게 된 건 아니었을까.

물론 그건 정확히 알 수 있는 건 아니다. 그렇게 사후에 유신을 지지하는 이론을 만들어내는 지식인들도 있었을 것이고 유신 지지가 원래부터 자신의 강한 소신인 지식인들도 있었겠지만, 그걸 어떻게 일일이 구분할 수 있으랴. 어떤 이유에서 비롯된 것이든지 유신을 지지하는 지식인들도 적지 않았다는 건 분명한 사실이다. 과연 그들의 지지 논리는 무엇이었을까?

박일경의 '한국적 민주주의' 론

『동아일보』는 특별한 사설, 시론으로 유신헌법안을 지지·찬양하지는 않았지만, 1972년 10월 31일 경희대 대학원장 박일경의 〈평화통일 지향한 유신-새 헌법안을 보고〉라는 제목의 기고문과 해설기사를 실음으로써 유신체제와 일정 부분 타협하였다. 박일경은 기고문에서 '한국적 민주주의'를 강조하였다.

"새 헌법안은 한국적 민주주의의 토착화로 인한 국력조직화를 다짐하고 있거니와 그 가장 대표적인 것이 대통령의 선거 방법이다. 종전의 우

---

72) 김진, 『청와대 비서실 1』(중앙일보사, 1992), 197쪽.
73) 정재영, 〈한국 지식인의 계보 ②: '장군 대통령'의 스승들〉, 『신동아』, 1995년 12월, 429쪽.

리 헌법은 대통령 직선제를 규정하고 있었다. 그런데 이러한 직선제가 막대한 경제적 인적 소모는 고사하더라도 책임 없는 선거공약 등으로 백해무익한 정치적 혼란을 초래하고 국민의 분열, 심지어는 지방 감정의 대립까지 야기시켰던 것은 주지의 사실이다. 그러므로 새 헌법안은 정당 소속원이 아닌 대의원으로써 구성되는 통일주체국민회의로 하여금 대통령을 선거하게 함으로써 직선제의 숙폐를 일소하여 '낭비 없고 파쟁 없는 선거'를 구현하려는 것이다. 그리고 국민회의는 국민이 직선한 대의원으로서 구성되므로 대통령 선거 방법에 있어서의 민주적 원칙도 보장되는 것이다. 다음 국회의원 정원수 3분의 1의 통일주체국민회의에 의한 선거도 거의 같은 취지에서 유래한 것이라고 볼 수 있으며 특히 이것은 야당에서 볼 수 있던 전국구 의석의 매직매관적 폐습을 일소하려는 것이다."[74]

시인 박목월은 『서울신문』 1972년 11월 18일자에 기고한 〈10월 유신의 사명과 동기〉라는 제목의 글에서 대통령 선출 방법과 관련, "지금까지의 과열·혼란·낭비를 거듭해온 선거제도를 물리치고 당권·당리에만 사로잡힌 몰지각한 조국의 정치현실에서 탈피하려는, 그야말로 과감하고 혁신적인 것"이라고 주장했다.[75]

갈봉근의 '권력의 인격화' 이론

유신헌법안 기초에 참여한 교수 갈봉근은 『신동아』 1972년 12월호에 쓴 〈유신헌법안의 정치철학과 지도자상〉이라는 글에서 '권력의 인격화' 이론을 전개했다. 그는 "권력의 인격화 현상이 정치적 후진국가권에 속

---

74) 김삼웅, 『유신시대의 곡필』(신학문사, 1990), 37쪽에서 재인용.
75) 김삼웅, 위의 책, 49쪽에서 재인용.

하는 국가군에 있어서는 발전의 첫 단계가 될 뿐만 아니라 통합과 통치의 최적 수단"이라며 다음과 같이 주장했다.

"권력의 인격화 현상은 실은 보편적이며 정상적이다. 권력을 행사하는 주체는 어디까지나 인간이기 때문이다. 특히 오늘날은 세계 도처에서 모든 정치체제에 확대 편재하고 있다. 오히려 권력이 비인격화될 때가 비정상적인 것이다. 이번 유신헌법안의 특징은 조국의 평화적 통일과 국가와 민족의 번영 및 안정이라는 박정희 대통령의 정치적 이념을 구현하고 있다는 데에서 찾아볼 수 있다. 이것은 지금으로부터 14년 전 프랑스의 영광된 회복을 위하여 제정된 프랑스 제5공화국 헌법이 드골 대통령의 정치적 이념의 구현이었다는 점과 비길 수 있을 것이다.…… '인류사회는 권력의 인격화로부터 제도화로 옮겨지며 이런 속에서 진보와 문명 그리고 민주주의가 구현된다.……민주주의 발전과 권력의 제도화는 불가분의 것이다'라고 한 뒤르껨(Durkheim)의 이론은 객관적 사실 앞에서 부정되고 있다. 오히려 원시사회에서는 추장이나 무당의 제도, 군주체제에서는 출신 가문이라는 제도 속에서 권력이 구성되었다면 오늘날은 더욱더 개인의 흔적이 권력구조를 특정짓고 있다고 말할 수가 있는 것이다.……민주제도는 본질적으로 반인격적이면서도 종국에 가서는 권력을 인격화한다는 패러독스를 지니고 있다."[76]

강만길이 느낀 배신감

그런가 하면 정반대로 유신으로 인해 오히려 진보 쪽으로 더 기운 지식인들도 있었다. 대표적인 지식인이 고려대 교수 강만길이다. 강만길은 조선 후기 상공업사를 전공하던 역사학자였다. 그러나 그는 유신 이후

---

76) 김삼웅, 『유신시대의 곡필』(신학문사, 1990), 39-40쪽에서 재인용.

현대사 연구로 방향을 전환했다. 왜 그랬을까?

"유신 독재를 보면서 심한 배신감을 느끼게 되었고, 이런 체제 아래서 더 이상 조선왕조 이야기나 해서는 안 되겠다는 생각이 들었어요. 현실이 어렵게 돌아가는데 역사학 한다면서 옛날 얘기나 하고 있어서 뭐가 되겠냐 하는 생각이었죠."[77]

강만길은 "72년 7·4 공동성명이 결국은 유신을 하기 위한 멍석 깔기임을 알았을 때 이루 말할 수 없는 배신감을 느꼈"다며 다음과 같이 말한다.

"이러한 배신 앞에서 역사학은 왜 말이 없는가, 우리는 지금 어떤 시대에 살고 있는가를 골똘히 생각했습니다. 해답은 의외로 쉽게 나왔지요. '지금의 우리 역사학이 이 배신을 눈감고 있는 것은 민족분단주의에 빠져 있기 때문이다. 독재 정권 아래서 어느 정도의 경제성장이 분단체제의 반역사성을 망각게 하고 오히려 그것을 정당화하고 있다. 민족 문제를 평화적으로 해결하는 옳은 길은 이 분단주의를 극복하는 데 있다. 우리가 살고 있는 이 시대가 반드시 극복해야 할 반민족사적 분단시대임을 철저히 인식시키는 것이 우리 역사학의 최대 과제다' 이런 해답이었습니다."[78]

---

77) 강만길·안철홍, 〈권두인터뷰: 강만길〉, 『월간말』, 1997년 7월, 22-29쪽.
78) 조현욱, 〈책과 시대: 『분단시대의 역사인식』 강만길 교수〉, 『중앙일보』, 1993년 4월 9일, 11면.

'10월 유신'과 코리아나호텔

박정희와 『조선일보』의 유착

박정희의 언론에 대한 깊은 관심은 밖에서 막연히 짐작하는 수준 이상의 것이었다. 예컨대, 1971년 8월 『동아일보』에 정치부 인사가 있자 박정희는 담당 비서관 선우연을 불러 그 인사의 내용과 성격을 설명하게 할 정도였다.[79]

또 박정희는 청와대를 출입하던 기자의 출입처가 바뀌게 되면 청와대에서 저녁 식사 자리를 만들어 환송을 해줄 정도로 기자들에게만큼은 자상한 면모를 유감 없이 보여 주곤 했다. 그래서 청와대 출입기자들은 박정희를 좋아했는데, 박정희의 입에서 다음과 같은 말이 나올 정도였다.

"출입기자들이 본사에서 가끔씩 난처한 입장에 처하는 모양이야. 사

---

79) 〈집중연재 박정희 육성증언: 선우연 공보비서관, 8년간의 육성 비망록 여섯 권, 역사적인 대공개!〉, 『월간 조선』, 1993년 3월, 141쪽.

실은 그렇지도 않은데 기자들이 무조건 청와대 쪽을 두둔한다고 그런가 봐요."[80]

박정희는 신문들 가운데 『조선일보』를 끔찍이 사랑했다. 선우연을 비롯하여 박정희 측근 인사들이 남긴 기록들을 보면 박정희가 자주 신문 이야기를 하는 것이 나오는데, 늘 거의 예외없이 『조선일보』다. 박정희와 『조선일보』는 상호 유착 관계라고 해도 좋을 정도로 서로를 아꼈다.

『조선일보』는 1968년 박 정권이 베푼 특혜에 힘입어 신문사 건물과 코리아나호텔을 짓기 위해 일본에서 4천만 달러의 상업차관을 아주 좋은 조건으로 들여왔다. 차관 도입 당시 『조선일보』 경제부에 근무했던 한 기자는 다음과 같이 증언하였다.

"코리아나호텔 건립을 위한 자금은 67년경 대일 청구권 자금 중 상업차관으로 들어온 것이며 언론사에 대한 상업차관으로는 이것이 첫 번째인 것으로 알고 있으며, 당시 국내 금리가 연 26%나 됐던 것과 비교하면 연 7-8%에 불과한 상업차관을 허용한 것 자체가 엄청난 특혜임에 틀림없다.……당시 상업차관을 주선한 사람은 방일영 씨와 막역한 사이이며 공화당의 돈줄로 통하는 김성곤 씨로 알고 있으며, 방씨와 김씨가 각별한 사이라는 것은 현재 『조선일보』에 김씨의 아호를 딴 성곡도서실이 있다는 사실로 잘 알 수 있다."[81]

그런가 하면 경제계 소식에 밝은 한 언론계 인사는 다음과 같이 밝히고 있다.

"당시 차관 도입 자체가 엄청난 특혜였기 때문에 차관을 도입한 측은 정부측에 30-40% 정도를 정치자금으로 내놓는 등 차관 도입에 따른 비리가 많았다.……경제개발계획 초기인 당시에 기간산업도 아닌 관광호

---

80) 〈집중연재 박정희 육성증언: 선우연 공보비서관, 8년간의 육성 비망록 여섯 권, 역사적인 대공개!〉, 『월간 조선』, 1993년 3월, 167쪽.
81) 김해식, 『한국언론의 사회학』(나남, 1994), 119-120쪽에서 재인용.

텔 건립을 위해 귀중한 외자를 배정하는 것에 대해 경제기획원의 실무담당 과장이 끝까지 외자 도입 허가에 동의하지 않아 코리아나호텔 상업차관은 외자 도입 허가서류에 실무 담당자의 서명 없이 외자 도입이 허가된 유일한 사례가 됐다."[82]

세상에 공짜가 어디에 있겠는가. 『조선일보』가 박 정권의 은혜에 보답할 수 있는 기회는 곧 찾아왔다. 그건 바로 3선 개헌을 위한 캠페인을 벌이는 것이었다. 박 정권은 1969년 10월 17일 3선 개헌안을 투표에 부쳐, 행정적 조작으로 77.1%의 투표율에 투표 수의 3분의 2를 약간 넘는 찬성을 받았다고 발표했는데, 당시 『조선일보』의 활약이 대단했다.

『조선일보』는 투표 전날인 10월 16일자에 〈'영광의 후퇴' 보다 '전진의 십자가'를… '나는 나를 버리고 국가를 위해 한번 더'〉라는 제목의 기사를 실었다. 또 이 날 신문은 11명의 '각계 인사'를 선정하여 개헌을 지지하고 찬양하는 소리를 소개하였다.[83]

『조선일보』의 '10월 유신' 지지

『조선일보』는 '10월 유신'에 대해서도 지지를 표명했다. 『조선일보』는 유신 선포 다음 날인 10월 18일 〈평화통일을 위한 신 체제〉라는 제목의 사설에서 "앞으로의 보다 보람되고 영광스러운 삶을 얻기 위하여 진정 알맞은 조치임을 기쁘게 생각"한다고 했으며, "가장 적절한 시기에 가장 알맞은 조치"라고 했다. 또 "헌법 기능의 일부 정지와 아울러 이에 따르는 몇 가지 조치가 선포된 것은 새로운 헌정 질서의 존립을 위하여 만부득한 조치"라는 말도 했으며, "비상사태는 민주제도의 향상과 발전

---

82) 김해식, 『한국언론의 사회학』(나남, 1994), 120쪽에서 재인용.
83) 민주언론운동시민연합 신문모니터분과, 〈'체육관 대통령' 뽑으려고 선포한 계엄령도 '구국의 영단'〉, 『월간말』, 1998년 11월, 146쪽.

을 위하여 하나의 탈각이요 시련이요 진보의 표현임을 믿어 의심치 않는다"라고 했다.[84]

『조선일보』는 10월 28일자 사설 〈유신적 개혁의 기초–민주주의의 안정과 번영을 위한 헌법〉에서는 "발의측의 문제 의식이 이렇듯 왕성하고 과감한 개혁이 담긴 개헌안을 우리는 일찍이 본 적이 없다"라고 했다. 그리고 "대통령을 직접 선거함으로써 빚어졌던 여러 가지 폐해와 부작용을 일소할 수 있게 된다"고도 했다.[85]

『조선일보』는 11월 18일자 시론(필자는 서울문리대 교수 장기근)에서는 "영명한 지도자의 슬기를 통일된 국민의 행동이 따라야 한다. 그래야 찬란한 민족사가 창조되는 것이다"면서 다음과 같이 주장했다.

"'의를 보고 행하지 않음은 무용이다(見義不爲無勇也)'라고 옛 사람이 말한 바 있다. 낡은 감상에 젖어서 하염없이 침체해서는 안 된다. 조국은 우리 모두의 민주역량의 적극 참여와 통일된 의지의 목적 달성을 갈망하고 있다. 방향은 명시되었다. 우리의 총화와 전진이 따라야 하겠다. 위대한 영도와 위대한 국민이 혼연일치가 되어 위대한 민족의 중흥을 이룩하는 것이 바로 지금의 유신이다."[86]

『조선일보』의 낯뜨거운 아첨

11·21 국민투표 이후에도 『조선일보』의 '지원사격', 아니 아첨은 계속되었다. 『조선일보』는 11월 23일자 사설 〈새 역사의 출범–유신헌법안 확정의 의의와 평가〉에서는 11·21 국민투표의 결과에 대해 "조국통일과 민족중흥의 제단 위에 모든 것을 바친 그의 뜨거운 애국심과 뛰어난

---

84) 김동민, 〈역사가 말하는 『조선일보』의 진실〉, 『조선일보를 아십니까?』(개마고원, 1999), 85쪽에서 재인용.
85) 민주언론운동시민연합 신문모니터분과, 〈'체육관 대통령' 뽑으려고 선포한 계엄령도 '구국의 영단'〉, 『월간말』, 1998년 11월, 146~149쪽에서 재인용.
86) 김삼웅, 『유신시대의 곡필』(신학문사, 1990), 22쪽에서 재인용.

영도력에 대한 무한한 신뢰와 성원의 발현"이자 "좀더 천착하면 지난 10년 간 박 대통령이 쌓아올린 눈부신 업적에 대한 국민적인 찬사"라고 주장 했다.[87]

『조선일보』는 12월 23일자 사설 〈국민회의와 대통령 선거-영광스런 순간에 공감을 함께 한다〉에서 통일주체국민회의가 박정희를 단독 후보 로 추천한 사실과 관련하여 "우리가 필요로 하는 이에 합당한 후보 인물 을 추천하는 절차를 다한 것으로 알고 있다"라고 했다. 12월 24일자 사 설 〈줄기찬 통일에의 의지-8대 대통령 선출을 경하하면서〉에서는 "이 역사적 전환기에 국민의 최고 영도자로서의 새로운 중책을 맡은 박 대통 령의 당선을 진심으로 축하하며 민족의 앞날에 힘찬 발전이 있기를 기원 해 마지않는다"라고 했다.

『조선일보』 12월 28일자 사설 〈새 역사의 전개-제8대 박정희 대통령 의 취임을 경하한다〉는 다음과 같이 주장했다.

"부와 근대화의 씨앗을 뿌려 가꿈으로써 이 나라 국민의 뼈에 젖은 패 배 의식과 열등감을 용기와 자신으로써 대체해 주고 지난 4반세기에 걸 쳐 지속되어 온 냉전 속에서의 동족상잔과 남북결원의 민족사에 10·17 구국의 영단으로 종지부를 찍고 평화통일의 새 역사를 위하여 정초한 박 정희 대통령을 다시 대통령으로 선출·취임토록 하게 되었다는 것을 우 리는 미덥고 자랑스럽게 생각한다.……무엇 때문에 지난 10년 동안 5· 6·7대나 대통령을 역임한 그를 또다시 환영하는 것인가. 한 마디로 말 해서 그것은 그의 영도력 때문이다. 그의 높은 사명감과 뛰어난 능력과 역사 의식의 정당성 때문이다.……더욱 전망적인 민족통일의 사명감과 구국중흥의 신념에 불타는 영도자를 가졌다."[88]

---

87) 김삼웅, 『유신시대의 곡필』(신학문사, 1990), 33-35쪽에서 재인용.
88) 민주언론운동시민연합 신문모니터분과, 〈'체육관 대통령' 뽑으려고 선포한 계엄령도 '구국의 영단'〉, 『월 간말』, 1998년 11월, 146-149쪽에서 재인용.

계속된 '코리아나호텔 특혜'

『조선일보』가 이러한 아첨으로 박 정권에서 얻은 건 '코리아나호텔 특혜'였다. 『조선일보』가 코리아나호텔의 일부를 주택은행에 매각한 건 상식적으로는 있을 수 없는 일이었다지만, 『조선일보』의 유신 찬양은 상식적으로 있을 수 있는 일이었겠는가.

코리아나호텔 완공 이후에도 『조선일보』의 대정부 로비는 치열했다. 『조선일보』가 차관 특혜를 받아 시작한 코리아나호텔은 1972년에 완공되었는데, 당시에는 외국인 관광객이 적어 객실이 텅텅 빌 수밖에 없었다. 당시 『조선일보』가 취한 조치에 대해 김해식은 다음과 같이 말한다.

"『조선일보』는 여기서 또 정부에 압력을 넣어 자구책을 구했다. 즉 당시 본점 신축을 추진중이던 주택은행에 대해 관계 당국에 압력을 넣어 신축 계획을 취소시키고 코리아나호텔에 입주시킨 것이다. 한 언론계 인사는 『조선일보』는 코리아나호텔의 지하 2층과 지상 1층에서 7층까지를 주택은행측에 매각했는데 대지 지분이 전혀 없이 건물 일부만을 매각하는 것은 상식적으로는 있을 수 없는 일'이라고 말했다."[89]

---

89) 김해식, 『한국언론의 사회학』(나남, 1994), 120쪽.

통일벼와 절미(節米)운동

'학농 1호'의 실패

60년대 말인가 북한의 김일성이 북한 주민들에게 그런 말을 했다. 비단옷에 기와집, 그리고 흰 쌀밥에 고깃국을 먹고살게 해주겠다고. 쌀은 그만큼 귀한 것이었다. 북한은 벼농사를 전투에 비유, 쌀 증산을 독려하기 위한 정치 구호로 '쌀은 사회주의'라고 외쳤으며, 이 구호를 적은 팻말을 논에 일정한 간격으로 꽂아 놓기도 했다(1973년에 목격된 것임).[90]

논이 많은 남한의 경우엔 북한보다는 조금 낫기는 했겠지만, 70년대 초만 하더라도 쌀은 턱없이 모자랐다. 식량 안보의 일환으로 전국적으로 쥐잡기 대회까지 열면서 몸부림쳐야 했다. 전국 제1차 쥐잡기 대회는 1970년 1월 25일, 전국 제2차 쥐잡기 대회는 5월 15일에 열렸으며, 이즈음 대학신문에까지 〈쥐의 생태와 쥐잡기운동〉이라는 소논문이 실릴 정

---

90) 경향신문사 사사편찬위원회, 『경향신문 50년사』(경향신문사, 1996), 294-295쪽.

도로 쥐잡기는 전 국민적 관심사였다.[91]

1960년 한국은 곡물 수요의 5분의 1을 수입에 의존했는데, 1970년에는 전체의 3분의 1을 수입으로 해결해야만 했다. 1970년 한국은 1백만 톤의 쌀을 수입했는데, 그것은 전체 쌀 소비량의 4분의 1에 해당되는 것이었다. 모두 다 쌀을 먹을 수 있었던 게 아니라는 걸 잊지 말아야 할 것이다. 밀 수입은 더욱 빠른 속도로 늘어 1971년에는 140만 톤을 수입했다. 물론 미국에서 수입했다. 1974년경 한국은 미국에서 7억 달러 상당의 곡물을 수입했는데, 당시 미국 농무장관 얼 버즈는 한국을 미국 농산물의 '활기찬 시장'이라고 칭찬했다.[92]

사정이 그와 같았으니, 어찌 '쌀과의 전쟁'을 피할 수 있었으랴. 1964년 중앙정보부 요원들이 이집트에서 훔쳐온 나다(Nahda)라는 볍씨는 언론에 '기적의 볍씨'로 소개되면서 박정희의 '희(熙)'자를 따 '희농 1호'라는 이름이 붙여졌다. 중앙정보부장 김형욱은 자신을 '제2의 문익점'이라고 뻐기고 다녔지만, 불행하게도 1967년 일반 농가에 보급된 희농 1호는 씨받이마저 어려울 정도의 처참한 실패로 끝나고 말았다. 한국의 기후나 풍토에 맞지 않았던 것이다.[93]

'진짜 기적의 볍씨' 통일벼

2년여의 와신상담(臥薪嘗膽) 끝에 또 한번 '기적의 볍씨'가 선을 보였다. 박정희는 1970년 연두 기자회견에서 '희농 1호'의 실패를 의식한 듯, 가짜가 아닌 '진짜 기적의 볍씨'라는 통일벼를 소개했다. 통일벼는 국내 연구진과 국제미작연구소(필리핀 소재)가 5년간의 연구 끝에 개발

91) 〈쥐의 생태와 쥐잡기운동〉, 『전북대학신문』, 1970년 5월 13일, 2면.
92) 김영희, 〈쌀의 정치경제학: 한국정부는 '국제적 음치'였다〉, 『원』, 1996년 6월, 172쪽.
93) 특별취재팀, 〈실록 박정희 시대·식량 자급: 중정 시켜 이집트 '기적의 볍씨' 훔쳐와〉, 『중앙일보』, 1997년 9월 11일, 5면.

한 다수확 품종으로 1970년 일반 농가에 실험적으로 보급해 성공을 거두었다. 그러나 '맛이 없다', '찰기가 부족해 식으면 푸석푸석해진다', '모양이 길쭉해 이상하다'는 등의 불평도 있었다.[94]

또 하나의 문제가 있었다. 당시 농림장관을 지낸 김보현은 다음과 같이 말한다.

"통일벼는 일반벼보다 키가 작아 지붕 이엉을 엮는 데 나쁘다는 얘기가 나왔지요. 박 대통령께서 '지붕을 개량하면 되지 무슨 소리냐'고 일축했습니다. 농촌 지붕 개량이 신속하게 이루어진 데는 통일벼 영향도 클 겁니다."[95]

어떤 문제에도 불구하고 통일벼의 수확량 하나는 알아줄 만했다. 통일벼는 1974년 3천만 섬, 1977년 4천만 섬을 돌파했다. 그 덕분에 박정희는 1977년 1월 대북 쌀 지원을 제의하는 호기까지 부릴 수 있었다. 통일벼는 쌀이 남아돌면서 맛이 문제가 되어 1991년에는 완전히 자취를 감추었지만,[96] 70년대 초반은 늘 쌀이 모자라는 시절이었다.

절미운동 위반은 범죄

그래서 나오게 된 것이 쌀 증산운동과 더불어 강행된 잡곡 혼식, 분식, 무미일(無米日, 1주일에 한 번씩 각종 음식에서 쌀을 쓰지 않는 날) 등 절미(節米, 쌀 덜 먹기)운동이었다. 박정희가 1972년 12월 22일에 농림부장관에게 보낸 친서 가운데엔 "주 2회 쌀 안 먹기를 5회 정도로 증가하여 절미를 강행하고, 벌칙을 강화하여 미곡상, 음식점 등 위반하는 자는 엄벌에 처하도록" 하라는 지시가 들어 있었다.[97]

---

94) 중앙일보 특별취재팀, 『실록 박정희』(중앙 M&B, 1998), 146쪽.
95) 중앙일보 특별취재팀, 위의 책, 148쪽에서 재인용.
96) 중앙일보 특별취재팀, 위의 책, 149쪽.
97) 중앙일보 특별취재팀, 위의 책, 149쪽에서 재인용.

"이렇듯 박정희는 절미운동 위반을 중대한 범죄 행위로 규정했다. 그러다 보니 식당에는 암행 단속반이 들이닥쳐 솥단지를 뒤지는가 하면 각급 학교에서는 도시락 검사를 벌이는 등 진풍경이 속출했다. 그 중 압권은 잡곡을 섞은 생선초밥(스시)이었다. 주요 관광 수입원인 일본인 관광객들이 즐겨 찾는 스시에도 잡곡을 섞도록 한 것이다. 관광협회는 1973년 초 보리로 만든 스시를 들고 김보현 농림부 장관을 찾아가서 '먹어 보라' 며 항의하는 소동까지 벌였다. 순 쌀로 만드는 것을 인정해 준 유일한 사례는 경주법주였다. 청와대 외빈 접대용을 제외하고 전량 수출하는 조건이었다."[98]

혼분식을 장려하고 표준식단제를 권장하는 건 새마을운동의 일환이기도 했다. 정부는 아예 혼식 비율까지 정해 '손님에게 10퍼센트 이상 혼분식으로 공기밥을 제공할 것' 등과 같은 지시를 내렸다. 이 운동에는 언론도 동원되어 신문에는 〈혼식의 과학〉이니 〈보리밥 도시락 맛있게 싸려면〉 같은 기사들이 실렸다.[99]

1973년 4월 서울시는 혼분식 시범 음식점 11개소를 지정하였고, 1975년 8월에는 혼분식 위반업소 1천3백36개소를 적발하였다. 그 중 8개소는 허가 취소, 691개소는 1개월간 영업 정지, 637개소는 고발당하는 엄격한 제재 조치가 내려졌다.[100]

학교에서의 과잉 단속

이런 군사작전식 운동은 늘 과잉 충성과 그에 따른 이른바 '눈덩이 효과' 를 낳기 마련이어서 부작용도 만만치 않았다. 『동아일보』 1976년 6월

---

98) 중앙일보 특별취재팀, 『실록 박정희』(중앙 M&B, 1998), 149쪽.
99) 이승호, 『옛날 신문을 읽었다 1950~2002』(다우, 2002), 179쪽.
100) 이승호, 위의 책, 179쪽.

12일자는 학교에서 일어난 부작용을 다음과 같이 보도하였다.

"문교부가 지시한 혼분식 장려를 대부분의 학교들이 지나치게 확대 해석, 많은 물의를 빚고 있다. 문교부가 올해 새 학기부터 각급 학교에 실시 중인 도시락 혼분식 장려운동을 감독 관청인 각 시·도 교위(교육위원회)나 일선 학교 관계자들이 지나치게 확대 해석, 학생들의 성적에까지 반영시키는가 하면 처벌까지 하고 학부모들을 불러 이행각서를 쓰게 하는 등 과잉 단속으로 물의를 빚고 있다."[101]

그 구체적인 사례들을 자세히 살펴보자.

"서울 동대문구 제기동 ㅈ여중의 경우 조회시간에 학생들의 도시락을 일제히 검사, 잡곡을 50% 이상 섞지 않은 학생은 1주일 동안 실내 청소를 시키고 해당 학부모를 학교로 불러 이행각서를 쓰게 하고 있으며 중구 옥수동 ㅈ여중에서도 담임교사가 매일 도시락 점검을 하여 이행이 안된 학생은 도덕 성적에 반영시키고 있다는 것이다. 또 성동구 ㅎ중학교와 ㅁ여중에서는 학생들의 혼식 성적을 통지서에까지 기입, 부모의 확인 도장을 받아오게 하고 있으며 종로구 안국동 ㅍ여고 등에서는 학급별 혼식 이행 통계를 작성, 잡곡을 가장 많이 섞는 도시락 지참 학급에 대해 표창을 하고 도시락을 싸오지 않은 학생들도 혼식 불이행자로 간주, 교실 청소 등의 벌을 주고 있다는 것. 이 같은 과잉 단속은 국민학교가 더욱 심해 동대문구 회기동 ㄱ국민학교에서는 1주일에 2일을 무미일(분식일)로 정하고 학생 1명당 월 630원씩을 거둬 빵과 우유를 공동 구입하여 급식시키고 있으며 성동구 ㅎ국교에서는 도시락 검사에서 30% 이상 잡곡을 섞지 않은 학생은 벌로 수업시간에 세워두기도 한다는 것이다. 동대문구 ㅅ국교의 경우는 혼식 비율을 숫제 50% 이상으로 높여 불이행 학생들의 도시락을 압수하기도 하며 극빈 학생으로 점심을 갖고 오지 못

---

101) 이승호, 『옛날 신문을 읽었다 1950~2002』(다우, 2002), 179~180쪽에서 재인용.

하는 학생들도 일단 불이행자로 간주, 가정환경 조사를 다시 하기도 하여 어린이들에게 열등감을 안겨 주는 등 동심을 멍들게 하는 경우도 있다는 것이다."[102]

'쌀밥 = 미개 ' '밀가루 = 문명 '

그래서 많은 가정에선 집에서 먹는 밥과 도시락용 밥을 따로 하는 일이 벌어졌다. 교사들도 학생들을 못살게 구는 악역을 맡아야 했기 때문에 죽을 맛이었지만, 때론 이 운동에 기쁨을 느끼는 헌신적인(?) 교사도 있었다. 이승호는 자신의 경험담을 다음과 같이 말한다.

"70년대 초반, 서울 전동초등학교 5학년 5반 시절입니다. 당시 담임 선생님은 툭하면 '영양학적으로 쌀보다 밀가루가 훨씬 훌륭하다'는 강의를 하셨지요. 선생님은 '서양 사람이 키가 크고 덩치가 좋은 것은 다 밀가루로 만든 빵을 먹어서 그렇다'고 말했습니다. 마침내 저는, 혹은 우리 반 애들은 쌀밥을 먹으면 미개한 것이고, 밀가루를 먹으면 문명이요, 문화라고 생각하게 됐습니다. 그런데 어느 날, 조경원이라는 아이 하나가 사실은 그게 아니라고 부정하고 나섰습니다. 그 애는 '아버지가 그러시는데, 사실은 쌀이 밀가루보다 훌륭하며, 담임의 말은 거짓'이라고 반박했습니다(놈의 표정과 말투에는 진실을 밝히는 자 특유의 떨림과 희열이 있었지요). 반 아이들은 다 놀랐습니다. 분노한 선생님은 그 녀석을 매우 치셨습니다. 이렇게 소리소리 지르면서. '임마, 네 아버지가 말이 맞아, 내 말이 맞아?'……다시 세월이 흘러 1976년, 서울 용문고등학교 2학년 시절입니다. 저의 어머니 김득중 여사는 그 날 아침 깜빡하셨는지 쌀밥을 짓는 실수를 저지르셨습니다.……키가 작아 땅콩이란 별호를 갖고 계

---

102) 이승호, 『옛날 신문을 읽었다 1950-2002』(다우, 2002), 180-181쪽에서 재인용.

시던 공포의 훈육주임께서 직접 우리 반에 왕림하셨습니다. 제 도시락의 흰 쌀밥을 보신 그 분은 저를 매우 치셨습니다. 한 10분간 이렇게 소리소리 지르시면서. 10분간이나 떠드신 내용이지만 요약하면 이런 거였지요. '이 애국심이라곤 코딱지만큼도 없는 놈! 나라 걱정 하나도 안 하는 놈!'"[103]

---

103) 이승호, 『옛날 신문을 읽었다 1950-2002』(다우, 2002), 182-183쪽.

새마을운동과 민족성 개조론

새마을운동에 대한 다양한 시각

새마을운동을 보는 시각은 매우 다양하다. 극단적인 비판과 찬양이 공존한다. 그렇게 된 이유 가운데 하나는 새마을운동이 '한국사 최대·최장의 국가 주도 대중운동'[104]이라는 데에 있는 것 같다. 즉, 너무도 크게, 그리고 너무도 오래 벌인 운동이라, 총체적인 평가가 그만큼 어렵고 각자 자신의 경험을 중심으로 새마을운동의 어느 한 면을 보는 게 아니겠느냐는 것이다.

그런가 하면 그 실상은 제대로 알지 못하면서도 남들의 평가에 따라 고개를 끄덕이는 사람들도 적지 않다. 예컨대, 『월간조선』의 조갑제를 들 수 있겠다. 그는 "새마을운동이 농촌 근대화의 세계적 성공 사례라는

---

104) 황병주, 〈민중, 희생자인가 공범자인가: 박정희 시대의 국가와 '민중'〉, 『당대비평』, 제12호(2000년 가을), 54쪽.

것은 박 대통령이 죽고 나서 한참 뒤에 알게 된 사실이었다"라고 말한다.[105]

그러나 '세계적 성공 사례'로 보기엔 박정희 시절부터 쌓이기 시작한 농가 부채의 규모가 너무 크다고 봐야 하지 않을까? '성공 사례'로 볼 수 있는 긍정적인 측면이 있는 건 분명하지만, 외국인들은 잘 알 수 없는 부정적인 측면도 같이 보는 게 타당하지 않겠느냐는 것이다. 여하튼 새마을운동엔 긍정적인 면과 부정적인 면이 공존한다는 걸 염두에 두면서 새마을운동의 이모저모를 살펴보기로 하자.

'새마을 가꾸기 운동'

1969년 8월 4일 박정희는 경상남도 수해복구 현장 시찰을 위해 부산으로 가던 중 경북 청도군 청도읍 신도1리 마을 어귀에서 갑자기 특별열차를 멈추게 했다. 경부선 철도변에 위치한 이 마을의 울창한 산림, 말끔하게 개량된 지붕과 잘 닦인 마을 안길 등에 깊이 감동받았기 때문에 그랬다는 것이다. 이때 박정희가 받은 감동이 새마을운동이 태동하게 된 배경이라고 보는 시각이 있다.[106]

그러나 박정희가 그때 느낀 감동은 거의 9개월간 그냥 감동으로만 머물러 있었다. 박정희가 새마을운동의 모태라 할 '새마을 가꾸기 운동'을 공식적으로 발설한 건 1970년 4월 22일이었다. 이번엔 수해(水害)가 아닌 한해(旱害)와 관련된 행사였다. 박정희는 4월 22일에 열린 한해대책 지방장관회의에서 '새마을 가꾸기 운동'을 제창하였다. 그 배경에 대해 『중앙일보』는 다음과 같이 말한다.

---

105) 조갑제, 〈박정희와 김영삼의 화해〉, 『월간조선』, 1993년 11월, 104~127쪽.
106) 황동일, 〈초가 지붕·요강 등 장면 영화검열서 통과 못해〉, 『한국일보』, 1999년 8월 31일, 18면.

"때마침 그 해 여름 쌍용양회가 시멘트 생산 과잉으로 재고 처리에 어려움을 겪자 박 대통령은 정부가 구입해 전국 3만 5,000개 부락에 335부대씩 무료로 지급하게 했다. 그 결과 1만 6,000여 개 마을이 빨래터를 고치고 다리를 놓는 등 기대 이상의 성과를 올렸다. 이듬해 이들 마을에 대해서만 시멘트 500부대와 철근 1톤씩이 추가로 지원됐다."[107]

과연 '때마침'이었을까? 대통령 비서실장 김정렴의 증언을 들어 보자.

"그 해(1970년) 여름 어느 날 민주공화당의 재정위원장을 맡고 있던 김성곤 의원이 당무 보고차 청와대에 왔다. 김 의원은 당무 보고가 끝난 다음 박 대통령에게 시멘트의 과잉 재고로 인한 시멘트 업계의 자금난을 호소하고 특별재고융자의 배려를 요청했다. 박 대통령은 '남아도는 시멘트를 부진한 새마을 가꾸기 운동에 돌릴 수 있는 방안을 강구해보라'고 나에게 분부했다."[108]

당시 내무부 장관 박경원의 증언도 참고할 필요가 있겠다. 박경원은 후일(90년대 후반) 다음과 같이 말했다.

"새마을 관계도 그때 내무부 소관이었다. 내가 시작을 했다. 그때 공장을 만들었는데 시멘트가 안 팔렸다. 김성곤이 찾아와서 죽겠다고 내게 시멘트도 사달라고 했다. 그래서 30억을 내서 전국적으로 시멘트를 한 부락에 288포씩-10만 원-배당했다. 총 3만 부락 정도에 시멘트를 제공했다. 도시 근교의 부락까지 합치면 약 4만 부락이었으나 도시 근교의 부락은 뺐다. 그래서 새마을운동을 시작했다."[109]

박경원은 새마을운동을 처음 생각해낸 사람은 누구였느냐는 질문에 대해서도 "새마을운동은 시멘트 때문에 시작된 것이었다. 시멘트가 남았는데 어떻게 할 수가 없었다.······박 대통령에게 이야기하고 이루어진 것

107) 중앙일보 특별취재팀, 『실록 박정희』(중앙 M&B, 1998), 171쪽.
108) 김정렴, 『한국경제정책 30년사: 김정렴 회고록』(중앙일보사, 1995), 188-189쪽.
109) 채록 및 정리 노영기, 〈제5부 박경원〉, 한국정신문화연구원 한민족문화연구소 편, 『내가 겪은 해방과 분단』(선인, 2001), 278-279쪽.

이었다"라고 말한다.[110]

시멘트와 기와집

쌍용양회의 사주이기도 했던 김성곤이 박경원에게 먼저 호소했는지 아니면 박정희에게 먼저 호소했는지 그건 분명치 않지만, 한 가지 분명한 건 새마을운동은 처음엔 시멘트를 사용해 할 수 있는 일 중심으로 진행되었다는 사실이다.

1970년 당시만 해도 전국의 250여 만 농가들의 약 80%는 초가 지붕이었다.[111] 새마을운동의 초기에는 "초가 지붕을 기와 지붕으로 바꾸는 것이 새마을 사업인 양 생각할 정도로 지붕 개량은 순식간에 전국의 마을에서 전개되었다."[112] 물론 이건 시멘트만으로 얼마든지 가능한 일이었다. 시멘트로 도로 내고 그 도로로 모래와 시멘트를 운반해 시멘트 기와를 만들었으니까 말이다. 박정희의 새마을 담당 특보였던 박진환은 다음과 같이 말한다.

"그리하여 1975년에는 전국의 거의 모든 농가들의 지붕은 기와나 슬레이트로 바꿔지게 되었으며, 이 지붕 개량으로 농촌의 모습이 극적으로 달라지게 되었다. 지붕 개량 사업은 점차로 농촌의 주택을 새롭게 건축하는 계기가 되었다. 초가집이 사라지고 기와집으로 바꿔지자 오랜 역사를 살아 오는 동안 '우리도 한번 기와집에서 살아 봤으면……' 하던 농민들의 소원이 이뤄졌던 것이다."[113]

---

110) 채록 및 정리 노영기, 〈제5부 박경원〉, 한국정신문화연구원 한민족문화연구소 편, 『내가 겪은 해방과 분단』(선인, 2001), 279-280쪽.
111) 박진환, 〈새마을운동: 한국 근대화의 원동력〉, 김성진 편저, 『박정희 시대: 그것은 우리에게 무엇이었는가』(조선일보사, 1994), 217쪽.
112) 박진환, 위의 글, 217쪽.
113) 박진환, 위의 글, 217쪽.

박정희의 민족성 개조론

박정희는 새마을운동의 정치화를 반대한 것으로 알려져 왔다. 그 근거로 새마을운동 지도자들의 공화당 입당을 반대했다는 걸 지적하는 사람들이 많다. 그러나 그건 '정치화'를 너무 좁게 해석한 것으로 보인다. 의회정치 자체를 인정하지 않은 박정희가 '정치화'를 겨우 공화당에 국한시키는 것을 흡족하게 생각했을 리 없다.

박정희가 생각한 새마을운동은 일종의 '민족성 개조운동'이었다. 그의 새마을 관련 담론엔 반드시 '근면·자조·협동'이 들어간다. 이는 박정희가 보기에 한국인, 특히 농민들에게 그게 부족하다는 걸 의미하는 것이었다. 이와 관련된, 박정희 자신의 말을 들어 보자.

"1971년은 바로 우리가 자조와 근면과 협동의 정신을 전국의 마을마다 번지게 만든 획기적인 한 해였다. 긴 겨울철의 농한기에 아무 하는 일 없이 나태와 안일에 빠져 음주나 도박으로 소일하는 퇴폐적인 풍조를 없애기 위해, 대대적인 환경개선 작업에 착수한 것이다."[114]

그렇듯 인간성 개조를 꿈꾼 박정희가 새마을운동을 공화당의 산하 운동쯤으로 만드는 걸 어찌 용납할 수 있었겠는가. 박 정권의 외무장관을 지낸 이동원도 "이렇게 게으르고 단결심이 없어서야 어찌 일본을 이기겠소"라는 박정희의 말이 "소위 '새마을운동'으로 불리는 민족성 개조론의 출발점"이라고 말한다.[115]

박정희가 생각하는 '인간성 개조'는 당연히 '조국 근대화'에 모든 걸 바치고자 하는 자신의 지시대로 따르는 걸 의미하는 것이기도 했다. 1972년 3월 7일 대통령령 제6104호에 의해 중앙에는 내무부 장관을 위

---

114) 박정희, 〈새마을운동과 국가건설〉, 『민족중흥의 길』(광명출판사, 1978), 94쪽.
115) 이동원, 『대통령을 그리며』(고려원, 1992), 352쪽.

박정희는 새마을 운동을 통해 한편에서 한국인들의 인간성을 개조하고자 했다.

원장으로 하여 관계부처(처음에는 15개 부처, 1975년부터 22개 부처)의 차관급으로 구성되는 새마을중앙협의회가 탄생했다.

또 각 도, 각 시·군·면 단위에도 도지사, 시장, 군수, 면장을 위원장으로 하는 새마을추진협의회가 구성되었으며, 각 마을 단위에는 마을개발위원회가 만들어졌다. 이런 조직의 최정점에는 대통령이 버티고 있었다.[116] 물론 박정희가 하는 일은 늘 군사작전식이었다.

"'새마을운동은 전쟁'이라는 당시 내무부 장관의 언명에 따라 군수·부군수·읍면장은 전 지역을 순회하여야 했고, 일반 직원들도 담당 마을이 있어 월 10-30회 가량 순회하는 것이 보통이었다. 공무원들은 아예

116) 박진도·한도현, 〈새마을운동과 유신체제: 박정희 정권의 농촌 새마을운동을 중심으로〉, 『역사비평』, 제47호(1999년 여름), 49쪽.

마을에 상주하면서 새벽부터 종을 직접 치는 등 매우 적극적으로 움직였다."[117]

새마을운동의 사회개혁운동화

새마을운동은 동시에 농촌을 벗어나 도시새마을운동, 공장새마을운동, 학교새마을운동 등으로 확대되었고 운동(사업) 영역도 단순한 마을 가꾸기를 넘어서 정치 · 경제 · 사회 · 문화 등 전 영역에 걸친 일종의 사회개혁운동으로 확대되었다.[118]

방송은 새마을운동을 위한 전위대로 이용되었다. 1972년 4월부터 각 방송국은 새마을방송을 위한 전담기구를 설치하여 새마을정신, 새마을운동 주요 시책, 새마을 사업, 새마을지도자 소개 및 관련 미담 등을 집중적으로 홍보하기 시작했으며 행정기관에서 주최하는 새마을방송협의회도 매월 정기적으로 개최되어 새마을방송의 편성과 제작을 강력하게 추진하였다. 새마을방송 프로그램 콘테스트와 새마을방송 종합평가회 등이 열렸는가 하면 새마을방송 유공자를 선발하여 시상하기도 했다.[119] 새마을운동에 부정적 영향을 끼친다며 초가 지붕이나 요강 등이 나오는 영화 장면 등은 일절 엄금이었다.[120]

박정희는 새마을운동이 소득증대 사업으로만 머무르는 것에 만족할 수 없었다. 더 큰 비전이 필요하다고 보았다. 그의 비서실장 김정렴이 밝힌 다음과 같은 에피소드는 박정희의 심경에 무언가 심상치 않은 변화가 일었다는 걸 시사한다.

117) 황병주, 〈민중, 희생자인가 공범자인가: 박정희 시대의 국가와 '민중'〉, 『당대비평』, 제12호(2000년 가을), 55쪽.
118) 박진도 · 한도현, 〈새마을운동과 유신체제: 박정희 정권의 농촌 새마을운동을 중심으로〉, 『역사비평』, 제47호(1999년 여름), 37쪽.
119) 김해식, 『한국언론의 사회학』(나남, 1994), 144, 148~149쪽.
120) 황동일, 〈초가 지붕 · 요강 등 장면 영화검열서 통과 못해〉, 『한국일보』, 1999년 8월 31일, 18면.

"1972년 5월 18일 광주에서 열린 새마을 소득증대촉진 전국대회에 참석하고 귀경길에 정읍을 지나 전주로 향하던 대통령 일행의 차가 갑자기 정지하였다. 박 대통령 차에 동승, 경호하고 있던 정인형 경호과장이 급히 비서실장 차로 오더니 동승하고 있던 김성진 청와대 대변인에게 각하가 찾으신다고 전했다. 김 대변인은 박 대통령 전용차를 타고 서울로 올라왔다. 무슨 지시 때문에 대변인을 동승시켰는지 영문을 알 수 없었는데 청와대에 도착하니 박 대통령이 〈새마을노래〉의 제4절로서 그 전날 광주 숙소에서 스스로 작사한 '우리 모두 굳세게 싸우면서 일하고 일하면서 싸워서 새 조국을 만드세'라는 새마을 향토방위에 관한 노래를 주면서 홍보하도록 하라는 지시가 있었다."[121]

'유신 이념과 연결된 정치적 국민운동'

소득증대를 넘어 '우리 모두'가 굳세게 싸우기 위해선 더욱 확고한 정신 무장이 필요했을 것이다. 박 정권은 1972년 5월 새마을운동에 소극적이라는 이유로 서울시 통반장 1만 8천 명을 해임하고 친여적 인물로 그 자리를 채웠다.[122] 사정이 이와 같은 바, 여기서 새마을운동에 대한 다음과 같은 평가에 동의한다 해도 무리는 없을 것이다.

"70년대에 들어와 박정희 정권은 한편에서는 사회 전체의 안정을 해칠 만큼 심각한 수위에 도달한 농촌 문제를 완화하고, 다른 한편에서는 10월 유신과 영구집권에 필요한 대중동원을 위해 새마을운동을 전개했다."[123]

박정희는 10월 유신 특별선언을 통해 "새마을운동을 국가시책의 최우

---

121) 김정렴, 『한국경제정책 30년사: 김정렴 회고록』(중앙일보사, 1995), 203쪽.
122) 지명관, 『한국을 움직인 현대사 61장면』(다섯수레, 1996), 108쪽.
123) 박진도, 〈현대사 다시 쓴다·이농과 도시화: 급격한 산업화…남부여대(男負女戴) 무작정 서울로〉, 『한국일보』, 1999년 8월 3일, 14면.

선 과업으로 추진한다"라고 밝혔다.[124] 박정희는 연설에서도 "10월 유신이라고 하는 것은 곧 새마을운동이다, 새마을운동이라고 하는 것은 곧 10월 유신이다, 이렇게 해도 틀림이 없는 것입니다"라고 말했다.[125] 이렇게 해서 새마을운동은 '유신 이념과 연결된 정치적 국민운동'[126]으로의 격상된(?) 위상을 누리게 되었다.

박정희가 만든 새마을 노래가 모든 방송매체를 통해 아침저녁으로 전국에 울려 퍼지는 가운데, 1973년 5월 31일 수원에 새마을지도자 연수원이 새로 건립되었다. 이 연수원은 매년 6천여 명의 이수자를 배출하게 된다. 70년대 후반의 새마을운동에 대해선 나중에 다시 살펴보기로 하자.

124) 박진도 · 한도현, 〈새마을운동과 유신체제: 박정희 정권의 농촌 새마을운동을 중심으로〉, 『역사비평』, 제 47호(1999년 여름), 49쪽.
125) 박진도 · 한도현, 위의 글, 65쪽에서 재인용.
126) 박진도 · 한도현, 위의 글, 65쪽.

이순신 숭배와 국민의식 개조 사업

국사 교육의 강화

박 정권은 1972년부터 '국적있는 교육', '민족 주체성 확립을 위한 교육'을 내세워 국사 교육을 강화했다. 국사교육강화위원회가 구성되어 중등학교에서 국사 교과의 독립, 모든 대학에서 국사 교양 필수화, 모든 국가채용고시에 국사 과목 부과 의무화 등을 실시하였다.

이 일은 10월 17일 유신 이후 가속화되어 국사교과서가 국정화되었다. 이는 국사학계의 즉각적이고 강력한 반대에도 불구하고 강행되어 1974학년도부터 전국의 모든 중등학교에 새 국정 국사교과서가 배포되었다.[127)]

'국사 붐'이라고 해도 좋았다. 대학마다 사학과가 개설되었고, 일선

---

127) 윤종영, 〈국정 국사교과서 비판〉, 『역사비평』 편집위원회, 『논쟁으로 본 한국 사회 100년』(역사비평사, 2000), 333쪽.

의 초급장교들에겐 한국사를 공부하라는 명령이 떨어졌다. 국사 책들도 많이 팔려 나갔다. 당시 가장 많이 팔리던 책은 이기백의 『한국사신론』이었다. 이 책과 관련, 이 책을 낸 한길사 사장 김언호는 『한국사신론』이 "통사로서 권위를 갖게 되자 권력 쪽으로부터 손길이 뻗쳐왔다"라며 다음과 같이 말한다.

"청와대의 공보수석비서관 K씨가 집요하게 전화를 걸어와 만나자고 했다. 저자는 견디다 못해 전화선을 뽑아 버렸다. 그랬더니 전화국에서 나와 '청와대에서 이 전화 고장났으니 수리를 하라고 한다'고 했다. 결국 만나지 않았지만, 4월혁명으로 끝나는 『한국사신론』을 연장해서 5 · 16을 정당화시켜 줄 수 없겠느냐는 요청을 하려 했다는 것을 간접적으로 전해 듣고 저자는 아연해하지 않을 수 없었다. 그 후 모씨가 개설서를 만들면서, 민주당 시대의 '혼란상'과 민주당 정부의 '무능'을 지적하고 따라서 '5 · 16 혁명'이 불가피했다는 식으로 썼다. 박정희는 어느 자리에서 문제의 이 책을 손에 들고 '참 잘 씌어진 역사책'이라고 자랑한 바 있다고 한다."[128]

이순신 성웅화 작업

『한국사신론』에 얽힌 에피소드가 시사하듯이, 박 정권이 만든 '국사 붐'은 순수한 것이 아니었다. 지극히 정치적이었다. 이는 박정희의 이순신 숭배와 맥을 같이하는 것이었다. 물론 박정희의 이순신 숭배엔 순수한 면이 분명히 있었지만, 그렇지 못한 점도 있었다는 것이다.

민족주의와 국가주의 비판에 앞장 서고 있는 박노자는 "왜 한국에선 이순신이 영웅의 표본이 되는가?"라고 묻지만,[129] "박정희는 이순신을

---

128) 김언호, 『책의 탄생(2): 저자와 독자와 출판인, 그리고 시대정신』(한길사, 1997), 23~24쪽.
129) 박노자, 〈민족은 '핏줄'만이 아니다〉, 『한겨레21』, 2001년 12월 14일, 88~89면.

어떻게 이용했는가?"라고 묻는 것이 더 온당할지도 모른다.

박정희는 18년 동안의 집권 기간 중 충무공 탄신일 행사에 열네 번이나 참석할 정도로 이순신을 숭배했다. 이순신의 『난중일기』를 거의 외우다시피 했으며, 그걸 흉내낸 일기를 쓰기도 했다. 박정희의 그런 열성에 힘입어 현충사는 문자 그대로 성역화되었다.

박정희가 1966년 현충사 종합정화에 관한 지시를 통해 성역화할 것을 지시한 이래 현충사 경역은 1967년 10만 6천여 평, 1973년 21만 6천여 평, 1974년에 42만 5천여 평으로 대폭 확장되었다. 1969년 9월에 중간 마무리된 현충사 성역화 사업은 약 30억 원이 투입된, 당시로선 대역사였다.[130]

1967년부터 현충사의 관리소장으로 예비역 준장급이 임명되었으며, 직급도 1급 상당으로 승격되었다.[131] "충남 지역에서는 차관급으로 도지사 다음인 서열 2위의 공직자였다. 조선시대 왕릉을 관리한 능참봉이 품계 중 가장 낮은 종9품이었던 데 비하면 실로 파격적인 대우였다."[132]

현충사 바깥에도 이순신은 살아 있었다. 1968년엔 서울 세종로 한복판에 애국선열조상건립위원회가 전신 17.49미터의 이순신 동상을 세웠다. 1975-77년엔 이순신이 삼도의 수군을 통제하던 충무에 제승당을 신축하고 유허비 등을 보수했으며, 경역을 정화하고, 한산대첩 기념비를 건립했다.[133]

학생과 시민들을 대상으로 한 수많은 홍보 작업은 일일이 열거하기가 힘들 정도로 많았다. 학술적 · 역사적 · 문화적으로 볼 때에 의미 있고 중요한 일도 많이 했지만, 극성스러웠다는 건 분명하다. 최상천은 다음과 같이 말한다.

---

130) 중앙일보 특별취재팀, 『실록 박정희』(중앙 M&B, 1998), 301쪽.
131) 전재호, 『반동적 근대주의자 박정희』(책세상, 2000), 96-97쪽.
132) 중앙일보 특별취재팀, 위의 책, 298쪽.
133) 전재호, 위의 책, 96-97쪽.

"이순신 작품집 번역 발간, 『난중일기』 국보지정(76호), 홍보책자 발간, 이순신 이야기의 교과서 등재, 글짓기 대회, 각종 기념 행사, 현충사 성역화와 국민 참배, 수학여행 의무화, 탄신기념일 제정, 국가 제사, 이순신 동상 건립, 영화 제작과 단체 관람…… 대한민국이 '성웅 국가'로 바뀐 느낌이 들 정도다. 국가가 앞장 서서 이런 '성웅 소동'을 벌였으니 대한민국 국민이야 정신이 어리벙벙했을 게 뻔하다. 지하의 이순신은 어땠을까? 아마도 박정희한테 '제발 날 좀 내버려 둬라'며 통사정했을 것이다."[134]

'성웅 =멸사봉공 정신'

박정희는 왜 그렇게 이순신 숭배에 공을 들였던 걸까? 박정희가 "충무공으로 상징되는 호국정신을 북한의 주체사상을 압도하는 하나의 이데올로기로까지 생각했다"라는 평가가 타당할 듯 싶다.[135] 달리 말하자면, 최상천의 지적대로 "성웅 사업은 박정희가 직접 기획, 제작, 감독한 국민의식 개조 사업"이었던 것이다.[136]

'이순신 이용'의 원조는 박정희가 아니다. 이광수로 보아야 할 것이다. 친일파 이광수의 소설 『이순신』이 일제 치하인 1931년 5월 30일부터 이듬해 4월 2일까지 『동아일보』에 연재되었다는 건 무엇을 말하는가? 최상천은 이광수의 『이순신』이 "민족 자학 의식을 정신병적 경지까지 끌어올린 기획 작품"이라면서 다음과 같은 질문을 던진다. "이순신 하면 일본의 침략이 떠오르는가 아니면 더러운 당파싸움이 떠오르는가?"[137] 그리고 다음과 같이 답한다.

134) 최상천, 『알몸 박정희』(사람나라, 2001), 72-75쪽.
135) 중앙일보 특별취재팀, 『실록 박정희』(중앙 M&B, 1998), 303쪽.
136) 최상천, 위의 책, 72-75쪽.
137) 최상천, 위의 책, 53쪽.

"불행하게도 민족 반역자들은 진짜로 이순신을 좋아했다. 그들은 이순신한테서 기절초풍할 매력을 발견(?)했다. 조선 5백 년, 민족사 5천 년에서 이순신만 가지고 있는 매력 포인트! 그걸 밝히면 민족 반역자들이 이순신에게 깜빡 죽었던 이유가 나올 것이다. 그게 뭘까? 변치 않는 애국심이다. 왕과 대신들이 도망을 다니든 말든, 원균이 모함을 하든 말든, 백성이 좌충우돌하든 말든, 이순신은 오직 나라사랑의 길로 매진하는 애국자의 표상이었다. 돈도 벼슬도, 음모도 핍박도, 심지어 죽음까지도 그의 나라사랑을 꺾을 수는 없었다. 여기까지는 약간 과장은 있지만 대체로 진실이다. 애국자 이순신의 모습이 민족 반역자들의 눈에는 어떻게 비칠까? 이순신은 욕망도 야망도 없다. 나라사랑만 있을 뿐이다. 민족 반역자도 독재자도 욕하지 않는다. 일본제국이든 대한제국이든 국가라면 무조건 받들 뿐이다. 빨갱이로 집어넣고 고문을 해도 '아야' 소리도 안 낸다. 묵묵히 백의종군을 다짐할 뿐이다. 이 사람이 바로 민족 반역자들이 발명한 성웅, 일명 '바보 이순신' 이다.……성웅은 머릿속에 '나' 는 없고 '국가' 만 있는 인간상이다. '나' 를 잃어버린 존재다. 이런 성웅의 정신을 한 마디로 표현하면 멸사봉공(滅私奉公) 정신이다. 즉 '성웅=멸사봉공 정신' 이다. 멸사봉공, 박정희는 이 말을 너무너무 좋아했다. 그는 1939년 만주군관학교에 보낸 '충성 혈서' 에도 이 구절을 빠뜨리지 않았다."[138]

---

138) 최상천, 『알몸 박정희』(사람나라, 2001), 72~75쪽.

한국노총의 어용화

노동 착취가 최대 경쟁력

노동자 통제는 박 정권의 운명이 걸린 문제였다. 경제개발로 노동자 수가 급증하였기 때문이다. 1970년 임금노동자 수는 3백80만 명에 이르렀고, 한국노총 산하 노동조합과 조합원은 17개 산별, 46만 9천여 명에 이르게 되었다.[139]

박 정권은 노동자들을 통제하기 위해 각종 규제 조치를 양산해냈다. 강력한 노동통제는 박 정권의 경제개발 전략에 원초적으로 내재되어 있는 것이었다. 거칠게 말하자면, 노동 착취가 박정희식 경제개발의 최대 경쟁력이었던 셈이다. 이와 관련, 서중석은 다음과 같이 말한다.

"한일간의 경제관계 구도는 1970년 서울에서 열린 제2차 한일 경제협력위원회 총회에서 국책연구회 간부이자 한일 관계의 막후 인물인 야

---

139) 역사학연구소, 『강좌 한국근현대사』(풀빛, 1995), 345쪽.

즈기에 의해 발표된 한일 장기협력 시안에 잘 나타나 있다. 이 시안은 값싼 한국의 노동력과 땅을 이용하여 섬유 등 노동집약적 산업과 철강·조선·석유화학·전자공업 등 사양 산업을 이전시켜 남한을 하위 생산기지로 만들고, 이를 위해 일본의 관서(關西) 경제권과 남한의 포항 이남 남해공업지대를 연결시킬 것을 제안하고, 합작회사에 대해 노동쟁의를 금지시켜 줄 것을 요구하였다."[140]

이미 1969년에 제정된 마산수출자유지역설치법이 그러한 요구에 부응하는 것이었고, 1971년 한일 각료회담을 계기로 일본의 경제지원 규모가 커지면서 외국인 투자기업의 노동조합 및 노동쟁의 조정에 관한 임시특례법(1971. 12), 국가보위법에 의한 특별조치법(1971. 12) 등이 제정되어 일본 기업들이 한국 진출에 매력을 느끼게끔 만들었다.[141]

외국인 투자기업의 노동조합과 노동쟁의 조정에 관한 임시특례법은 외국자본의 투자를 촉진한다는 명분을 앞세워 강제 중재를 도입하였고, 쟁의 조정 절차를 배제하였다. 그 결과 10만 달러 이상의 외국기업과 전 생산품을 수출하는 외국기업에서는 노동조합의 조직과 활동이 사실상 불가능하게 되었다.[142]

국가보위법에 의한 특별조치법은 국가비상사태하에서 단체교섭권 또는 단체행동권의 행사는 미리 주무관청의 조정 결과에 따라야 한다고 규정함으로써 사실상 단체교섭권과 단체행동권을 박탈하였다.[143] 공화당은 이 법을 날치기 통과하였으며, 언론도 거의 관심을 기울이지 않았다.

"크리스마스인 12월 25일 아침에 서울 대연각호텔에 큰불이 나서 1백

140) 서중석, 『비극의 현대 지도자: 그들은 민족주의자인가 반민족주의자인가』(성균관대학교 출판부, 2002), 256쪽.
141) 서중석, 위의 책, 260쪽.
142) 신광영, 『계급과 노동운동의 사회학』(나남, 1994), 199쪽.
143) 임영일, 〈한국의 산업화와 계급정치〉, 한국사회학회·한국정치학회 편, 『한국의 국가와 시민사회』(한울, 1992), 194쪽.

55명이 죽는 큰 참사가 일어난다. 신문이 이에 대한 상보에 정신이 팔려 있는 동안, 국회는 12월 27일 새벽 3시에 제4별관에서 공화당과 무소속 의원만으로 국가보위법을 단 3분 만에 통과시킨다. 그리고 그 날로 각의를 거쳐 전격적으로 공포한다. 이 사실을 보도하는 신문은 수출 문제에 관한 사설만 싣고 있다."[144]

정권에 포섭된 한국노총

"이승만이 5월 1일 메이데이를 3월 10일 노동절로 바꾸었다면 박정희는 노동절이라는 이름까지도 '근로자의 날'로 바꾸어 버렸다. 경제개발에는 자기 권리에 눈뜬 '노동자'가 아니라 오직 주는 대로 받고 시키는 대로 일하는 '근로자'가 필요했다."[145]

그러나 그렇게 순치된 근로자들도 부당한 인권유린을 당하면서 점차 자신의 노동 권리에 눈을 뜨게 되었다. 박 정권은 어떻게 해서든 그들이 자신의 권리 주장을 하지 못하도록 하는 데에 정보기관들을 총동원하였고, 더 나아가 한국노동조합총연맹(한국노총)을 어용화하여 노동자들이 노동자들을 통제하는 수법까지 구사하게 되었다.

한국노총은 1970년 1월 30일 노동조합의 정치참여를 선언하였다. 원칙적으론 바람직한 일일 수도 있었으나, 문제는 오직 여당에만 참여하겠다는 것이었다. 한국노총은 1971년 국가보위법 선포 직후 국가비상사태를 공식적으로 지지하고 나섰으며, 국가비상사태에서 정권이 내건 총화단결 등과 같은 슬로건에 호응하여 모든 노동자들이 따라야 할 행동지침까지 선포하였다. 또 그 해에 노총위원장 최용수는 직능대표로서 공화당

144) 조선일보 70년사 편찬위원회, 『조선일보 70년사 제2권』(조선일보사, 1990), 985쪽.
145) 역사학연구소, 『강좌 한국근현대사』(풀빛, 1995), 344쪽.

전국구 의원으로 국회에 진출하였다.

한국노총은 1972년 3월 10일 노동절에 '비타협적인 투쟁' 보다는 '정부정책 및 사용주들과의 협력을 통한 실용주의' 노선을 천명하였다. 5월에는 3천여 명의 노동자 지도자들이 서울에 모여 '방관자로서가 아니라 적극적인 참여자'가 되겠다고 다짐하였다.[146] 또 산업평화, 노사협조주의, 그리고 '회사 일을 내 일처럼, 종업원을 가족처럼'이라는 가부장주의적 경영 이데올로기를 표방하는 공장새마을운동의 기수가 될 것을 결의하였다.[147]

한국노총은 몇 개월 후 10월 유신이 선포되자 지지를 표명하면서 '노동조합의 유신적 체질 개선과 입법 방향에 관한 건의서'를 정부에 제출하였다. 이 건의서에서 한국노총은 "민족 주체 세력의 강력한 단위 세포로서 정부시책에 집단적으로 협력할 능동적 태세를 갖춘다"라고 다짐하였다.[148]

한국노총은 더 나아가 〈구국통일을 위한 영단을 적극 지지한다〉는 제하의 성명을 내고 산별 노조별로 계몽유세반을 편성하여 유신체제 지지를 유도하기 위한 전국 유세 활동에 들어갔다. 이런 유세 활동 덕분인지는 알 수 없으나, 한국노총 사업보고에 따르면, 1971년 1천6백56건에 달했던 노사분규 발생 건수는 1972년 346건, 1973년 367건으로 감소하였다.[149]

---

146) 최장집, 『한국의 노동운동과 국가』(나남, 1997), 187쪽; 한국기독교교회협의회 인권위원회, 『1970년대 민주화운동 (I)』(한국기독교교회협의회, 1987), 62쪽.
147) 김현희, 〈산업화와 노동운동의 변천〉, 홍두승 편, 『한국사회 50년: 사회변동과 재구조화』(서울대학교 출판부, 1997), 85~86쪽.
148) 이상우, 『박 정권 18년: 그 권력의 내막』(동아일보사, 1986), 365쪽.
149) 한국기독교교회협의회 인권위원회, 위의 책, 215쪽.

노조 간부들의 귀족화

한국노총은 진실로 10월 유신의 정신에 공감하여 그런 활동을 펼쳤던 걸까? 그건 아니었다. 여기에도 박 정권의 치밀한 '정치 공작'이 개입하였다. 그건 바로 이른바 '포섭 전략'이었다. 정부와 경영자는 총연맹 위원장이나 산하 산별노조의 위원장쯤 되면 일류회사 이사 자리 부럽지 않은 대우를 받게끔 해주는 것을 비롯하여 다양한 방법으로 노조 상층부를 포섭하였다. 이에 대해 이상우는 다음과 같이 말한다.

"유신체제하 노총위원장은 으레 유정회 국회의원 후보 물망에 올랐고, 산별위원장도 제각기 정치적 배경과 지원을 확보할 수 있는 위치에 있었다. 노조 간부의 특혜적인 신분은 중앙의 위원장급뿐만이 아니라 단위 산업체의 노조 지부장까지도 나름대로 누리고 있었다.……가령 광산노조의 경우, 산하 탄광의 노조 지부장은 3년 만에 갑부가 된다는 이야기가 실감있게 나돌 정도였다. '탄광촌을 지나는 검은색 6기통의 지프차는 군수나 경찰서장 차가 아니면 거의 틀림없이 노조 지부장의 차'라는 이야기도 있었다. 노조 간부 자리가 이처럼 실속있는 자리였기 때문에 위원장 선출은 어느 때나 그 경쟁이 치열했다.……선거가 있기 3-4개월 전부터 향응·매수 등 치열한 득표 작전이 벌어졌고, 어느 후보자가 과반수 득표를 얻기까지는 2차·3차까지 가면서 막후협상을 벌이는 등 잡음이 끊이지 않았다. 이 과정에서 누구를 당선시키거나 혹은 제거시키기 위해 정부의 특정기관이나 경영자가 손길을 뻗치는 일은 상식에 속했다. 그리고 이렇게 해서 당선된 위원장과 노조 간부들이 정부와 경영자 편에 서서 '협조 요청'에 순응하리라는 것은 쉽사리 짐작할 수 있는 일이었다. 정부정책과 노동자의 이해가 일치하지 않을 경우, 이미 당국의 '공작'에 의해 귀족화된 노조 간부들은 조합원 권익옹호의 의무보다는 정부정책에 순응해 갔다."[150]

한국노총의 어용화는 이후 한국 노동계 또는 노동운동의 이중 구조를 낳게 되었다. 노동조합운동이 전혀 상반된 두 개의 흐름을 보이게 된 것이다. 하나는 정부정책에 적극적으로 호응하는 한국노총을 중심으로 하는 조직 노동운동이었으며, 또다른 하나는 노동자들의 불만을 새롭게 조직하면서 기존의 노조운동에 대항하여 등장한 재야 노동조합운동이었다.[151]

150) 이상우, 『박 정권 18년: 그 권력의 내막』(동아일보사, 1986), 366-367쪽.
151) 신광영, 『계급과 노동운동의 사회학』(나남, 1994), 201쪽.

남진과 나훈아

남진과 나훈아의 경쟁

노동자들을 위한다는 한국노총마저 노동자들을 외면한 '노동귀족' 위주의 어용단체로 전락하고 말았지만, 대중문화만큼은 노동자들을 외면하지 않았다. 이와 관련, 70년대 초 가요계를 주름잡았던 남진과 나훈아 이야기를 빼놓을 수 없다. 그들의 노래는 "산업화의 흐름에 따라 고향을 떠나와서 도시에 살면서도, 도시의 화려함의 선두에 서서 살지 못하는 소외당한 사람들의 고달픔"[152]을 다룬 것들이 많았기 때문에 특히 여성 노동자들에게 큰 인기를 누렸다.

1972년 최고 인기가요는 남진의 〈님과 함께〉였는데, 후일(1979년) 신민당사에 들어가 농성을 벌였던 YH 여성 노동자들이 자신들의 억울한 처지를 표현하면서 가사를 개사해서 부른 노래도 바로 이것이었다.

---

152) 이영미, 『한국대중가요사』(시공사, 1998), 234쪽.

두 가수의 인기가 치솟음에 따라 상호 경쟁도 치열해졌는데, 신문과 잡지들이 판매를 위해 일부러 경쟁 구도를 만들어낸 점도 있었다. 예컨대, 〈두 사람 시민회관서 숙명의 대결 1라운드〉(『일간스포츠』 1971년 10월 4일자)라는 식이었다. 남진은 후일 "우리들은 그렇지 않았는데 일거수일투족이 대결 구도로 그려졌어요. 두 명의 가수가 비슷한 인기를 얻으니까 호사가들이 '라이벌 상황' 을 만들어낸 것이죠"라고 주장했다.[153]

방송사들의 '가수왕' 제도도 그런 경쟁 관계를 부추겼다. 이 점에선 남진이 나훈아보다 조금 앞섰던 것 같다. 당시 가장 알아주는 MBC 10대 가수상의 최고 인기가수상을 남진은 1970, 1971, 1972 연 3년간 계속 수상한 반면, 나훈아는 한번도 그 상을 타지 못했다(그러나 후일 나훈아는 남진에 비해 가수로서의 긴 수명을 자랑하게 된다). '가수왕' 경쟁과 관련, 『문화방송 30년사』는 다음과 같이 기록하고 있다.

"1972년 12월 2일 창사 11주년 기념으로 서울시민회관에서 열린 『MBC 10대 가수 가요제』는 당시 최고의 인기가수인 남진과 나훈아 가운데 누가 MBC 가수왕이 되느냐로 화제가 됐던 행사였다. 연례행사로 개최된 『MBC 10대 가수 가요제』는 한 해 가요계의 총결산이요, 가수들의 인기를 가늠짓는 저울로 연말 프로그램의 백미였다. 이 날 시민회관 객석은 초만원을 이루었으며 MBC TV와 라디오는 이 실황을 전국에 생방송으로 중계하고 있었다. 그 날 저녁 8시 27분, 모든 행사가 순조롭게 끝나갈 즈음 예기치 못한 화재가 무대에서 발생하면서 공연 현장은 순식간에 아수라장이 되었다."[154]

화제 원인은 서울시민회관의 전기배선 누전으로 밝혀졌지만, 사망자는 놀랍게도 51명이나 되었다. 1972년 최악의 대형 사고였다.

---

153) 권오현, 〈가요현대사 ⑨ 남진 · 나훈아: 잊지 못할 숙명의 라이벌〉, 『한국일보』, 1995년 8월 30일, 24면.
154) 문화방송, 『문화방송 30년사』(문화방송, 1992), 743쪽.

경쟁과 상부상조(相扶相助)

남진은 호사가들이 라이벌 상황을 만들어냈다고 주장하지만, 반은 맞고 반은 틀리다. 연예매체들이 부추기고 과장한 점은 있지만, 두 사람이 치열한 라이벌 관계였음은 틀림없는 사실이었기 때문이다. 『경향신문』의 다음과 같은 기사를 참고하는 것이 좋겠다.

"두 사람은 70년대 벽두에 최고의 인기를 구가하면서 최대 라이벌로 부상했다. 아이러니하게도 이들은 당대 박정희 정권과 대항하던 두 야당 지도자와 자주 비견됐다. 경상도가 고향인 나훈아는 김영삼 전 대통령과, 전라도가 고향인 남진은 김대중 대통령과 각각 동류항이었다. 나훈아는 '내가 한번 전국 리사이틀을 돌고 오면 남진이 나섰다'면서 '이번 리사이틀에서는 유리창이 몇 장 깨졌는지가 인기를 가늠하는 척도였다'고 말한다. 이들의 숙적 관계는 73년 9월 서울시민회관 공연 때 군 특수 부대 출신의 ㄱ씨가 '남진의 사주를 받았다'면서 깨진 맥주병으로 나훈아의 얼굴에 자상을 입히며 첨예화됐다. 조사 결과 '일을 저지른 뒤 남진에게 대가를 요구하려 했다'는 정신 이상자의 범행으로 밝혀졌지만 팬들이 극단적으로 나뉘어 감정싸움을 하는 계기가 됐다."[155]

이번엔 나훈아의 증언을 직접 들어 보자.

"그때가 참 황금시대였지요. 대한민국의 가요 역사상 그런 때가 다시 오기가 어려울 겁니다. 경쟁도 했지만 상부상조(相扶相助) 하기도 했지요. 인기를 얻는 데 서로 도움이 됐어요. 모든 면에서 그렇게 라이벌이 될 만한 상대를 만나기가 힘들었죠. 고향도 호남(남진) 대 영남(나훈아)이었고, 생긴 것도 한쪽(남진)은 아주 잘 생겼고 이쪽(나훈아)은 소도둑 같고, 노래하는 스타일도 저쪽은 엘비스 프레슬리처럼 막 춤추면서 하고,

---

155) 오광수, 〈거기 그 노래가 있었네: 나훈아 '사랑은 눈물의 씨앗'〉, 『경향신문』, 2001년 10월 15일, 34면.

고향을 떠나와 도시에 살면서 소외당했던 사람들, 특히 여성 노동자들에게 남진과 함께 큰 인기를 누렸던 나훈아.

이쪽은 거의 서서 하고⋯⋯. 그 당시에 또 김영삼 씨와 김대중 씨가 영 ·
호남으로 서로 라이벌이고, 그래서 정치는 누구와 누구, 노래는 누구와
누구, 이랬죠."[156]

〈고향역〉과 〈님과 함께〉의 사회학적 의미

그러나 스스로 '고상하다'고 생각하거나 주장하는 사람들은 당시엔
두 가수의 노래를 좋아하지 않았다. 좋아하지 않은 정도가 아니라 경멸
하는 사람들도 적지 않았다. 가요평론가 이영미는 다음과 같이 말한다.

"엘비스 프레슬리 같은 의상에 꼭 엘비스 프레슬리처럼 한쪽 다리를
떨며 노래를 불렀던 남진과, 조금 촌스러운 용모를 했지만 개성적이고
놀라운 가창력으로 〈사랑은 눈물의 씨앗〉, 〈가지 마오〉를 불러 인기몰이
를 하고 있었던 나훈아, 이 둘이 가요계를 주름잡고 있었다.⋯⋯그 시절
막 초등학생에서 중학생이 되었던 나는 이런 트롯들이 정말 싫었다. 텔
레비전을 보다가도 '도대체 촌스러운 쟤네들은 왜 자꾸 나오는 거야?'
하고 신경질을 냈다. 천박해 보였던 것이다. '천박'과 '촌스러움'. 그게
무슨 말이었을까? 얼굴이 붉어지는 것을 무릅쓰고 솔직하게 말하면 당
시 나는 트롯을 식모 언니나 좋아하는 노래로 생각하고 있었다. 그 생각
의 밑바닥에 저학력에다 시골 출신이고 가난한 식모 언니에 대한 무시가
깔려 있었던 것은 물론이다."[157]

그랬다. 그런 '무시'가 분명히 있었다. 그런데 이영미는 "그때 그토록
치를 떨면서 싫어했던 노래이지만, 대중가요를 연구하기 위해 다시 들춰
보면서 당시엔 생각하지도 못했던 매우 흥미로운 사실을 발견하게 되었

---

156) 오효진, 〈가장 비싼 가수 나훈아: "프로는 연습이다"〉, 『오효진의 인간탐험』(월간조선사, 2002), 223-
224쪽.
157) 이영미, 『흥남부두의 금순이는 어디로 갔을까』(황금가지, 2002), 185-186쪽.

다"면서 다음과 같이 말한다.

"도대체 왜 그때 식모 언니나 공장 다니는 가난한 사람들이 이런 노래를 그렇게 좋아했는지를 비로소 깨닫게 된 것이다. 그것은 1970년대 초반 트롯이 당시 도시 하층민들의 경험과 욕망을 드러내고 있다는 점이었다. 다시 말해 1960년대 트롯의 특징이 시골 이미지와의 결합이라면 1970년대 초반 트롯의 특징은 거기에 도시 하층민의 경험이 덧붙여져 있는 것이다.……돈 벌기 위해 꿈의 도시 서울에 올라왔던 돈 없고 못 배운 사람들은 결국 행상, 점원, 가정부, 단순 제조업 노동자, 매춘부 등의 직업을 가지며 고달픈 서울 생활을 하게 된다. 총각 선생님의 바짓가랑이를 부여잡으며 서울을 꿈꾸던 1960년대와 달리, 이제 팍팍한 서울살이에 익숙해진 이들은 배고프지만 평화로웠던 고향에서의 삶을 그리워하게 된다. 나훈아의 〈고향역〉 같은 노래는 물론이거니와, 〈님과 함께〉도 '멋쟁이 높은 빌딩 으시대지만' 자신은 '저 푸른 초원 위에 그림 같은 집을 짓고' 살고 싶다는 내용 아닌가."[158]

『주간중앙』의 특종

남진과 나훈아는 70년대 중반까지도 화려한 뉴스 메이커로 많은 사람들의 호기심을 자극했다. 당시 연예 스캔들 보도에서 발군의 실력을 자랑하던 『주간중앙』이 '특종'을 때린 다음 두 가지 사건이 그걸 잘 말해준다고 하겠다.

"〈김지미 나훈아 동거 발각〉. 당시 25세의 가요계 최고 인기가수 나훈아와 과거가 많은 은막계의 여왕 김지미(당시 36세)의 비밀 동거에 대한 특종은 연예계와 팬들을 발칵 뒤집어놓았다. 이 기사를 보도한 75년

---

158) 이영미, 『흥남부두의 금순이는 어디로 갔을까』(황금가지, 2002), 187-189쪽.

7월 5일, 『주간중앙』은 3판이나 중쇄(重刷), 모두 매진되었다. 이들은 6년 뒤인 82년 5월 4일 결별했다."[159]

"〈남진 윤복희 애정 곡예〉. 미국서 가수 유주용과 이혼하고 귀국한 윤복희와 남진은 76년 봄 약혼, 파혼, 다시 결혼으로 이어지는 애정 곡예를 펼쳤다. 『주간중앙』은 이 과정을 상세히 보도했다."[160]

---

159) 중앙일보사, 『중앙일보 30년사』(중앙일보사, 1995), 499쪽.
160) 중앙일보사, 위의 책, 499쪽.

김추자와 신중현

'담배는 청자, 노래는 추자'

남진과 나훈아로 대표되는 트롯 음악의 다른 한편에 신중현으로 대표
되는 밴드 음악이 있었다. 신중현은 펄 시스터즈 김추자, 박인수, 장현,
김정미 등 여러 가수들의 '음악적 후견인'으로 이미 60년대 중반부터 맹
활약을 해왔다.[161] 이 가수들 가운데 가장 큰 대중적 인기를 누린 가수는
단연 김추자였다.

1970년대 초 '담배는 청자, 노래는 추자'라는 유행어가 떠돌았다.[162]
당시 청자는 최고급 담배였고, 추자는 제일 화끈한 가수였다. 그런 유행
어를 낳았을 정도로 인기를 누렸던 가수, 바로 김추자다. 1969년 10월
20일에 제작된 김추자의 데뷔 음반은 나온 지 두 달 만에 〈늦기 전에〉가

---

161) 강헌, 〈대중음악 역사 바꾼 '신들린 기타'〉, 『시사저널』, 1994년 10월 27일, 114-115면.
162) 노재명, 『신중현과 아름다운 강산』(새길, 1994), 61쪽.

히트하기 시작했는데, 이에 대해 노재명은 다음과 같이 말한다.

"1970년은 '음반업계, 최악의 불경기'라는 말이 있었음에도 〈늦기 전에〉의 히트로 김추자 데뷔 음반은 불티나게 팔렸다. 〈늦기 전에〉가 크게 히트하자 1971년에 연방영화주식회사에서 신영균, 김지미 주연의 영화 『늦기 전에』를 제작했다. 〈늦기 전에〉의 히트 후, 곧바로 〈월남에서 돌아온 김상사〉, 〈나뭇잎이 떨어져서〉, 〈님은 먼곳에〉가 히트했다. 당시 〈월남에서 돌아온 김상사〉는 폭발적인 인기를 얻어 1971년 4월에 연방영화주식회사에서 신영균, 윤정희 주연의 『월남에서 돌아온 김상사』라는 영화까지 제작되었다."[163]

『문화방송 30년사』는 『토요일 토요일 밤에』라는 프로그램을 소개하면서 다음과 같이 기록하고 있다.

"1972년 11월 4일 105회를 맞아 〈김추자 컴백 쇼〉를 마련하여 전국적인 화제를 불러일으켰다. 당시의 톱싱어 김추자가 피습 사건 이후 두문불출하여 소식조차 없다가 1년 11개월 만에 단독 출연으로 MBC TV 화면에 나타난다는 예고가 나가자, 이 날을 맞아 도시의 다방 입구에는 '김추자 컴백 쇼'라는 쪽지가 나붙을 정도로 인기를 집중시켰다. 1974년 6월 22일에 방송된 특집 〈김추자 쇼〉 역시 『토요일 토요일 밤에』 기록에 남길 만한 프로그램이었다."[164]

김추자의 '섹시한 춤'

가요평론가 이영미는 김추자의 '섹시한 춤'에 주목하면서 다음과 같이 말한다.

---

163) 노재명, 『신중현과 아름다운 강산』(새길, 1994), 56-57쪽.
164) 문화방송, 『문화방송 30년사』(문화방송, 1992), 735쪽.

"김추자, 당대 최고의 인기 여가수. 그를 구태여 '여가수'라고 부르고 싶은 것은 그가 매우 '섹시한' 가수였기 때문이다. 배꼽이 다 드러날 정도로 짧고 딱 달라붙는 티셔츠에 꽉 끼는 나팔바지를 펄럭이며 현란하게 춤을 춘 관능적 여가수는, 아마 김추자가 최초이지 않을까 싶다. 김추자가 『쇼쇼쇼』에 나오기만 하면 (정말 거짓말 안 보태고) 브라운관이 출렁거렸다. 그녀는 정말 춤 잘 추는 가수였다. 그녀의 춤은 손을 비비 꼬아서 내뻗고 고개와 허리를 비틀어 함지박 하나는 될 법한 긴 파마머리를 휘저으면서 유난히 큰 그녀의 얼굴을 묘하게 가리고 노출하는 그런 춤이었다.……〈늦기 전에〉는 어찌나 노래와 춤이 충격적이었는지 아이들 사이에서는 김추자가 간첩이라는 둥 저 희한한 춤이 간첩끼리 주고받는 암호라는 둥, 한동안 텔레비전에 얼굴을 내밀지 못하는 이유가 바로 그것이라는 둥의 소문이 무성할 정도였다."[165]

신중현의 근성

신중현은 김추자를 위한 노래들을 작곡하는 동시에 자신의 음악 활동도 활발하게 전개했다. 신중현이 1972년 10월에 발표한 〈아름다운 강산〉은 '한국 록 음악 역사상 전무후무한 걸작으로 평가되고 있는' 가운데[166] 지금까지도 널리 애창되고 있다.

신중현이 높이 평가받는 이유 중의 하나는 권력을 무서워하지 않는 그의 '근성'이었다. 신중현의 실력을 알아본 박 정권은 1972년 유신 직전 신중현에게 "박정희 대통령의 새로운 통치를 내용으로 한 노래를 만들어 달라", 즉 '박정희 찬가'를 만들라는 주문을 했는데,[167] 신중현은 단

---

165) 이영미, 『홍남부두의 금순이는 어디로 갔을까』(황금가지, 2002), 166-168쪽.
166) 노재명, 『신중현과 아름다운 강산』(새길, 1994), 195쪽.
167) 임진모, 〈한국 록의 대부 신중현: "미8군 무대에서도 '우리 것' 고민했다"〉, 『신동아』, 2002년 9월, 479쪽.

호히 거절했다. 이 거절 이후 박 정권은 신중현의 공연장에 늘 경찰을 내보내 단속을 하게 했고, 나중엔 '대마초 파동'이라는 결정적인 보복을 가하게 된다. 이에 대해 신중현은 다음과 같이 말한다.

"어느 날 청와대에서 '대통령 노래'를 만들라고 연락이 왔어요. 그래서 내가 '나는 그런 음악 못한다'고 거절했죠. 그 쪽에서는 기분이 나빴겠죠. '감히', 이런 기분도 들었을 거예요. 하지만 할 수 없는 거는 못하는 거예요. 나는 음악 하는 사람이지 정치가는 아니니까요. 그 뒤부터 정보부에서 나를 많이 주시했어요. 내가 음악하고 있는데 괜히 빙빙 돌면서 검은 찝차 타고 따라다니고. 이건 뭐 내가 독일 영화에 나오는 유태인도 아닌데 말이죠. 하여간에 그때는 생각하기도 싫어요. 아주 지옥 같애."[168]

신중현이 '박정희 찬가' 대신 자기 스스로 내켜서 만든 게 바로 〈아름다운 강산〉이었다. 이에 대해 신중현은 다음과 같이 말한다.

"저는 도리어 독재자가 아닌 우리 나라의 강산과 국민을 위한 노래를 만들어야겠다고 생각했어요. 그게 1972년 그룹 '더맨' 시절의 〈아름다운 강산〉입니다. 그때 MBC 토요일 쇼 프로그램에 출연해 이 곡을 불렀습니다. 출연은 제가 제의했어요. 그 방송에서 리드보컬인 박광수는 삭발을 했고 멤버들은 귀 주변에 머리핀을 꽂아 긴 머리를 걷어올려 장발을 더 부각했어요. 한 마디로 강압에 대한 불만을 표시한 거죠. 그게 미웠겠지요. 이걸 본 고(故) 육영수 여사가 '만들라는 박 대통령 노래는 안 만들고 반항한다'며 분을 터뜨렸다는 얘기도 들렸습니다. 그러더니 장발 단속이 더 심해졌고 제 곡은 금지 처분되었습니다. 결정타는 말할 것도 없이 1975년에 터진 대마초 파동과 가요 규제 조치였지요."[169]

---

168) 최석우, 〈'한국적 대중가요'의 완성에 바친 음악인생 40년〉, 『사회평론 길』, 1995년 12월, 211쪽.
169) 임진모, 〈한국 록의 대부 신중현: "미8군 무대에서도 '우리 것' 고민했다"〉, 『신동아』, 2002년 9월, 480쪽에서 재인용.